● 本案例集为北方工业大学有组织科研项目系列成果之一

北京企业数字化转型精选案例

蒋贵凰　　赵继新◎主　编
孙道银　　谢朝阳◎副主编

SELECTED CASES OF DIGITAL TRANSFORMATION OF
BEIJING ENTERPRISES

经济管理出版社
ECONOMY & MANAGEMENT PUBLISHING HOUSE

图书在版编目（CIP）数据

北京企业数字化转型精选案例 / 蒋贵凰，赵继新主编. --北京：经济管理出版社，2024. -- ISBN 978-7-5243-0064-9

Ⅰ. F279.271

中国国家版本馆 CIP 数据核字第 2024FT8275 号

组稿编辑：赵亚荣
责任编辑：赵亚荣
责任印制：许　艳
责任校对：蔡晓臻

出版发行：经济管理出版社
　　　　　（北京市海淀区北蜂窝 8 号中雅大厦 A 座 11 层　100038）
网　　址：www.E-mp.com.cn
电　　话：(010)51915602
印　　刷：唐山昊达印刷有限公司
经　　销：新华书店
开　　本：720mm×1000mm /16
印　　张：16.75
字　　数：310 千字
版　　次：2025 年 1 月第 1 版　2025 年 1 月第 1 次印刷
书　　号：ISBN 978-7-5243-0064-9
定　　价：78.00 元

序言 PREFACE

在数字化浪潮席卷全球的今天，数字化转型已成为企业生存和发展的必由之路。党的二十大明确提出"加快发展数字经济，促进数字经济和实体经济深度融合"的战略要求，这不仅是对国家经济发展的重要指引，更是对企业转型升级的明确号召。

数字化转型是企业利用信息技术实现运营效率和经营业绩的彻底变革，触发组织做出战略响应，变革其结构、边界乃至价值产生路径，进而实现企业实体演进的过程。相较于以信息传递、加工和应用为目标的信息化，数字化侧重于利用数字技术，将物理世界转化为数字世界，将实体物品转化为数据，进而实现更高级别的信息化，这种数字思维模式建立在信息思维模式的基础之上，并为未来的智能化转型奠定基础。

在北京这座作为全国政治中心、文化中心、国际交往中心、科技创新中心，承载着首都功能的国际化大都市中，企业数字化转型尤为关键。为传统产业注入现代的数字化管理理念以及数字化管理技术，实现"数实融合"，是推动北京市经济高质量发展的强大引擎。2024年2月，北京市经济和信息化局印发《北京市制造业数字化转型实施方案（2024-2026年）》，明确了北京市制造业数字化转型的目标、任务和保障措施，为企业数字化转型提供了行动指南。然而，面对数字化转型的复杂性和挑战性，许多传统企业仍存在疑虑、缺乏经验，急需有效的指导和借鉴。

《北京企业数字化转型精选案例》应运而生，本书旨在通过深入剖析北京不同行业、不同规模企业的数字化转型案例，为企业提供可复制、可推广的成功经验和实践模式。本书研究团队经过精心挑选和深入调研，最终选取了14家具有代表性的企业，涵盖了钢铁、航空航天、工业控制、工业设计、园区管理等多个领域，通过对这些企业数字化转型的过程、难点、模式和策略进行详尽的梳理和分析，总结出其中蕴含的数字化转型实践经验，形成此案例集。

书中的每一个案例都展现出企业数字化转型所需经历的艰辛历程，揭示了数字化转型的深远意义和成功之道，呈现了其中的规律和智慧。尽管14家企业的转型之路各具特色，却共同体现了数字化转型的核心理念和价值。这些案例告诉我们，数字化转型不是简单的技术升级，而是需要企业从战略、组织、文化等多个层面进行全方位的变革，需要企业明确目标、制订计划、整合资源、创新模式，并勇于面对和克服各种挑战。展望未来，案例中的领先企业已规划出四条并行不悖的转型深化路径：一是依托企业自身实力，强化内功，在资产数字化基础上，通过技术与管理水平的双重提升，实现技术与业务流程的数字化协同融合；二是发挥龙头企业优势，构建开放共享的互联网平台，赋能中小企业数字化转型；三是发挥"链主"企业的引领作用，以产业链为纽带，带动上下游中小企业的数字化转型；四是发挥园区服务优势，全方位支持和赋能园区内企业的数字化转型。不同行业的企业通过不同路径为制造业企业数字化转型贡献着重要的力量。后续，研究团队将沿着以上四条路径做更深入的探索，出版与本书紧密衔接的学术专著，以期为企业数字化转型提供系统的理论支撑。

数字化转型是一场深刻的变革，对企业来说，重要而又艰难，需要从书中汲取智慧和力量。我衷心希望本书能够成为广大企业数字化转型的良师益友，为企业的转型升级提供有力的支持，帮助企业实现平稳升级。同时，我也期待更多的企业和专家学者能够加入到数字化转型的研究和实践中来，共同推动我国数字经济的持续健康发展。

最后，感谢所有为本书付出辛勤努力的团队成员和支持单位。在开放共享的数字化时代，让我们并肩共进，携手推动北京市乃至全国的经济高质量发展。

蒋贵凰

2024 年 6 月 15 日

目录 CONTENTS

勇攀高峰的韧性：首钢集团数字化转型

马亚东　杨一翁　李晨光

案｜例｜摘｜要

　　首钢集团始建于 1919 年，是著名的百年企业。首钢因钢而兴，属于典型的传统产业。近年来，首钢立足钢铁主业，通过数字化转型，发展成为兼营矿业、城市服务业的跨行业、跨地区、跨所有制、跨国经营的大型企业集团。其在数字化转型方面的成就，是数代首钢人钢铁韧性的发展底色，是立足首都勇攀高峰的战略底气，更是谋局未来发展新质生产力的技术底座。本案例主要包括首钢发展简介、信息化之路、从信息化到数字化的跃升、数字化转型规划、数字化转型实施、管理模块数字化转型成效、业务模块数字化转型成效、未来规划、经验与启示、总结。本案例对其他企业成功实施数字化转型有参考价值。

0　引言

　　近年来，首钢因两次奥运会备受世人瞩目：第一次是 2008 年北京奥运会，为了还首都一片蓝天，首钢毅然实施了史无前例的大搬迁；第二次是 2022 年北京冬奥会，钢铁主业搬迁后的首钢园以"城市复兴新地标"的身份再次惊艳全世界。

　　在此之前，在世人的眼里，首钢就是一个地处首都的传统钢铁国有企业，有着飞溅的钢水、冒着黑烟的烟囱、轰隆隆的轧钢声、来回穿梭的运输车，以及上下班时震撼的自行车大军。然而，这一切，早在 21 世纪初，就发生了改变。

　　现在的首钢，传统的生产模式早已被先进的智慧运营所代替，智能排程、AI 决策、自动生产、智慧物流成为标配，所有厂区、园区井然有序，数字"软实力"与钢铁"硬实力"深度融合，形成新首钢在地缘优势之外独特的产品优势和技术优势，这使首钢在新型工业化的时代背景下行稳致远。

首钢这个首都传统企业的数字化转型经验可圈可点，可为其他传统企业的数字化转型提供参考与借鉴。

1 首钢发展简介

1919 年，首钢的前身——龙烟铁矿公司成立于北京市石景山区；1949 年初北京(当时称北平)和平解放后，石景山钢铁厂回到人民的怀抱；1958 年，石景山钢铁厂开始扩建，并于当年改组为石景山钢铁公司；1966 年，石景山钢铁公司改称首都钢铁公司；1992 年，首都钢铁公司改名为首钢总公司，综合生产规模进入国内前三位。

改革开放以来，首钢获得了巨大的发展机遇。作为第一批国家经济体制改革试点单位，首钢实行了承包制，突破了计划经济体制的束缚，扩大了企业经营自主权。同时，首钢也积极响应国家产业结构调整和疏解非首都功能的号召，完成了地域上从山到海的搬迁，实现了产业上从火到冰的扩展。

进入新时代，首钢继续保持着强劲的发展势头。通过创新升级和多元化发展，首钢不仅巩固了在钢铁行业的领先地位，还积极拓展采矿、机械、电子、建筑、房地产、服务业、海外贸易等多个领域，形成了跨行业、跨地区、跨所有制、跨国经营的大型企业集团。目前，首钢京唐公司、迁钢公司等新钢厂在河北地区建成，技术装备达到国际一流水平；跨地区联合重组水钢公司、贵钢公司、长钢公司、通钢公司、伊钢公司，产业布局拓展到沿海和资源富集地区，钢铁业形成 3000 万吨以上生产能力；首钢的非钢产业，定位城市综合服务商，已建成世界单体一次投运规模最大的垃圾焚烧发电厂之一——首钢生物质能源科技有限公司、国内第一个静态交通研发示范基地；金融服务、城市基建、房地产、医疗康养、文化体育、国际化经营等方面不断形成新的产业。首钢搬迁调整后留下的工业用地，冬奥会组委会、世界侨商创新中心、国家体育产业示范区等相继落户。

目前，集团共有全资、控股、参股企业 600 余家，总资产 5000 多亿元，职工近 9 万人，2011 年以来 12 次上榜美国《财富》杂志公布的世界 500 强企业。2019~2022 年，习近平总书记两次来到石景山首钢园区考察，多次对首钢做出重要指示，为首钢高质量发展注入了强大动力，首钢呈现出稳步上升的趋势。

总的来说，首钢的发展历程是一部充满艰辛与辉煌的史诗。从中华人民共和国成立初期的艰难起步，到改革开放后的快速发展，再到新时代的创新升级和多元化发展，首钢始终坚守着钢铁强国的梦想，为国家的繁荣和富强做出了不可磨灭的贡献。

2　信息化之路

首钢近些年的转型发展离不开数字化的支撑。在 20 世纪末，首钢的钢材供不应求，但计划、排产、统计、核算等主要业务都是使用简单的办公软件，当时每天各个部门传递的纸质单据得有一尺厚，手工单据的数据存储、传递方式已跟不上业务发展的需要。

在很多传统企业还不知道信息化为何物时，首钢从 2001 年就开始了信息化之路，这条路一走就是 20 多年。

首钢的信息化之路可分为五个阶段：第一阶段是 2001~2005 年，首钢上线 ERP，实现北京地区钢铁主业的物资流、信息流、资金流三流合一；第二阶段是 2006~2010 年，首钢开始石景山、顺义、迁安、曹妃甸"一业四地"信息化建设，建立起集中整体、分层能级管控体系，为高端板材生产提供了强有力的支撑；第三阶段是 2011~2015 年，首钢开始了硅钢信息化、营销服务平台建设，打造"制造+服务"能力，进一步支撑了产品结构的优化；第四阶段是 2016~2020 年，首钢建设集团管控、财司、钢铁产销一体化系统，实现了一业多地产销、管控、业财一体化，强有力地支撑了管控模式变革，做实了资金管理平台；第五阶段是 2021 年至今，首钢建设智能工厂、供应链金融、集采、司库等系统，不断支撑钢铁业"产品+服务"能力持续提升，并助力集团降本稳链，促进运营管理效率持续提升。

3　从信息化到数字化的跃升

2015 年底，首钢信息化的主要工作基本完成，生产、销售模块的信息化系统实现了产销衔接。但彼时的首钢，由于发展过快，在实力增强的同时，不可避免地出现了"大企业病"：集团投资链条过长，全级次投资企业达 600 多家，集团直接管理的子公司过多；投资企业发展不均衡，非钢产业"散弱小"，竞争力不强；一些企业未建立现代企业制度，法人治理结构不健全。

为此，首钢开始了战略转型。基于战略转型的需要，首钢由信息化向数字化迈进，数字化转型同步开展。当时首钢实施的数字化转型主要基于以下两方面的考虑：

3.1 数字化转型是支撑企业战略转型的需要

为解决"大企业病",2014 年首钢落实中共中央、国务院印发的《关于深化国有企业改革的指导意见》,实施全面深化改革,明确了将集团公司逐步改组为国有资本投资运营公司的发展定位,确定了改革目标:以"提高效率、增强活力、提升价值"为目标,集团要实现从直管为主向板块化经营的转变,通过合理授权,推进业务决策重心合理下移,逐步实现板块的专业化、集中化管理,全面调动各业务板块经营的积极性,充分释放板块活力;逐步分离总部事务性及服务性功能,大力提升总部的战略规划、投资决策、资本运作、风险管控等大型多元化企业集团总部应具备的核心能力。

为了引领钢铁和城市综合服务商两大主导产业协同发展的战略方向,2015 年首钢进行集团总部机构改革,建立精干、高效的总部机关,同时对主要业务实行板块化管理。在企业战略转型的大背景下,首钢集团党委提出,要加强集团管控体系和管理能力建设,建立"集团公司→平台公司/直管单位→授权管理单位"的管理链条,对重点授权管理单位实行关键要素管理,构建分层授权的治理体系,清晰集团核心管理层、不同板块、不同类型实体管理的高度、深度和幅度。

3.2 数字化转型是推动企业流程化管理的需要

追求企业组织的简单化、高效化,注重全流程管理的过程效率,是提高企业整体绩效的必由之路;以全流程的观点来取代个别部门或个别活动,打破职能部门本位主义的思考方式,是推动企业管理变革的有效途径。首钢运行新的管控体系后,仍面临着部分管理职责不清、业务流程运行不畅、整体运行效率不高等问题,专业管理在纵向上没有真正延伸下去,存在原地"划圈子"现象;在横向上没有真正协同起来,缺乏网格化的系统思维。

因此,以流程为核心,打通横向、纵向流程,通过信息化系统进行固化,被列为首钢数字化转型的重点工作。

4 数字化转型规划

在首钢数字化转型的过程中,也就是首钢从信息化向数字化跃升的过程中,国家和北京市发布了相关的产业转型政策,为首钢的数字化转型指明了方向。首钢的数字化转型路径基于这些政策,不断优化和明确。

2020 年 9 月，国务院国有资产监督管理委员会发布《关于加快推进国有企业数字化转型工作的通知》，强调国资企业要加快数字化转型步伐，提升产业基础能力和产业链现代化水平。主要内容包括：一是提高认识，深刻理解数字化转型的重要意义；二是加强对标，着力夯实数字化转型基础；三是把握方向，加快推进产业数字化创新；四是技术赋能，全面推进数字产业化发展；五是突出重点，打造行业数字化转型示范样板；六是统筹部署，多措并举确保转型工作顺利实施。其中，关于国企数字化转型的方向，主要包括：一是产品创新数字化，与价值创造的载体有关，要加强产品和服务创新及产品研发过程创新，以不断提高产品附加价值，缩短价值变现周期；二是生产运营智能化，与价值创造的过程有关，要加强全过程贯通，实现全价值链、全要素资源的动态配置和全局优化，提高全要素生产率；三是用户服务敏捷化，与价值创造的对象有关，要以用户为中心，实现全链条用户服务，最大限度为用户创造价值，提高用户满意度和忠诚度；四是产业体系生态化，与价值创造的生态合作伙伴有关，要加强与合作伙伴之间的资源、能力和业务合作，构建优势互补、合作共赢的协作网络。

2021 年 1 月，时任北京市市长陈吉宁做《2021 年北京市政府工作报告》，提出北京数字经济"十四五"工作思路，指出北京将从六个方面持续发力，构建集"数字基建—数字交易—数字平台—数字场景"于一体的数字经济新生态。具体为加强数字经济基础设施建设、进一步提升数据要素价值、继续保持数字产业化领先、产业数字化赋能新经济、积极拓展数字场景示范、持续优化数字经济政策体系。

2021 年 3 月，十三届全国人大四次会议通过的《中华人民共和国国民经济和社会发展第十四个五年规划和 2035 年远景目标纲要》指出，加快数字化发展，建设数字中国，迎接数字时代，激活数据要素潜能，推进网络强国建设，加快建设数字经济、数字社会、数字政府，以数字化转型整体驱动生产方式、生活方式和治理方式变革。

2021 年 12 月，国务院印发《"十四五"数字经济发展规划》，指出要以数据为关键要素，以数字技术与实体经济深度融合为主线，加强数字基础设施建设、完善数字经济治理体系，协同推进数字产业化和产业数字化，赋能传统产业转型升级，培育新产业新业态新模式。

以上政策是首钢规划数字化转型的行为规范和工作指引。基于此，首钢将其数字化转型定位为：在"战略规划、投资决策、资本运作、人力资源、运营监控、风险防范、文化品牌、服务保障"八大发展能力方面提供信息化支撑，实现公司运营的"效率、效益、价值、活力"。首钢据此进行数字化转型顶层设计和项目规划。

4.1 顶层设计

4.1.1 实施目标

构建"四个统一"：一是统一项目群管理组织机构，建立网络和安全管理委员会及其办公室、各项目组、成员单位、首自信（北京首钢自动化信息技术有限公司）四位一体的组织机构；二是统一项目群管理规范，制定覆盖项目前期准备、项目实施、项目验收及评价全生命周期的管理流程，明确表单、文档模板；三是统一计划制订、反馈汇报、监督评价等项目群沟通协调机制；四是统一流程框架与基础规范管理，搭建主数据管理体系，统筹云平台、网络和终端等基础设施建设和安全管理。

4.1.2 实施路径

以促进财务转型为重点，推进财务管理、财务共享信息化建设，同步推进投资管理、人力资源管理、资产管理、协同办公等信息化建设；贯通战略制定到改进、面向内部客户的运营支撑、外部客户需求的产生到满足、运营执行到风险控制四大端到端流程；优化以横向战略财务、业务财务和共享财务分角色，纵向集团公司、平台公司和成员单位分层级的财务管控组织体系为代表的集团化管控组织体系；搭建覆盖全集团的"集中、透明、控制、共享"的信息平台。

4.2 项目规划

4.2.1 明确任务

明确"四大任务"：一是搭建集团管控信息化应用平台。围绕战略规划、投资决策、资本运作、人力资源、运营监控、风险防范、文化品牌、服务保障八大核心能力构建流程框架，建设战略决策、财务管理、人力资源管理、综合管理、共享服务管理五大应用平台、19 个应用系统，提高业务处理效率，提升集团管控水平。二是打造首钢云平台。围绕集团业务发展需要，建设首钢云平台、网络、移动平台，增强 IT 支撑保障能力；强化信息安全、运维体系建设，确保系统稳定安全高效运行。三是重构信息化治理体系。建立价值导向的信息化管理架构，保持 IT 部门与业务部门目标一致，合理利用 IT 资源，有效控制 IT 风险，实现集团信息化投资和运营的高效率。四是挖掘数据价值。围绕集团管控和各层级数据应用需求，建设集团主数据管理平台，实现主数据统一管理与分享；建设数据仓库管理平台，满足不同业务层级数据应用和商务智能分析需求，为决策分析提供支撑。

基于以上任务，"十三五"时期以来，首钢聚焦"健全管理体系、提升管理能力"，通过自主研发和集成创新的方式，全面搭建集团信息化平台，持续打响管控"覆盖战""穿透战"。截至目前，集团基本实现财务一体化、资产管理、人力资源管理、投资管理、审计管理、科技创新管理等系统在成员单位的覆盖。法务管理系统、数字化电子发票管理系统、公司治理系统、档案管理系统、统计管理系统、新首钢通先后上线运行。这些平台的搭建，打破了集团与各成员单位系统间的"壁垒墙"，实现了业务精准对接、资源流动共享。首钢信息化系统整体架构如图 1 所示。

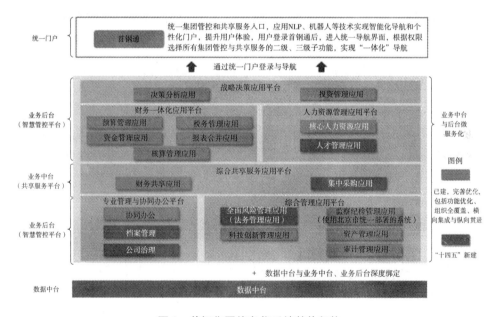

图 1 首钢集团信息化系统整体架构

资料来源：首钢内部资料。

4.2.2 成立机构

为推进数字化转型项目的实施，首钢首先成立了专责组织机构，如图 2 所示。

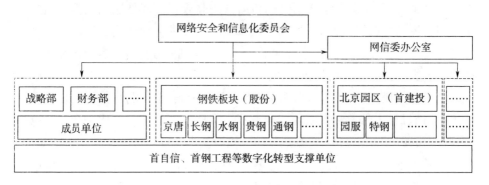

图 2　首钢数字化转型管理组织机构

资料来源：首钢内部资料。

4.2.3　制定规范

基于以上组织架构，首钢制定集团管控信息化项目管理规范，对项目前期准备、项目实施、项目验收及评价等环节进行规范，明确管理流程和表单、文档模板。

项目前期准备工作规范化管理主要包括需求调研、考察交流、咨询选择和系统选型、可行性研究报告、项目立项、项目招标、项目合同等；项目实施工作规范化管理主要包括项目计划管理、项目会议管理、项目文档管理、项目问题管理、项目保密管理、项目资金管理等；项目验收及评价工作规范化管理主要包括项目验收、项目审计、交工转固、项目后评价等。

4.2.4　建立机制

一是建立计划统筹机制，由网络安全和信息化委员会办公室（以下简称"网信办"）统筹协调项目计划和资源配置，各项目组制订年度、月度工作计划；再由网信办统筹协调，形成项目群年度、月度工作计划；各项目组按双周滚动计划推进各项工作。

二是建立反馈汇报机制，各项目组每月初提报本项目上月重点工作完成情况，由网信办组织评审；按里程碑进行可研报告、业务蓝图、技术蓝图、上线策略和项目验收报告评审，可研报告、业务蓝图作为关键节点报网络安全和信息化委员会专题评审。

三是建立监督评价机制，网信办按照计划节点进行检查督导，及时发现问题，组织研究整改。

为保证各工作机制的落实，首钢制定了分阶段项目交付物评审表，按节点对项目实施情况进行统筹、评价、反馈和调整。具体工作内容如表1所示。

表1　分阶段项目交付物评审表

组别	筹备阶段	蓝图阶段	实施阶段	上线阶段	支持阶段
PMO 管理组	●科研报告评审 ●项目招投标 ●合同签署 ●项目启动	●业务蓝图评审 ●业务蓝图汇报 ●技术蓝图评审	●系统配置评审 ●集成测试案例评审 ●集成测试交付文档及签认 ●用户测试案例评审 ●用户测试交付文档及签认 ●用户数据、权限手机签认 ●用户培训签到，考试记录	●上线策略评审 ●上线通知	●项目收尾 ●阶段验收报告
	管理重点：PMO管理方案、PMO管理方案宣贯、PMO管理初始化方案设计、PMO管理方案启动，项目文档模板制定，优化、宣贯、规范、制度类文档管理、文档归档、周报、月报、半年报、年报、主计划管理、人员管理、项目群范围协调、协同、项目全生命周期				
PMO 业务组	●科研业务方案 ●科研业务评审 ●项目群业务方案初始整合、集成	●项目业务蓝图 ●跨项目业务方案整合	●跨项目业务方案实施监测 ●用户案例评审	●跨项目业务方案交付	●跨项目业务整合方案优化 & 变更管理记录
	管理重点：战略规划&顶层设计、业务流程标准、业务蓝图标准宣贯、业务类问题、风险管理、业务类项目依赖关系管理、业务类项目模板制定、优化，宣贯，业务组文档归档、业务组周报、月报、半年报、年报、业务组主计划、人员计划、业务类规范，制度管理				
PMO 技术组	●科研技术方案 ●科研技术方案评审 ●项目群技术方案初始整合、集成 ●合同技术附件评审	●项目组技术蓝图方案 ●技术蓝图方案评审 ●项目群技术蓝图方案跨项目	●技术蓝图方案变更管理 ●系统配置方案评审 ●开发进度 ●集成测试案例评审 ●压力测试	●上线策略评审	●技术蓝图方案优化 & 变更管理 ●信息安全评测
	管理重点：技术蓝图初始方案、技术蓝图方案模板宣贯、技术类问题、风险、技术类项目依赖关系管理、技术类项目模板制定、优化，宣贯，技术类规范、制度类文档管理、技术组文档归档、技术组周报、月报、半年报、年报、业务组主计划、人员计划				

续表

组别	筹备阶段	蓝图阶段	实施阶段	上线阶段	支持阶段
PMO 商务组	• 科研报告批复 • 招投标 • 合同签署 • 项目全周期付款计划	• 项目组业务蓝图评审 • 项目组技术蓝图评审 • 项目全生命周期付款计划 • 阶段验收报告	• 项目用户测试小结	• 上线通知 • 上线小结	• 项目验收报告签认
管理重点：商务初始方案、商务组工作方案编制、商务组人员计划、商务组工作方案评审、PMO 成本管理、PMO 采购管理、商务类问题、风险管理、商务类项目依赖关系管理、商务类项目变更管理、商务类项目文档模板制定、优化，宣贯，商务类规范、制度类文档管理、商务组文档归档、商务组周报、月报、半年报、年报、商务组主计划、人员计划、项目软件采购、硬件采购申请批复管理、项目全生命周期重点商务工作					

资料来源：首钢内部资料。

5　数字化转型实施

　　数字化转型绝不是以简单实现业务流程电子化为目的。作为引领企业战略、加强企业管理和提高业务能力的重要手段，其必须与企业战略和业务需求紧密结合，实现横向协同、纵向贯通。

5.1　三个统一

　　由于首钢体系庞大，各成员单位地域分散、产业多元、架构复杂，各业务模块有各自的信息系统，因此难免出现"数据孤岛""系统孤岛""业务孤岛"，数据无法共享，也产生不了业务效益。有时还会出现某合作单位跟一个子公司索要货款，但其同时还欠着其他子公司业务款的情况。这就是业务流程不协同、数据不共享，导致出现的业务不协同问题。

　　因此，首钢数字化转型的初期目标，就是将所有业务模块统一到一个平台上，实现"三个统一"：一是统一架构，所有项目的业务流程都要遵从集团统一总体流程架构进行细化和部署，并实现项目间的有效协同；二是统一规范，所有项目统一按照《首钢集团管控信息化项目流程框架及基本规范》要求进行建模；三是统一平台，所有项目采用指定软件统一绘制，保证文件共享的便捷性和高效性。

　　为保证"三个统一"，网信办成立流程优化组，专门负责协同各项目组规范项目群涉及的流程管理工作，保证项目实施涉及的所有模块实现"三个统一"。同时，首钢建立流程所有者责任制，为业务模块的流程设计落实责任主体，并为集团业务流程打下基础。

5.2 总体框架

根据首钢战略进行分解，结合集团总部运营模式及行业领先实践，首钢构建流程一级能力框架，主要是对公司价值增值过程的总体描述，用于支持公司战略和业务目标的实现，体现公司业务模型并覆盖公司全部业务。

集团信息化一级流程包括 17 项：战略规划、投资管理、财务管理、人力资源管理、信息化管理、资产管理、全面风险管理、法律事务管理、安全/环保/能源管理、监察纪检管理、监事会工作管理、企业文化管理、工会管理、办公管理、行政管理、科技创新管理、知识管理。

首钢集团信息化一级流程框架如图 3 所示。

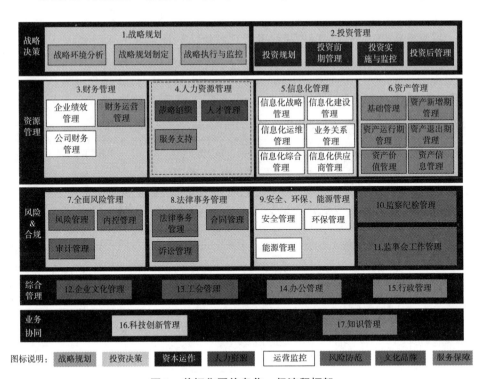

图 3 首钢集团信息化一级流程框架

资料来源：首钢内部资料。

5.3 分级标准

在总体流程框架的基础上，首钢明确了二级、三级、四级、五级流程定义，建立起分级的流程标准：

二级流程，即业务域流程，主要为价值管理过程的粗犷型描述，是一级流程的细化分解，用于落实方针政策和管控要求，聚焦战略执行，并体现创造价值的主要业务流以及为实现主业务流高效和低成本运作所需要的支撑业务。

三级流程，即业务模块流程，主要为各项业务管理模块的概括性描述，是二级流程的细化分解，用于衔接具体业务各个控制环节，实现端到端的完整运作。

四级流程，即操作流程，主要为各项业务控制环节的操作性描述，是三级流程的细化分解，是完成三级流程目标所需要的操作指引。

五级流程，主要为各项业务控制活动的具体性描述，是四级流程的细化分解，要求落实到人。

以财务模块为例，首钢集团财务管理各级流程框架如图4所示。

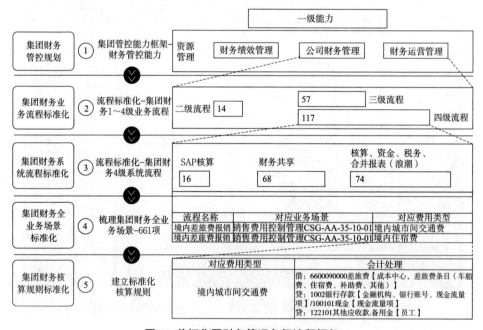

图4 首钢集团财务管理各级流程框架

资料来源：首钢内部资料。

5.4 主数据管理体系

通过统一规则，首钢系统优化部梳理集团公司、平台公司、成员单位三个层级的业务管理需求，统一搭建主数据管理体系，从而实现集团内所有数据"统一标准、集中管控、分级授权、专业管理"。

主数据不仅是数字化转型的基础，也是实现各个业务模块统一管理的基础保障。首钢的管理体系就是在其内部针对同一个事物，规定同一种描述方式，即所谓"车同轨、书同文"，识别首钢整体业务流程中重复、共享的数据，"构建一套体系、建立一套标准、搭建一个平台"，以体系为保障，按标准来执行，用平台做支撑，夯实数据基础管理工作，从而实现主数据在不同业务流程间顺畅的横向、纵向传递和管理，实现数据高效共享，大幅度降低业务之间的沟通转换成本，有效地促进业务的规范性、准确性，最大化支撑业务协同。

5.4.1 构建一套体系

一是主数据管理体系。首钢明确全集团范围的主数据管理方式，明确每类主数据的归口管理部门和相应数据操作各个角色的职责，制定规范的主数据管理制度和工作流程，按照"统一标准、集中管控、分级授权、专业管理"的原则实行分级管理。各级主数据包括：集团级主数据，由集团公司部门制定标准和管理流程，在集团公司层面进行集中管控，成员单位严格遵循集团公司制定的标准规范；板块级主数据，各平台公司和直管单位既可以在集团主数据的基础上，遵从已制定的框架性原则，按照板块需求进行扩展，也可以参照集团主数据管理规范建立自己的主数据标准和规范。

二是主数据管理机构。首钢明确网络安全与信息化委员会是主数据管理决策机构，负责确定主数据管理规划和目标，协调处理重大问题；系统优化部是主数据日常管理机构，负责建立主数据管理体系，制定主数据主题域及集团主数据细分清单，组织主数据平台建设，协调跨平台使用的板块主数据管理问题；集团公司相关业务部门为主数据责任部门，负责制定主数据标准和维护流程，组织开展数据收集、数据清洗以及主数据标准修订工作；平台公司及直管单位负责集团级主数据在平台及本单位的落地，建设板块级及本单位主数据，参考集团公司建立组织体系；首自信公司为技术支持部门，负责项目建设、系统实施及日常运维工作。

5.4.2 建立一套标准

在首钢集团全范围识别集团管控、业务运营、系统交互所需的主数据类别，建立统一的各项主数据的数据标准，明确主数据的代码和描述信息，通过主数据的标准化工作实现首钢集团全范围基础数据的高度一致，为业务处理、报表汇总统计及决策分析的高效应用奠定数据基础。首钢集团通过近些年的数字化转型，在系统优化部的统筹实施下，规范了近31.4万条主数据，有效支撑了集团后续的战略实施。各级主数据如表2所示。

表2　首钢集团主数据标准分类

分类	序号	名称	数据量(条)
集团级主数据	1	计量单位	539
	2	行业分类	1642
	3	国家和地区	239
	4	行政区划	3508
	5	货币资金(币种)	194
	6	民族	58
	7	学历	40
	8	学位	57
	9	项目分类	4
	10	辅助核算项	189
	11	合同分类	15
	12	资产分类	1148
	13	系统主数据	88
	14	银行	160374
	15	银行账户	8196
	16	外部客商	10606
	17	内部客商	530
	18	会计科目	2820
	19	管理组织	10764
	20	产权组织	7282
	21	员工	102487
	22	项目明细	318

续表

分类	序号	名称	数据量(条)
板块级主数据	23	产销成本科目	1810
	24	产销成本中心	180
	25	产销报支大类	183
	26	产销报支细类	491
	27	产销收款大类	24
	28	产销收款细类	114
合计			313900

资料来源：首钢内部资料。

5.4.3　搭建一个平台

为更好使用各级主数据，首钢搭建了统一集中的主数据管理平台，使首钢全范围的主数据标准化全生命周期管理都依靠这一平台来支撑和运营。同时，首钢构建"数据获取同源"的主数据应用模式，实现了核心共享数据的集中存储，保证了只有集团主数据管理平台才是获取主数据的唯一数据源头。首钢的主数据管理平台有效地保障所有业务系统数据同源、标准一致、变化同步。首钢集团主数据管理体系如图 5 所示。

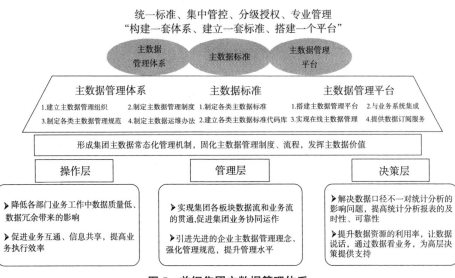

图 5　首钢集团主数据管理体系

资料来源：首钢内部资料。

5.5　保障体系

为实现数字化转型的顺利实施，在业务层面之外，首钢还投入大量资源，构建了统一的、专业的保障体系。

5.5.1　统一基础设施管理

首钢利用合适的技术和有效的建设模式，快速完成服务器部署、网络搭建、终端部署等 IT 基础设施建设工作；利用虚拟化技术搭建首钢私有云平台，采用购买服务的方式快速实现集团各管控系统的开发、测试、生产系统虚拟机的部署；采用最新的 SD-WAN 广域网组网技术搭建集团总部到规模较大的 51 家成员单位的专有网络通道，通过 VPN 系统改造升级解决剩余分散用户的网络访问问题；通过统一应用终端配置标准并提前发布、搭建云桌面解决临时用户和紧急使用需求的问题。

5.5.2　统一系统集成规范、平台和账户管理

首钢明确多系统协同对接的工作流程，提高多项目协同效率；规范集团管控应用之间的接口技术标准，实现关联系统的松耦合；建立跨系统的数据对接传输平台，实现异构系统间的数据传输、跨系统边界的数据传输质量监控与复用。

基于统一身份管理的系统集成打通了信息和数据通道，推动共享协作。面对大量管控系统和海量用户管理需求，首钢采用统一用户管理与身份认证，使集团用户使用唯一的账号，实现跨系统登录、业务系统应用授权和单点登录等功能的保障。

5.5.3　全方位、多层次实施信息安全建设

为保障集团管控各应用系统上线后的稳定、高效、安全运行，首钢将安全管理和运维体系建设纳入项目群建设的全过程。首钢以信息安全等级保护和国家信息安全相关法律法规为根本遵循，在每个集团管控系统建设规划初期，即确定所有系统以等保二级作为安全建设标准，制定"系统安全建设方案框架"，并建立信息安全"事前预防、事中控制、事后追溯"保障机制，实现信息系统可用、完整和保密。

另外，首钢从网络安全、主机安全、应用安全等方面进行全方位安全设计并评审；在每个系统上线前必须经过漏洞扫描和安全检查工作环节；在系统上线后聘请第三方进行等保测评工作。同时，对机房、基础网络各方面做整体安

全评估和防护，在应用层面统一内外网的用户访问入口，收敛信息安全防护面。

5.5.4　先期介入，建立运维管理体系

首钢在主数据管理平台建设初期，就提前谋划系统运维工作。运维人员按照后期运维要求，将系统建设所涉及的 IP 地址、端口、架构等要求在系统设计之初就进行明确，并在整个系统建设过程中提升系统的熟练度，方便后期运维快速定位和解决问题。

6　管理模块数字化转型成效

数字化转型的重要标志是互联互通、共建共享。2024 年 1 月 8 日，长钢"财务一体化"系统成功上线，标志着该系统在首钢外埠钢企覆盖工作圆满收官。近些年，首钢以信息化项目群管理体系为保障，财务共享、财务一体化项目（核算、资金、税务、合并、分析）、全面预算管理、投资管理、人力资源管理、资产管理、主数据管理、协同平台 8 个集团管控项目顺利推进，数字化转型取得良好效果，走在国内前列，多家央企、国企到首钢观摩交流，北京市国资委到首钢现场交流并组织其在市属国企进行经验交流。首钢各个管理模块的数字化转型成效明显，具体如下：

6.1　投资管理方面

一是从分段分块管理到专业归口管理。将分散职能归口到战略发展部，依托权力清单、管理制度、风控手册三位一体，实行板块化分级授权管理。

二是从项目驱动到战略导向。建立"发展战略—投资规划—投资计划—项目"业务主线，确保资源优化配置；2022 年，121 家单位在线编制 221 亿元投资计划。

三是从粗放管理到精细管控。建设横向协同、纵向贯通的管理系统，覆盖项目全类型全生命周期；至 2022 年 12 月底，累计管理项目 10581 个。

四是股权投资从底数不清到源头控制。股权投资、产权登记、组织管理强关联，实现对投资企业从项目决策到组织退出的贯穿式动态管控。清理前共有 732 家产权单位数据，其中集团投资企业有 592 家，清理后共有 580 家产权单位数据。

五是固定资产投资实现双线管控。与财务系统集成获取投资完成数据，与

项目系统集成动态监控项目里程碑节点。

六是从缺少投后管理到做实项目后评价。实施分层级、全范围后评价,从投资、进度、效益维度进行预实对比分析。自 2021 年实施投资管理评价以来,具备后评价条件项目有 3058 个,完成后评价项目 2641 个。

七是从经验管理到利用数据科学管理。建设投资规划、投资计划、投资项目执行、项目后评价、股权投资企业、企业投资管理六大主题分析,设计企业投资管理能力模型,挖掘数据价值,辅助决策。

6.2 资产管理方面

一是业务端到端贯通。通过与核算、共享等 6 个集团管控系统集成,实现 21 个流程跨系统协同贯通,实现资产管理业务跨部门、跨专业、跨系统在线审批。

二是产权明晰、权限明确。以产权单位为基准建立资产明细账,各类资产业务按照权力清单分级授权,30 多个资产管理风控点通过系统实现控制。

三是专业管理精细化。设计五级流程架构、59 个业务流程,制定 31 个单据模板,设置 29 个过程监测指标、107 项评价标准,实现手工报表到系统多维度分析的转变。

四是数据标准统一。统一资产数据标准,包括 16 项资产台账标准、3 项通用标准、15 项固定资产标准、21 项不动产标准、10 项无形资产标准,共计 65 项,为实现账卡物一致和信息共享与联动更新提供基础。

五是账卡物一致。按账卡物一一对应原则对存量资产进行清理,摸清了集团资产家底,目前系统中管理资产约 17 万项。

六是管理企业全覆盖。完成 292 家法人单位标准化模式上线,其余单位报表模式上线,资产年度报告中 60% 的数据由系统提供。

6.3 财务管理方面

一是提高财务管控能力。"六统一"标准化体系,统一集团财务语言,规范业务行为;财务管控一体化平台打通端到端业财流程体系,业务数据全面在线;基本实现集团全面预算一张网、财务核算一本账、资金结算一盘棋,构建"三算合一"全流程管控体系。

二是提升财务信息质量和运营效率。"会计引擎"实现"制度、业务、数据"贯通,凭证自动化率总体水平达 96%,统一软件的业财单位达 99%;快报、月报及时率达 95% 以上；集团预算编制周期从 3 周缩短至 1 周；千户税务数据采集期从 1 个月缩短至 1 周，14 种税费实现一键报税。

三是提升业财融合能力和决策支持能力。内部联通，即预算、核算、资金实现流程与数据贯通，在线开展预实分析、资金预警及控制；横向集成，即资金与投资支出刚性控制，资产与核算账实相符，研发费与核算科目口径一致；房产税、土地税、个人所得税分别打通房屋、土地、薪酬等税源信息；纵向贯通，即实现与 13 家单位业务系统集成。

四是提升风险防控能力。资金账户余额、交易信息实时同步，账户实时在线监控；落实"三重一大"，在线执行资金大额审批监控制度，资金总监可一键驳回，统筹大额资金支付节奏，有效防控大额资金支付风险；发票管理，即无业务不开票，杜绝发票虚开，专票 100% 查验；关联税务局供应商黑名单体系，高级黑名单推送资金系统全集团禁止付款。

6.4　财务共享方面

一是风险控制能力持续增强。风险控制流程化，即围绕财务处理业务，加强流程发起、流程执行过程中的风险控制，夯实制度落地执行；风险控制全面化，即从流程入手，风险控制覆盖预算、投资等 9 个方面、25 个风险点；差旅标准、业招标准、费用预算控制等由人工控制转变为系统控制。

二是财务共享服务能力明显提升。财务共享业务场景从 800 余个增加至 1200 余个，覆盖财务处理业务的 90% 以上，推进财务共享服务向规模化、集约化试点，首自信项下全资子公司费用业务全部由北京总部财务人员处理，人均效率比行业平均高 1.42 倍；制定专项财务核算规范，为财务共享业务处理实现标准化、规范化和自动化打下基础。

三是财务共享服务管理效率双向提高。业务流转时间在 1 天以内的占 38%，同比提高 5 个百分点，比上线前提高了 12 个百分点，流转时间在 3 天以上的占 10%，同比降低 2.7 个百分点，比上线前降低了 11 个百分点；财务处理时长在 1 天以内的占比近 50%，同比提高了 3 个百分点，比上线前提高了 27 个百分点，财务处理时长在 3 天以上的占比低于 10%，同比降低了 1.2 个百分点，比上线前降低了 21 个百分点。

6.5　人力资源管理方面

一是流程贯通，数据共享。基础数据共享，即实现全集团组织人事数据的统一、规范和共享；业务数据集成，即与财务共享系统集成，在集团公司、股份公司打通了薪酬、社保、公积金全业务流程。

二是强化过程控制。实现动态、及时的在线过程控制，如组织变动审批、员工调配审批、用工总量控制、工资总额控制等。

三是支持首钢特色管理。按照钢铁业特色，完善考核分配制度、标准，开发绩效管理模块，在股份公司实现了自上而下目标逐级分解、自下而上绩效逐级承诺的绩效管理效果。

四是优化流程，提高效率。通过系统规范全集团人力资源业务流程，如：在集团层面、板块层面、成员单位设置相应调动流程，跨单位调动由5天缩短至1天；《劳动合同履行情况季报》《劳动合同届满情况年报》由系统自动生成。

五是支撑市场化选人用人。搭建统一招聘门户，人员需求统筹配置，招聘信息公开发布，严把人员入口关，现已实现简历电子化，为提升招聘工作效率、打好人才基础赋能。

六是人力资源盘点。开展人力资源盘点，通过薪酬、人员增减、招聘等数据分析，支撑集团人工费管控、转型提效进展评价、"双一流"院校毕业生招聘比例政策落地。

6.6 科技创新管理方面

一是建立科技项目全链条管理。建立科技规划库，共享国家、行业规划；分解首钢技术创新规划，指导科技活动；实现"科技创新规划—研发预算—立项—过程—验收—后评价"全链条管理。

二是实现科技成果的全过程管理。搭建科技成果推广平台，支撑成果、专利等全过程管理，促进成果推广。

三是实现科研经费有效管控。规范研发费用口径，与财务核算保持一致，推动科技项目全成本核算，支撑科技项目经费支出有效管控。

四是实现高新企业研发费用加计扣除合理合规。根据项目归集申报材料，降低管理成本；按工时归集科研人员人工费，满足科技项目内部管理和高新企业加计扣除的合理合规要求。

五是实现科技资源的高效利用。统一检索（外购数据库+自建数据库），覆盖对标对象、技经指标，定制化信息主动推送。

6.7 审计管理方面

一是建立集团统一的审计管理平台。建立一套集中、统一、高效的审计业务管理平台，逐步实现全集团审计专业工作的集中管控和综合管理。

二是数据统一获取、分析工具统一搭建。改变过去单机版取数工具线下采集、导入、分析财务数据的工作模式，实现集团财务系统覆盖单位财务数据的及时查询和审计分析。

三是以流程标准促进业务质量提升。通过系统固化关键作业工作节点，实现审计项目从计划、实施到报告、整改的全流程闭环管理。

四是以数据促进资源规范、助力能力提升。通过标准化的审计资源分类管理方式，实现审计事项分类、审计问题分类和定性、审计案例、法规制度等的统一应用和共享。

6.8 法务管理方面

一是搭建风险可视化底座。初步搭建起风险可视化体系，加强业法融合，将法治思维融入业务。

二是从事后完善向事前预防、事中监控转变。通过建立非诉纠纷上报机制、业法财三级审批合同、合同履行状态监控等手段，将法务工作及风险防控工作前移；合同管理通过关联投资立项、科研立项、实物资产处置等信息，避免未经审批的直接签约行为。

三是管理更精细、服务更有效。通过系统建设将原来的注重审核数据收集及加工等工作，转变为合同的全生命周期、纠纷案件的全解决周期、授权全办理过程和法律顾问全使用过程管理。

6.9 公司治理方面

构建首钢集团公司治理及决策运行平台，满足市国资委对"三重一大"的在线监管要求，实现集团公司及项下单位"三会"和"三重一大"管理、全级次企业章程管理、董事管理在线监管。

6.10 企业门户方面

打造"首钢通"（见图6），通过新技术、新架构、新体验和多端支持，更快捷地响应业务管理、决策分析的需要，满足更高层次的安全管理需要，进行更全面的移动应用管理。

图 6 "首钢通"基本功能

资料来源：首钢内部资料。

7 业务模块数字化转型成效

首钢钢铁产业加大创新力度，深度融合物联网、互联网、云计算、大数据等新技术，推进产品创新数字化、生产运营智能化、用户服务敏捷化、产业体系生态化建设，一大批智能化应用成果脱颖而出，推动钢铁业高质量发展，在智能工厂、智能工序、智能应用、产品创新、生产运营智能化、产业体系生态化六大业务模块成效显著。

按照 2023 年中国钢铁工业协会（中钢协）发布的《智能制造能力评估报告》，参与评估的钢铁企业共有 47 家，最高 89.3 分，平均 59.1 分，划分为三个梯队。首钢股份（含京唐）76.4 分，排名第 4，属于领先梯队，水钢 57.7 分，排名第 28，属于优秀梯队，贵钢 48.1 分，排名第 36，长钢 47.3 分，排名第 37，通钢 42.5 分，排名第 40，属于一般梯队。

7.1 智能工厂方面

一是智新电磁智能工厂。构建以产品智能设计与工厂柔性化制造和营销服务为核心，由能源、质量、设备、绿色、安全进行支撑的智能工厂应用体系，技术水平达到国际领先，获批工业和信息化部智能制造试点示范项目。研发周期缩短 40%，制造周期缩短 22%，上单效率提升 50%，产品不良率降低 38.75%，中间库在制品库存降低 32%，能源利用率提升 10.83%。

二是顺义冷轧灯塔工厂。11 个子项目 55 个数字化用例全部上线，获批工业和信息化部智能制造试点示范项目，获评北京市"高端汽车板制造智能工厂"；汽车板一检封闭量降低约 1000 吨/月，合同自动处理率提升 10%，余材充当比例提升 2%，降低库存约 3400 吨；光整机和平整机模型投入率达 95%；

1#线和2#线锌层3g命中率分别提高0.65个和0.3个百分点；轧后库智能调度系统指令执行效率达93%，倒垛率降低20%；成品库汽车配车和火车配车的时间分别减少80%和20%；在线实时监测设备1160台套、8285个点位，实现设备状态实时监测和预警；新增117台能源仪表，完成1040个数据采集点位，初步实现对各区域能源消耗的精准计量和跟踪。

三是京唐MCCR"多模式连铸连轧智能制造示范工厂"。项目获批工业和信息化部智能制造试点示范项目，运营成本下降4.7%，生产率提升10.63%，CO_2排放量降低9.74%，综合能耗降低4.62%。

四是京唐热轧智能工厂。构建了热轧车间级的全量大数据采集与存储平台，建立质量管控、设备运维、视觉装备、安环消防、能源成本、无人库区以及综合报表智能分析七个智能协同管控中心，热轧工序一次通过率提升2%，设备非计划停机时间月均减少20分钟，生产效率提升了近10%，能源利用率提高近10%。

7.2 智能工序方面

一是铁钢轧生产过程控制方面。转炉智能出钢技术在京唐、首钢股份5座转炉投入应用，成功率98%以上，出钢时间缩短5%，下渣指数降低15%以上；连铸坯热装预处理设备应用于京唐6#铸机，最高热装温度可达658℃，成本降低11元/吨，实现CO_2减排10千克/吨钢；无头轧制板形模型先进控制技术应用于MCCR产线，无头凸度控制精度稳定在98.5%。全工序板形评价系统与质量协同控制技术应用于首钢股份产线，质量评价精度提升40%以上，局部板廓类缺陷发生率降低4%。

二是铁钢轧工序智能检测装备方面。京唐烧结机尾热成像分析系统实现机尾断面温度识别准确率98%，布料均匀程度及烧结过烧、欠烧状态判断准确率达到98%；首钢股份板坯照核系统实现板坯坯号自动识别上传；加热炉前铸坯尺寸检测系统应用于京唐热轧2250和1580产线，检测精度在97%以上；翘曲缺陷智能检测设备应用于京唐镀锡1号线，检测偏差在3毫米以内，并推广至热轧2250平整线；翘扣头、镰刀弯等检测装备在首钢股份、京唐实现稳定应用。

三是工业机器人应用方面。首钢股份在取样分拣搬运、贴标喷号、拆捆带、内圈点焊等场景应用机器人共84台，累计提供超300人的提效空间；京唐在自动测温取样、供料皮带巡检、冷轧镀锌取样、贴标签场景应用机器人共67台，累计提供超200人的提效空间；长钢在焊牌、堆垛场景应用机器人共7台，减少操作工12人；水钢应用焊牌机器人12台，减少操作工24人；贵钢实施无人计量和挂牌机械手项目，减少操作工 8 人。

四是钢卷无人运输装备方面。应用于 MCCR 和京唐热基镀锌产线，实现钢卷智能运输，支撑黑灯工厂建设，装备吨公里能耗 0.046 度电，仅为托盘式运输的 1/3。

7.3 智能应用方面

一是建设设备智能运维平台。京唐建立设备故障诊断和预测模型，精准判断设备失效模式；建设机旁库管理系统，支撑库区整合利用，降低备件库存资金占用率；完善设备 App，实现修复项量标准化管控；因设备异常失效引发的产线堆钢和断浇等事故减少 80%，非计划停车时间降低 85%；系统及时推送产线设备异常报警信息，设备综合效率提升 10.96%；机旁物资账物相符率增长 14%，上机率增长 12%。

二是开展智能矿山建设。矿业搭建智能采矿平台，实施副井"电梯式自助运行"、单体设备远程遥控等项目；搭建智能选矿平台、产线一张图操控系统、运输一张图调度平台、管理一张图实时监控分析系统；矿业智能采矿平台减少操控工 23 人，马城 1# 副井对比传统设计减少配置 58 人；智能选矿平台水厂选矿减少现场岗位人员 20 人；运输一张图调度平台减少机车司乘 32 人。

三是建设能源、安环管理系统。京唐基于能效机理分析、大数据和深度学习等技术，优化关键设备运行参数和工艺配置，构建了燃—热—电—水—盐"五效一体"高效循环利用系统，循环发电效率大于 47%，水电共生系统热效率达 81.5%，年节约 16.4 万吨标准煤；首钢股份、京唐应用 5G、AI 算法、大数据、物联网等技术，构建安全综合管控平台，实现对安全责任、安全分析、安全运行、安全应急的全流程管控；首钢股份、京唐建设环保监测系统，环保车辆、生产数据及视频画面实现集成，助力首钢股份、京唐全流程超低排放 A 级企业的通过及复评；长钢搭建环保分布式控制系统，实现环保排放数据、设备数据、生产运行数据全方位管控。

7.4 产品创新方面

一是完成 APQP 系统部分功能模块开发，形成创新型新产品从用户需求识别到应用管理流程规范，统一多部门的新产品、客户信息管理。

二是采用仿真技术研究转炉底吹布置，开发高强度底吹技术，底吹强度从 0.1Nm^3/min/t 提高至 0.17Nm^3/min/t；开发 CO_2 底吹自动控制技术，转炉终渣

T. Fe 减少 20%，降至 16.2%，氮含量减少 25%，降至 11ppm。

三是通过炉鼻子露点分布模型，对炉鼻子加湿系统进行优化设计，实现了炉鼻子内部加湿气体的优化控制，在保证炉鼻子内部锌液面动态成膜的基础上，避免了锌液面的过度氧化，显著改善了锌渣控制水平。

7.5　生产运营智能化方面

一是建设"首钢钢铁产销一体化经营管理平台"。作为跨地域、多基地、一贯制的协同管理平台，其构建了"一贯到底、一体通管、全供应链、全生命周期"的管控体系；建成投用后，实现了系统界面贯通、业务高效协同、信息资源整合共享，推动了管理变革和业务重塑；实现板坯 100% 挂单生产、钢轧一体化计划、订单全流程管理，产销协同效率提升 60%，物料精细化跟踪管理，降低库存 15.3%；生产指令下达与生产实绩收集数据全部落地；坚持产销一体化模式，先后完成首钢股份炼铁 360 平烧结机、智新电磁新能源及取向二期等新建产线系统覆盖；水钢、贵钢完成制造管理和执行系统建设。

二是智慧 EVI。采用深度学习技术进行汽车热冲压零件成形性能优化设计，基于图像输入、图像输出模式，实现 B 柱零件减薄率预测结果与仿真结果的平均相对误差控制在 5% 以内，提升技术服务能力；建立了 2GPa 级别及以下全覆盖的汽车板使用性能数据库，对首钢所有汽车板用户提供使用性能数据的服务，累计下载 15000 余条，为 50 余家汽车厂提供材料性能数据包，包含 DH 钢、CP 钢和热成形钢等先进高强钢；开展了零件吸能、承载、抗凹、拉延、翻边等 10 个需求子维度与材料性能子维度的匹配优化研究，基于乘用车车身零部件选材系统，为用户提供零件选材推荐。

三是智慧订货。根据零件单耗、车型产量、库存状态、库存管控周期等要素建立需求预测模型，实现客户需求动态精准预测、自动生成订单，解决传统计算方式工作量大、误差大的问题；通过长周期数据积累，支持订单归并和组批生产；开发供应链环节断料预警模型，基于零件数据化、需求预测、客户生产计划波动和交货周期跟踪，结合生产计划和制造运输加工周期的数学模型测算，为客户提供清晰可见的断料预警，便于提前采取办法应对，提高客户对钢厂供应链的信任度。

四是智慧物流。首钢股份、京唐通过库区改造、运输管理及调度算法模型开发，推动智慧物流系统建设；首钢股份完成废钢、板坯、热卷、硅钢等 10 个智能库改造，实现厂际 18 条线路倒运车辆智能调度；首钢股份月均降低库存 6000 吨，提升火运净载重约 5 吨/车，满载率平均提升 10%，火运库年发运能力由 50 万吨提升到 118 万吨，库区劳动强度降低 50%；京唐构建统一运输资源管理和智能物流调度算法模型，实现运输计划、运输任务、运输车辆、运输路线、运输实绩、运输服务评价一体化调度管理；京唐热倒冷单日最高倒运量提升至 990 卷（提升 6%），整单作业时长减少 16 分钟（降低 14%）；完成码头 6#卸船机全自动化改造，卸船机全自动运行率不低于 98%。

五是智慧服务。面向客户，强化供应链协同。在需求预测、库存管理、物流信息、性能跟踪、管理业务可视化等环节强化协同；智慧营销平台与 18 家大客户实现了数据对接，服务中小客户超过 2000 家；3PL 承运服务商 100 多家，对接外部仓库 175 家，注册承运司机 7000 多名，覆盖首钢三个基地及各钢贸运输、仓储业务；实现了客户静态信息、客户诉求、质量异议、产品认证、客户活动、EVI 项目、客户价值分析、挂牌督办等线上管理；合同处理周期冷系（"冷系"为冷轧钢材产品的简称）由 4 天缩短到 0.4 天；物流运费报支由 1 天缩短到 1 小时；产品发运由平均每车 5 小时缩短到每车 2 小时；在采购、销售、设备、制造、炼钢等领域实施了 50 余项业务决策模型。

7.6 产业体系生态化方面

一是首钢股份在线已发展成集销售、采购招标、工业品商城、现货商城、福利商城、物流撮合、在线支付、手机 App 多功能于一体的综合性供应链生态协同平台；完成首钢股份产销一体化等首钢内部 10 余套系统的集成，与外部 5 家电商平台对接；取得 ICP 经营许可，具备一级独立域名的合规 B 端运营资质；目前首钢股份在线已有首钢内部 38 家单位入驻，外部客户达到 5700 多家，年交易额稳定在 50 亿~60 亿元。

二是部分完成云边协同的工业互联网与应用，具备万台以上工业设备数据采集、200 多种主流工业设备协议解析接入等能力，形成数据中台、技术中台等平台解决方案和覆盖集团管控、智慧供应链等领域的应用解决方案，可承载供应链推广、产学研用推广。

三是北京园区生产经营数字化。实施冰球馆节能降耗精准控制项目、大跳台区域冬奥网络安全专项，应用 BIM 技术实施大跳台的建设，组织实施园区 5G 覆盖，加入"百城千屏"活动；完善"AI 尚首钢园"小程序，优化招商运营管理平台；实现绿色、安全、科技办奥，首钢冬训中心能源管理实现 15.9%的节能效果；集团投资管理系统推广落地，实现控制项目 100%不超概算；实现园区北区 95 栋建筑物 435 个可招租空间信息统一数字化描述，与意向客户需求快速匹配；实时呈现运营业务预算执行情况，为运营决策提供支撑。

四是首钢云建设。首钢云已集约化承载了贯穿集团生产、运营、管理领域的共 36 家成员单位的 81 套应用系统，避免重复投资、无效投资的同时，将各成员单位传统数字基建的资本性支出转变成灵活性高、风险低的运营性支出；基于 SD-WAN 技术自建的首钢广域网已拥有 97 个节点，实现了相关单位、生产基地互联互通、数据集中；借助首钢云能力，推动等级保护、IPv6、广域网安全等合规性改造落地，降低企业经营风险。

综上所述，首钢按照"规划—实施—成效"的理论框架开展数字化转型，如图 7 所示。

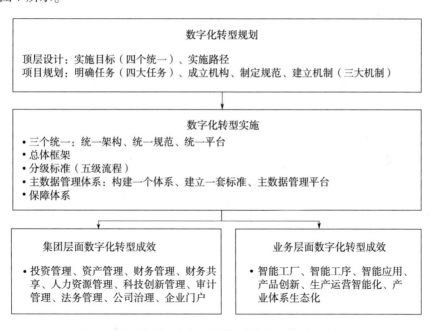

图 7 首钢"规划—实施—成效"的数字化转型理论框架

资料来源：作者根据公司数字化转型过程分析整理。

8 未来规划

2021 年 12 月，工业和信息化部等八部门联合发布《"十四五"智能制造发展规划》，要求加快构建智能制造发展生态，持续推进制造业数字化转型、网络化协同、智能化变革。

2022 年 1 月，工业和信息化部、国家发展改革委和生态环境部三部门联合发布《关于促进钢铁工业高质量发展的指导意见》，提出开展智能制造示范推广，打造一批智能制造示范工厂，依托龙头企业推进多基地协同制造，建设钢铁行业大数据中心，鼓励企业大力推进智慧物流等。

2024 年 2 月，北京市经济和信息化局发布《北京市制造业数字化转型实施方案（2024–2026 年）》，提出从平台赋能、产业链带动和产业园区推动三条路径推进北京市制造业的数字化转型。

目前，首钢数字化转型发展在平台赋能、产业链带动和产业园区推动三个方面都有一定的基础和优势，但尚需进一步深化，夯实数字化底座，提升数字化能力，从而打造出北京市制造业的数字化转型标杆。为此，首钢"十四五"数字化规划架构如图 8 所示。

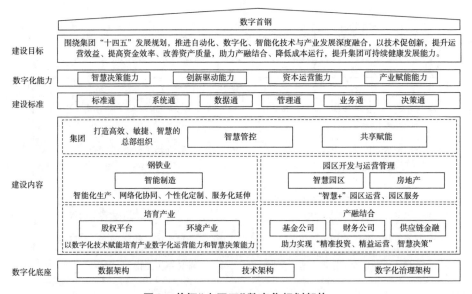

图 8　首钢"十四五"数字化规划架构

资料来源：首钢内部资料。

基于以上架构，首钢数字化的未来规划可以总结为"四有利"的工作目标和"四坚持四注重"的工作方法。

8.1 "四有利"的工作目标

基于国家部委、北京市和行业相关政策，结合首钢"成为世界一流的综合性大型企业集团，打造有世界影响力的钢铁产业集团和有行业影响力的城市运营服务商"的发展战略定位，首钢未来的数字化工作定位是立足首钢实际，回归业务本质，确保实现"四有利"的工作目标，具体为：一要有利管控体系健全和管控能力提升，更好地赋能产业发展；二要有利产品和服务能力提升，为客户提供更好的服务；三要有利风险控制能力提升，统筹数字化转型与信息安全合规；四要有利效率效益提升，推动首钢实现高质量发展。

8.2 "四坚持四注重"的工作方法

为确保实现上述工作目标，首钢拟在后续的数字化工作中，做到"四坚持四注重"，具体体现在以下四个方面：

一是坚持统筹谋划，注重顶层设计。从集团、板块两个层面，进一步优化数字化建设管控事项清单。建立集团智能制造架构及标准体系、云边协同的工业互联网。完善集团数字化转型治理体系，强化规划、计划、项目建设、系统运行等机制创新，重点解决发展中的共性和基础性问题，以点上的示范带动面上的提升。

二是坚持稳定业务架构，注重数据互联互通。集团层面以司库体系为"纲"，完善财务预算、核算、资金、税务、报表和分析的一体化管理，横向推进投资管理、人力资源管理等系统集成，纵向加强与成员单位系统贯通，持续提升业财一体化程度。钢铁业坚持产销一体化方向，加强研发、采购、制造、销售、服务的融合，整合产业链信息资源，快速响应协同。

三是坚持提升效率效益，注重投入产出。从管理效率、经济效益两个方面加强数字化建设投入产出分析。严把入口关，从解决企业实际问题出发，做到非必要不投入；严把过程关，明确的任务要严格按照进度抓好落实，确保达成预期目标；严把应用关，坚持深入应用、持续优化，全面支撑生产经营、管理决策。

四是坚持创造企业价值，注重数据治理。健全集团数据治理体系，建立"让数据用起来"的长效运营机制。借鉴顺冷灯塔工厂、集采和供应链金融等项目典型做法，保持数据应用与降成本、提效率、控风险等业务目标一致，通过高质量的数据供给，实现数据要素对新业态、新模式的驱动作用。

8.3 "三强化"

根据前期任务完成情况和环境变化，首钢对"十四五"后期数字化重点任务进行调整，具体为对集团管控与共享服务、园区开发与运营管理、数字化底座三项任务进行强化。

一是财务管理方面，由实现财务数据标准化治理与集中化运作，强化为以司库体系为"纲"，统领资金运行，探索财务管理数字化转型。

二是北京园区方面，由构建从投资、建设到招商、运营全周期的数字化管理体系和能力，强化为建设园区 IOC 综合运营服务中心，构建从投资、建设到招商、运营全周期的园区一体化管理体系和能力。

三是数字化底座方面，由构建涵盖标准规范层、IaaS 层、PaaS 层、SaaS 层四个层级和信息安全、统一身份两个贯穿体系的技术架构，强化为落实信创要求，构建涵盖标准规范层、IaaS 层、PaaS 层、SaaS 层四个层级和信息安全、统一身份两个贯穿体系的技术架构。

9 经验与启示

首钢数字化转型无疑是成功的，但转型是进行时，不是完成时，首钢数字化发展永远在路上，需要根据集团战略发展的需要持续优化、不断进步、勇攀高峰。

首钢作为传统企业，通过在数字化转型方面的多年深耕，成绩斐然，不但实现了技术的革新和突破，还带来了良好的社会效益和经济效益，为北京制造业的数字化转型提供了良好的参考和借鉴。

9.1 技术层面产生的效益

一是解决了信息孤岛问题。这是数字化转型的最大难题之一。在传统产业链中，每个环节的信息很难整合在一起，导致信息孤岛问题十分严重。这也使每个环节的信息只能在自己的领域里运转，无法与其他环节的信息贯通，导致效率低下。首钢通过"统一标准、集中管控、分级授权、专业管理"的主数据管理体系，经过多年努力，完美地解决了这个问题。

二是解决了流程异构问题。这是产业链数字化升级的另一大难题。由于不同环节的流程都不一致，尤其是首钢这种多业态、多主体的大型企业，其传统的流程已无法满足数字化转型的要求，因此需要在保证传统流程的基础上进行整合和优化，实现全流程数字化的目标。首钢通过统一架构、统一规范、统一平台的"三个统一"，解决了各子公司与集团之间流程异构的问题。

三是实现了系统集成。首钢传统的产业链中，每个环节都有自己的系统和数据，这些数据无法共享并形成生产力。首钢通过对流程、系统的持续优化和升级，运用先进的技术手段，将这些数据进行整合，实现了各部门、各环节、各业务模块之间数据的高效衔接和共享。

9.2 管理层面产生的效益

一是提升了制造业生产效率。首钢在信息化、数字化之前的传统人工作业模式存在烦琐、低效的问题，但随着这些年的数字化转型深耕，目前可以通过自动化流程和智能化系统，实现生产、销售、物流等环节的高度自动化，实现制造业中的数字化生产线的无人化操作，大大提升了生产效率和质量，降低了安全事故的发生率。同时，在销售领域和物流领域，数字化仓储和物流系统可以实现实时的库存管理和订单配送，大幅降低了人力成本和错误率。

二是提升了市场竞争力。首钢的数字化转型为集团决策提供了更准确、全面的数据支持。首钢通过对数据的采集、分析和挖掘，可以更全面、准确地了解市场信息和客户需求；通过对大数据的分析，可以更好地了解消费者的购买偏好和行为习惯，从而精准地进行产品定位和市场推广，大幅提升了企业的核心竞争力。

三是提升了服务水平。首钢的数字化转型为企业创造了全新的商业模式，打破了传统商业模式的限制，为企业带来了更多的商机。同时，智能化、智慧化手段的运用，可以使企业实现线上线下的无缝衔接，为首钢用户带来更好的服务体验，个性化、便捷的服务体验不仅提升了用户忠诚度，也为企业带来了更多的收益。

9.3 启示

综观首钢数字化转型目前取得的成就，其给我们的启示在于，传统企业要做好数字化转型，必须从以下五个维度发力：

一是统筹规划。从战略高度将数字化建设与业务战略目标进行匹配，清晰勾勒出信息系统架构，结合企业发展实际，制订里程碑计划，为数字化建设提供根本遵循。

二是规范管理。建立网信委及其办公室、各项目组、成员单位、实施方"四位一体"的组织体系，统一流程、表单、文档等管理规范，统一计划、反馈、监督评价等管理机制，统一重大事项、焦点问题的决策、协调机制，为数字化建设提供机制保障。

三是业务主导。坚持业务牵头，以客户为中心、以标准规范为基础、以制度为约束、以组织为保障，贯通企业内外部流程，为系统实施打下扎实基础。

四是开放合作。以开放的视野，对标先进，坚持向先进企业学习，加强与外部单位合作，持续推进流程优化和系统建设，不断适应首钢的管理变革要求。

五是集中共享。搭建统一的集团管控系统，固化业务流程、标准与规范，集约化管理数字化基础设施和安全设施，降低实施成本，提高实施效率。

10 总结

北京市人民政府国有资产监督管理委员会通过对首钢数字化转型业务的考察和与相关人员交流，对首钢"业务主导，IT 推动"的模式给予了充分的肯定，并将这种模式引入北京市出资人监管信息化平台的建设中，在此过程中借鉴了首钢信息化项目管理流程及相关制度，先后成立了"大数据工作领导小组"和"信息化工作小组"来推动项目建设，取得了较好的效果。同时，北京某化工集团、北京某开发集团、北京某控股公司等大型传统国企先后与首钢合作，采用了首钢"统筹规划，标准先行"的数字化转型发展模式进行建设。

技术创新是首钢的基因和血脉。当前，首钢深刻领悟习近平总书记关于科技创新的一系列新理念新思想新战略，深刻认识和把握新质生产力的内涵和特点，分析当前竞争环境，着眼未来长远发展，提出"推动技术创新成为首钢第一竞争力，打造中国式现代化的首钢场景"的战略部署，努力探索发展新质生产力的实现路径，深入开展"引领两融合"主题实践活动，以技术创新为引领，推动技术创新与管理创新和商业模式创新深度融合。未来首钢的数字化发展，必将拥抱新质生产力，勇攀高峰，必有所为，大有可为！

昔日的首钢，因钢而兴，创新发展的首钢崛起成为京津冀钢铁行业的"领头羊"；现在的首钢，转钢而新，转型发展的新首钢是北京市城市服务业的"排头兵"；未来的首钢，以数而新，数字化转型的新首钢将成为以未来制造促进钢铁行业发展新质生产力的"领头雁"！

参考文献

[1] 国务院国有资产监督管理委员会. 关于加快推进国有企业数字化转型工作的通知[EB/OL]. http://www.sasac.gov.cn/n2588020/n2588072/n2591148/n2591150/c15517908/content.html.

［2］澎湃新闻.画出 16 个重点，带你读懂北京市政府工作报告［EB/OL］.https：//m. thepaper. cn/baijiahao_ 10948359.

［3］中国政府网.中华人民共和国国民经济和社会发展第十四个五年规划和 2035 年远景目标纲要［EB/OL］. https：//www. gov. cn/xinwen/2021－03/13/content_ 5592681. htm.

［4］中国政府网.国务院关于印发"十四五"数字经济发展规划的通知［EB/OL］. https：//www. gov. cn/gongbao/content/2022/content_ 5671108. htm.

（感谢首钢集团领导、首钢系统优化部部长张丙龙、总监汪国栋对本案例调研的大力支持！并对首钢人勇毅前行、勇攀高峰，为首钢数字化转型做出的卓越成就表示由衷的钦佩！）

航天云网：制造业数字化转型赋能者

陈新辉　孙道银　蒋贵凰　石雨婷

案｜例｜摘｜要

本案例基于经理访谈和文献分析，介绍了"航天云网"这一制造业数字化转型服务商的发展历程，重点阐述了其作为一个工业互联网平台，在实现制造企业智能制造、协同制造和"云"制造等先进制造模式方面的赋能实践，以及在支撑产业治理能力、企业数字化转型升级和服务国家制造强国战略方面的云平台解决方案。这些实践成果为北京传统企业的数字化转型提供了宝贵的学习和借鉴经验。

0 引言

北京的产业发展政策坚守"疏解非首都功能"的原则，以构建高精尖产业结构为目标，积极调整和优化产业结构，推动传统制造业向先进制造业转型。这个转型不仅关系到北京经济的总量和质量水平，而且影响到民生福祉。以物联网、大数据、云计算和区块链为代表的新一代数字技术的蓬勃发展，为传统制造业向先进制造业转型发展提供了强大的技术支撑和实现手段。本案例基于经理调查和文献分析，介绍了"航天云网"的前世今生，展示了以"云"制造为特色的工业互联网对制造业新质生产力的赋能实践，并形成了面向区域云、行业云、企业云，可定制、可私有化部署的平台产品体系。"航天云网"是我国以"云"制造为代表的先进制造业的探索者、实践者和推广者，通过多年的数字化实践，不仅自身取得了显著成效，而且在传统制造企业数字化转型过程中发挥了关键作用。当前，公司正积极响应由北京市政府经济和信息化局制定的《北京市制造业数字化转型实施方案（2024–2026年）》，以期参与"平台赋能、产业链带动、产业园区推动"三大数字化转型路径的构建，加强数字化转型优秀解决方案推广，支持北京制造业顺利开展数字化转型。因此，"航天云网"的数字化实践成果应该成为北京制造业数字化转型解决方案的一个重要来源，值得其他企业学习和借鉴。

1 企业简介

"航天云网"是一家专注于工业互联网的公司，面向工业制造全流程，尤其是航天制造领域，其最早源自 2009 年由李伯虎院士首创的"云制造"及其技术体系。公司的主营业务是为数字航天提供技术支撑服务。自 2015 年公司成立以来，借助政策红利和航天科工的技术服务能力，平台产品不断迭代升级，市场渗透率显著提升。

2016 年，在政府发布多项支持工业互联网建设的利好政策背景下，"航天云网"抓住机遇，获得各级政府的支持，吸引了大量投资，成立了区域子公司，成为国内首个向省市区域开放的工业互联网平台。该平台上 90% 的企业为中小微制造企业，它们从"航天云网"获得了资源整合的支持。2017 年，公司全面升级平台战略，即面向全球正式发布工业互联网云系统（Industrial Intelligent Cloud System，INDICS），开拓了境外市场，同时也为国内制造业内各种业态的市场主体提供全过程、全要素、全生态的服务，打造了"云"制造产业集群生态系统。平台不仅提供制造工业的核心应用，还向众多开发方、使用方等开放了强大的多功能定制平台，使他们能够利用平台迅速配置面向特定领域、特定场景的工业应用。截至 2018 年底，平台注册用户超过 275 万家，分布在全球 200 多个国家和地区。

2019 年，"航天云网"作为唯一的中央企业入选工业和信息化部十家"双跨"（跨行业、跨领域）工业互联网平台，它已建成运营了 20 多个省市级平台和十多个行业平台。2020 年，"航天云网"面对全球公共卫生事件冲击积极重塑产业链、供应链的新模式，着力推动国内制造企业开展协同制造，积极推广信息化产品和服务，助力国内企业复工复产。例如，公司仅用一周就迅速更新了"航天云信"App，助力航天科工集团各单位实现云办公、云交流。"航天云网"利用其强大的平台服务能力在工业互联网领域一展身手。

当前，公司面对同行竞争，积极响应国家"新基建"号召，发布了新战略，联合国内外知名高校和研究机构建立工业互联网技术创新实验室，勇当大数据产业发展的引领者。

2 工业互联网与制造业数字化转型

新一代数字化技术的飞速发展不仅改变了人们的生活消费方式，也彻底重塑了各行各业的生产和经营模式。北京传统制造业正处于关键的变革时期。一方面，数字化技术的迅速发展为制造业带来了前所未有的机遇。例如，推动智能制造、协同制造和"云"制造等先进制造模式的广泛应用，为传统制造企业创新发展提供了广阔空间。另一方面，传统制造模式在现代市场逐渐显露诸多弊端。例如，定制化效率低、资源浪费严重、市场响应慢等问题亟待解决。

工业互联网作为第四、第五代制造业信息化技术的重要组成部分，一方面通过泛在物联网技术将制造业系统与先进的计算、分析、传感技术深度融合，形成新型制造业技术系统；另一方面通过连接设备、数据、人员和流程，构建了一个高度互联、协同、高效的生产环境。因此，工业互联网成为制造企业在新时代竞争中的关键制高点。工业互联网不仅打破了信息孤岛，实现了全要素、全产业链和全价值链的深度互联，还为企业提供了实时数据分析、智能决策支持、预测性维护等多种先进功能，使制造企业能够显著提升运营效率和产品服务质量。此外，工业互联网平台的发展也为制造企业提供了一个开放、共享的创新平台，推动了企业间的协同创新和资源共享。这种生态系统的构建，使平台上的各个企业能够在互利共赢的基础上，共同推进传统制造业数字化改造，实现向先进制造业转型升级。

近年来，在工业和信息化部、国务院国资委和地方政府的大力扶持下，我国工业互联网市场规模不断壮大，工业互联网平台企业迅猛发展，以"航天云网"为代表的企业，通过工业互联网平台为制造企业实现智能制造、协同制造和"云"制造等先进制造模式的赋能实践，为推动北京传统制造企业数字化转型贡献了重要力量。

3 "航天云网"的前世今生

3.1 前世：促进航天制造效率提升

在"航天云网"诞生之前，航天制造基本流程是订单产品经由设计单位定型后，把产品的零部件分发给集团内各个制造单位，然后组装，最后总装。它们各自工作，相互没有联系，属于串行关系，产品更新迭代周期非常长。同时，这种制造模式使各个制造单位无法协同办公，致使工作效率不高。2009年，李伯虎院士意识到这个问题，并提出做平台的想法，旨在将制造的资源和能力按照统一的标准、规范以及技术要求接入平台，即让能力的拥有者能够方便地接入其自身能力，让能力的需要者能够方便地获取其所需能力。同时，全球制造业正处于颠覆性技术渗透与制度根本性创新协同作用的关键时期，新消费、新业态蓬勃发展，国内外同质化产能过剩。在此背景下，一方面，市场对智能化、个性化、小批量生产以及加速产品迭代的需求日益凸显；另一方面，传统的大规模生产模式已无法高效、迅速地适应市场发展的要求。那些为满足"标准化设计、规模化生产、同质化消费"而建立的科层式组织体系，越来越难以适应新一代信息技术对生产方式变革的需求。

2015年，"互联网+"的概念首次出现在政府工作报告中。同年6月，航天科工凭借完整的航天工业体系和新一代信息技术发展优势，成立了航天云网科技发展有限责任公司，打造出具有自主知识产权的工业互联网平台 INDICS 及其应用生态，以"云"制造为特色的"航天云网"由此诞生。

INDICS 的出现为企业应对关联数据问题提供了解决平台，有利于推动航天制造企业实现数字化以及智能化的改造。企业在开展数字化转型、接入平台前，经常面临着数据孤岛和生产不透明等问题，具体表现为以下三个方面：一是企业的生产、销售、物流等价值链环节中的数据存储于不同系统，存放位置相对分散，进而形成数据孤岛，不利于信息溯源；二是负责客户管理、渠道联系以及质量检验等方面的员工无法实时获取所需数据，导致各部门间的沟通成本较高；三是缺乏用于提升产品质量和生产效率的结构化数据集，人工维护的大量数据未能及时统计、分析并递交给其他部门，致使企业的数字资产未能有效积累。"航天云网"能够成为工业互联网平台是因为以下三个方面：首先，其根源于制造企业，尤其是航天制造，属于典型的离散制造。INDICS 的定位是"服务工业，服务制造"。航天科工生产的装备产品具有小批量、多品种、多批次的独特属性，这对智能制造和柔性制造有着天然需求。其次，"航天云网"出身隶属航天产业，制造高端、复杂的产品通常需要大规模协作和配套的工业体系，因而涉及的企业数量较为广泛。最后，航天科工在装备制造领域多年的经验积累奠定了其深厚的技术基础，为了更好地实现军工技术向民用领域的转化，这是更广泛的战略布局。

因此，INDICS 自成立以来，积极响应国家战略需求，带动制造业高质量发展，创造用户价值，加速迈向国家级工业互联网平台。

3.2 今生：引领工业互联网发展

目前，国内工业互联网主要分为三个流派：一是以徐工汉云为代表的 GE（美国通用电气最早提出工业互联网的概念）流派，基于汉云（工业互联网平台）打造出汉云工业操作系统 HANTUN OS，核心业务是对整个工业设备状态的监测和运行维护；二是以海尔为代表的流派，是资源配置型的工业互联网企业，其平台为卡奥斯 COSMOPlat，特点是以众包模式为出发点，将制造相关的社会资源整合到平台中，实现人、机、物的连接，是一个实现大规模定制并以用户作为驱动的平台；三是以"航天云网"为代表的流派，是操作系统型的工业互联网企业。"航天云网"选择了最为艰难的一条路径，面向的是整个制造过程，特点是将"云"制造和数字孪生作为主要抓手。INDICS 总体架构包括工业应用 App 层、云平台层、平台接入层、工业物联网层和资源层五层，其工业互联网平台的工业属性强，依托新一代工业互联网操作系统、数字孪生应用、边缘智能的开放式未来工业架构，支撑以"云"制造、智能制造、协同制造为特色的三类制造模式。

"航天云网"始终坚持"互联网+制造业"的发展方向，致力于"四化"（信息化、市场化、社会化和国际化）发展，通过建立"信息互通、资源共享、能力协同、开放合作、互利共赢"的工业互联网生态系统，推动企业技术创新、商业模式创新和管理创新战略的实施，实现了"企业有组织、资源无边界"的生产资源配置。2017 年 6 月，INDICS 的推出展现了其强大的平台能力，达到了与许多国际主流工业互联网平台近乎一致的水平。基于 INDICS 的"云"制造支持系统，CMSS 于 2018 年 6 月发布，由此确立了 INDICS+CMSS 的两大核心地位。这两个系统具备设备管理、研发设计、运营管理、生产执行、产品全生命周期管理、供应链协同、社会化协同制造和创新创业等多方面的服务能力，成功经验已经推广到航空航天装备、高端数控机床和机器人、交通运输、电子电器等多个行业。随后，在 2021 年 6 月的世界工业互联网大会上，航天科工发布了 INDICS 2.0 的创新成果，这是"数字航天"战略的核心组成部分，也是"航天云网"新基建战略的最新实践成果，由此进一步提升了"航天云网"工业互联网平台的能力。

然而，国际上有通用电气这样的巨头早期布局，国内则有富士康、三一重工等先锋企业。在激烈的市场竞争中，"航天云网"凭借着独特的竞争优势脱颖而出，其优势在于它具备工业体系基础、信息技术基因和装备制造优势这三个关键条件。INDICS 会通过以下三种模式构建新型制造业态：一是制造与服务的结合，推动先进制造业与现代服务业的融合，实现制造业的服务化转型；二是线上与线下的结合，实现虚实一体化和全面的数字化应用；三是创新与创业的结合，利用丰富的资源支持企业的创新应用，提供全面的服务。

因此，"航天云网"将工业互联网与人工智能等前沿信息技术深度融合，打造了覆盖云、边、端的完整工业互联网技术产品体系和生态圈，形成了以"工业操作系统+工业知识库+新一代工业软件"为核心的新型数字工业总体架构，引领了工业互联网的发展。

4 INDICS 赋能制造企业实践及成效

"航天云网"基于云平台服务于行业、服务于产业、服务于全社会，跨行业、跨领域实现资源变现。2023 年 8 月，INDICS 工业互联网平台再次成功入选工业和信息化部发布的"国家级跨行业、跨领域工业互联网平台"评选。这是自 2019 年工业和信息化部开展"双跨"平台评选以来，"航天云网"连续第五次入选并且继续保持行业领先地位。

"航天云网"有三张网。首先，其公有云平台是国内企业智能制造与资源共享、协同创新的一个平台。该平台主要通过大量的工业 App、解决方案以及模型库实现工业标准和工业知识的透明化，并通过 API 的方式进行资源的上行和下行接入及释放。其次是其商业私有云（商业网）。它帮助一些拥有众多子集团、子企业但不想使用公有云平台的公司实现跨地区的协同研发，并在内部搭建一个小型工业化平台来整合企业的所有资源要素。最后是边缘侧。对于那些工厂和车间不具备信息化条件、无法承担大量信息化投资的民营企业，"航天云网"利用边缘一体机帮助它们实现柔性化转产。这些操作系统经过剪裁和配置，成为边缘侧的操作系统，既可以部署在边缘服务器、工控机上，也可以部署在多种型号的边缘网关上；然后，企业可以根据需求安装如 INDICS 平台上的工业 App，例如产线管理、质量优化、生产调度、设备巡检等，实现所需的功能。

"航天云网"瞄准制造业发展的"卡脖子"难题，不断提高自身研发能力，为赋能制造企业打造了许多成功示范案例。例如，在"中国航发中传机械有限公司航空齿轮数字化生产线集成总包项目"中，齿轮加工的材料都是航空材料，稍微碰撞可能就会造成变形的质量问题，因此对整个工艺、质量、产能等要求都非常高，仅靠自动化是突破不了生产瓶颈的，而是需要自动化工艺的优化以及生产的节拍，核心是节拍和工艺优化的问题。"航天云网"全面负责该项目从设计、开发、实施到上线运营及售后服务的整个生命周期，并完成航空齿轮数字化生产线中数字化自动化单元的集成以及产线的总体集成。该项目建设了圆锥齿轮和圆柱齿轮两条数字化生产线，满足了多品种、中小批量航空齿轮自动化、柔性化、均衡化生产的需求；通过系统推进加工过程自动化和生产管控信息化，实现了生产过程的连续、高效、敏捷执行；并利用信息化手段固化业务优化成果，打破了传统"黑箱"式生产模式，实现车间透明化和智能化管理。

钢铁制造涉及一个庞大且复杂的产业链体系，横跨矿业采选、冶炼、轧钢、压延、加工、消费等多个领域，纵向涵盖采购、生产、销售、物流等诸多环节。包钢集团"基于数字孪生的转炉生产优化系统研究项目"聚焦转炉炼钢生产，综合运用大数据、云计算、人工智能、数字孪生等先进技术，重点攻克转炉智能感知、高效处理和精准控制等关键技术。通过深度应用工业数字孪生，包钢集团有效解决了长期制约转炉炼钢现场工艺优化的瓶颈问题。若想要转炉在炼钢过程中实现一键炼钢，首先要做的是对转炉数据的采集工作，要感知高质量的数据，这便需要通过对前端的数据采集，在前端给工人形成一个入口，然后按照前端采集标准加入 DCS 的一些数据采集，形成一些高质量的数据，最终这些高质量数据就形成了这种炼钢的模型。最初，"航天云网"采用成本低、速度快的小模型。然而，小模型的缺点在于每个炉子的情况各不相同，因此每个炉子都需要单独建立一个小模型，导致需要创建的小模型数量很多。自 2023 年以来，"航天云网"采用了大模型做垂域，5 个垂域模型基本上瞬间就出来了，而且泛化和应用效果也很好。综上所述可以看出，"航天云网"基于大模型高质量、高标准地赋能传统制造企业，帮助它们进行数字化转型升级。以下是"航天云网"具体赋能制造企业转型实践的案例。

4.1 河南航天数字孪生黑灯工厂

4.1.1 痛点问题

河南航天主要生产火箭和卫星用的高端特种泵阀、管路及连接件等工业基础零部件，产品种类超过 10 个，规格多达 560 余种，其产品具有高可靠性、高精度和高价值的特点。然而，企业在快速发展过程中，面临以下痛点：①企业生产制造系统缺乏透明度，生产能力难以被准确掌握，无法支持多品种、小批量的柔性混线生产。②人为因素对生产效率和产品质量的影响较大，导致生产效率低下。③企业对工厂"集中监控，统一管理"的需求，无法通过现有监控系统和设备来满足，工厂、设备、生产、运行等状态信息的全流程高清展示和细节查看更无法实现。④企业生产过程的信息化管理缺失，未完全实现电子化和数字化管控，导致加工设备利用率低、加工周期长、应急响应迟缓、自动化水平低，生产过程不透明。⑤多品种、小批量订单模式下，资源无法共享，这成为生产制造加工过程中的瓶颈，导致订单结果和生产周期的不确定性。

4.1.2 平台建设应用内容

该项目涵盖了生产线的自动化和智能化升级、数据采集集成平台的构建以及数字孪生建设（见图1）。通过数据采集集成平台，实现对生产经营数据、生产过程数据、设备运行数据的智能管控，结合设备控制系统的感知、采集和控制，提高产品质量的一致性和加工效率，有效提升设备使用率；增强单位应对临时性批生产任务的能力，在不增加人员的情况下，快速实现产能的柔性化提升；整合现有的信息化应用数据资产，实现全面集成，通过信息融合和流程融合驱动创新，建立数字孪生环境。

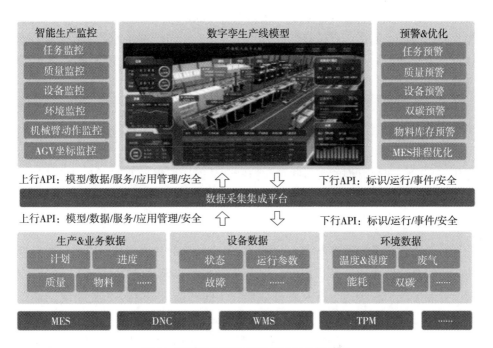

图1 基于数字孪生的黑灯工厂总体架构

资料来源："航天云网"官方网站。

IOT 层：基于数控加工中心和智能管控系统，通过结合设备控制系统的感知、采集和控制功能，提高产品质量一致性和加工效率，有效提升设备使用率。同时，增强单位应对临时性批生产任务的能力，启动多产线控制系统的综合调度集成建设，对跨产线加工中心、机器人等设备进行全面感知和自动控制，实现从原材料到成品业务流的自动流转。

IaaS 层：部署于航天云网 INDICS 为企业提供的私有云平台。

PaaS 层：INDICS 平台和其他可开放途径获取的数据源，支持各类系统的数据自动采集及自行填报数据，通过预留和开放各类接口，实现与企业其他业务系统的无缝衔接。

SaaS 层：调用平台产业大脑 App 将收集的数据源进行分析处理，将采集数据直观化、具体化，方便查询及汇报，并可支撑数据深度分析，形成各类分析模型，辅助企业进行深度数据挖掘，形成行业模型从而沉淀经验。

在企业边缘层面，通过数据采集集成平台实现各种生产经营数据、生产过程数据、设备运行数据等的采集及存储，通过多种硬件或软件协议，利用边缘网关、工业计算机或者边缘服务器完成数据转换，以统一的数据格式接入数据库，并生成历史数据。通过数据接口开发与数据库同步集成各系统数据，数据经过汇聚和处理后再共享给其他所需的信息系统，打破"烟囱系统"，实现数据共享。

在企业层面，工厂数字孪生利用物联网、虚拟仿真和系统集成技术，形成多粒度的虚拟化制造模型，在不同层面对制造信息进行表达和描述。基于边缘智能网联平台获取的生产过程数据、设备数据和业务数据，实现生产线物理运行状态与虚拟孪生模型的实时映射和控制，从而达到物理工厂与虚拟工厂的业务信息协同与统一。

4.1.3 应用效果

通过质量数字化管控方式，控制质量每个环节的具体参数，增强检验合规性、原材料合格性和产品优质性。通过质量实时报警和实时过程质量参数控制，有效提升了车间的生产及管理效能，车间产能提升 32%，交付周期缩短 23%，产品一次合格率提高 30%，操作人员减少 60%。该解决方案助力河南航天提升核心竞争力，使企业逐步从传统制造模式向以高科技为载体的新型制造模式转变，为液压气动行业乃至零件加工行业生产新模式的探索奠定了坚实的基础。

4.2 新明珠集团数字化示范工厂

4.2.1 痛点问题

广东新明珠集团作为国内建陶行业的领先企业，随着企业规模的快速扩张，逐渐暴露出诸多制约其发展的问题：其一，产品竞争力低，高质量需求迫切。产品附加值低、同质化严重，加之近年来产能过剩问题愈加严重，价格竞争激烈，对高质量发展的需求更加迫切。其二，成分不稳定，研发成本高。由于生产原材料来源于自然界，各批次成分不稳定导致工艺参数不一致，需要依赖人员经验进行大量试验才能确定工艺，试版成功率低，导致研发和生产成本高企。其三，生产过程复杂，产品质量难控制。建陶行业的生产设备复杂，生产过程中坯料砖容易破损，异常情况会导致窑炉空转，进一步影响窑炉的烧成曲线，使产品质量和实际产量难以控制。

4.2.2 解决方案

针对企业的需求和痛点，"航天云网"设计了"智能制造+工业互联网"的建陶行业数字化工厂解决方案（见图2）。此方案基于INDICS平台的工业模型和算法，依托平台的数字孪生建模工具，构建了"四维模型、设备模型、产品模型、运行机理模型"四类模型，并通过平台接入工具全面采集窑炉、喷雾塔、压机等设备和环境数据，完成设备、产线、车间等数字孪生体的构建，形成了设备预测性维护、工艺优化辅助决策等应用App，支持研发、生产、设备、质量、能源五个领域的智能管控，实现建陶工厂全流程业务优化。

该解决方案采用私有云部署方式，主要包括以下三个功能应用模块：

（1）基于数字孪生的产品全生命周期管理：构建四类生产模型，涵盖"工艺路径、配方、图文、花色"等产品全生命周期，全面支持产品的生产、工艺、质量数字孪生仿真，将管控范围从后端生产工序延伸至釉料等原料环节，实现全厂全要素建模。

（2）高行业属性的窑炉核心工艺仿真监控：应用多学科联合仿真，实现"动态砖坯负载下的窑炉温度场仿真"，对关键参数——窑炉温度及工艺进行仿真监控，有效提高试版成功率及成品质量。

（3）基于机理模型的精准生产调度：建立"空窑预测模型"和"MFA自适应烧成控制优化模型"对空窑情况进行预测，实现调度指令与工艺参数的精准优化，解决生产管控难、工艺稳定难、空窑预警难的问题。

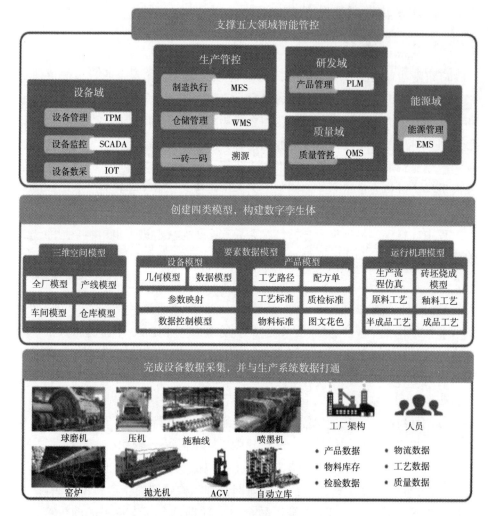

图2 建陶行业数字化工厂解决方案

资料来源："航天云网"官方网站。

4.2.3 应用成效

该方案在降低企业试版成本、提高生产质量、提升异常响应效率等方面取得了显著成效，平均设备运维效率提高了80%，设备故障率下降了92%，试版成功率提升了20%，岗位协同效率提升了20%，优等率提高了1.5%，仓储作业效率提升了60%，异常响应时间减少了60%。以新明珠集团三水建陶工厂为例，空窑时间每月减少152分钟，生产裕度降低了3%以上，每年为企业节约成本超过 700 万元。

新明珠集团数字化工厂是"航天云网"赋能建陶行业龙头企业培育行业型工业互联网平台的又一力作。它是满足建陶行业领域典型应用场景需求并实际落地的优质解决方案。

目前，"航天云网"围绕十多个重点行业，打造了 2000 多个智能制造成功案例，形成了 80 多个设备级、生产线/车间级、企业级和行业级的解决方案。

5 发展规划

展望未来，"航天云网"将进一步聚焦"生成式人工智能(大模型)+制造知识(规则)库"，打造行业垂域大模型，以推动制造业的深层次变革。具体来讲，"航天云网"计划通过模型驱动的生产制造(MDSE)来引领新一轮发展。公司已经在工业领域部署了 INDICS-MAID 垂域大模型，开发了包括产业链工业 AI 助手和时序工艺大模型等一系列应用。这些大模型将为企业提供新的驱动力，显著提升生产质量和效率。

随着国家大力鼓励设备更新、消费品以旧换新、回收循环利用和标准提升四大行动，"航天云网"身为制造业数字化转型的赋能者，必定会把握住政策风口，通过其工业互联网平台，进一步促进制造业的高端化、智能化和绿色化发展。根据国务院最新发布的《推动大规模设备更新和消费品以旧换新行动方案》，设备更新和消费品以旧换新成为当前制造业转型升级的重要抓手。基于此政策背景，"航天云网"将充分发挥其平台优势，助力工业设备的更迭和升级以及消费品的循环利用。作为既懂技术又具备平台化能力的服务商，"航天云网"在设备更新和以旧换新过程中能够发挥出关键作用。

6 总结

在北京数字经济迅猛发展的浪潮下，将企业推向"云"端并进行数字化技术改造，不仅可以提升传统制造业的标准化水平和工作效率，还能够为企业提供精准的数字化系统解决方案和产品。传统制造企业理应与时代同行，顺应时代数智化大趋势，通过数字化转型，重塑自身核心竞争力。

"航天云网"一方面继续紧跟国家政策的引导，响应"双新"政策，即设备更新和以旧换新的行动方案，积极助力传统企业以更低成本、更快速度进行数字化转型，助力国家制造强国战略的实现；另一方面还积极响应北京市政府经信局发布的《北京市制造业数字化转型实施方案（2024-2026 年）》，以期在数字化转型路径构建中充当关键角色，为企业价值链环节上的多个生产制造活动进行赋能，提供高效的数字化转型多层级解决方案。即通过打造智能化生产线和数字车间，提升生产效率和产品质量；通过构建智能数据分析平台，实现从数据采集到决策支持的全流程数字化管理；通过对大模型的应用和机器人协同制造等智能制造新场景的开发，推动制造智能化水平的提升。总之，多层级解决方案不仅能优化企业内部管理流程和制造模式，还能增强企业在供应链中的市场地位，推动产业链上下游的协同发展，助力北京打造"高精尖"产业结构。"航天云网"作为制造业数字化转型的赋能先锋，通过先进的工业互联网平台为传统制造企业赋能，为其提供定制化、个性化以及轻量化的数字化转型多层级解决方案。这不仅有助于传统制造企业向数智化转型升级，而且在节能减排、技术创新、运营管理和安全生产等方面解决了企业长期存在的难题，帮助传统制造企业焕发新机。

未来，"航天云网"将继续发挥自身在工业互联网平台上的优势，推动大模型在工业制造领域的深入应用，为传统制造企业智能化转型提供强有力的支持，助力国家制造强国战略的实现。

参考文献

［1］Arnold C, Kiel D, Voigt K I. How the industrial internet of things changes business models in different manufacturing industries［J］. International Journal of Innovation Management, 2016, 20(8): 5-35.

［2］林浩，陈春晓，秦永彬. 工业互联网：我国实体经济与数字经济融合发展的路径选择［J］. 贵州大学学报（社会科学版），2020，38(5): 85-94.

［3］佘惠敏. 航天云网：把智能工厂搬上云端［J］. 科学之友（上半月），2017(9): 30-32.

［4］柴旭东. 中国企业的工业互联网实践——以航天云网为例［J］. 中国工业和信息化，2018(7): 48-57.

［5］高岩. 航天云网构建依云而生的制造新生态［J］. 上海信息化，2018(10): 54-56.

［6］北京市经信局. 北京市制造业数字化转型实施方案（2024-2026 年）［Z］. 北京市经济和信息化局官网，2024-06-21.

（本案例在撰写过程得到了中国航天科工集团信息中心副主任、"航天云网"总经理助理、平台产业本部总经理杨灵运先生的大力支持，感谢杨总在百忙之中抽出时间对我们的热情接待和坦诚交流，以及在案例完善、定稿过程中的真知灼见；感谢撰写团队成员的辛勤付出和亲密合作。）

当传统机床遇上数字化：北京精雕集团"机加数字化"的数字制造之路

朱嫣婷　刘　颖　魏秀丽　赵继新

案｜例｜摘｜要

　　北京精雕集团作为一家历经 30 年发展的精密部件研发生产企业，积极拥抱数字化转型以提升竞争力。面对生产、质量和研发方面的挑战，集团通过优化生产流程、建立快速制造柔性数字化车间和精密加工数字化应用体系，实现全流程智能化管理，显著提升了生产效率、产品质量和研发速度。这一转型不仅带来了经济效益，还增强了市场竞争力，为集团可持续发展奠定了基础。本案例详细探讨了北京精雕集团的数字化转型之路，以期为其他传统企业提供有益的借鉴。

0　引言

　　党的二十大报告明确指出，要促进制造业高端化、数字化、智能化、绿色化发展。中央经济工作会议进一步强调，要大力推进制造业的数字化和智能化转型，以此提升企业创新能力、竞争力和抗风险能力，确保制造业实现高质量发展。鉴于此，数字化转型对于我国大部分传统企业而言，机遇与挑战并存。数字化转型是企业借助最新的数字技术来优化和革新其核心业务，旨在提升客户体验、精简运营流程或开创新的商业模式的一个变革性进程。在京津冀协同发展战略背景下，北京精雕科技集团有限公司（以下简称"北京精雕集团"）牢牢把握住了数字化的机遇，成功踏上了从传统制造到数字化智造的转型之路。

　　北京精雕集团是一家专注于精密数控机床研发、生产、销售和"机加数字化"工程服务的高新技术企业。机床是指制造机器的机器，被称为"工业母机"，是现代工业发展的重要基石。北京精雕集团作为工业母机装备领域的龙头企业，是工业和信息化部认定的母机产业链民营链主企业，自主研发高端数控机床。北京精雕集团五轴机床从 2017 年开始进入市场，短短 5~6 年时间推出十几款五轴机床，产品功能和性能达到国外同等产品水平，2021 年在国内五轴机床市场销量排名第一；2022 年，北京精雕集团五轴机床的销量市占率大幅提升至 20%，累计完成销售 1200 台①。北京精雕集团的数字化转型成果显著，不仅提升了自身的生产效率，更引领了产业链条的升级。数字化转型后的精雕集团具有两大标志性优势：一是精雕高速加工中心"微米级"精密加工能力达到国际先进水平；二是精雕"机加数字化技术"推动精雕高速加工中心应用能力处于国际领先水平。其转型经验对我国传统企业具有广泛的借鉴意义，是我国传统企业探索数字化转型之路的典范。

1　企业简介

1.1　发展历程

北京精雕集团成立于 1994 年，总部位于北京中关村门头沟科技园，是一家专注于精密数控机床研发、生产、销售和"机加数字化"工程服务的高新技术企业。自创立以来，北京精雕集团秉承"以客户需求为导向、以技术发展为支撑"的经营理念，始终专注于精密数控机床的研发、生产、销售和"机加数字化"工程服务。经过 30 年的经营与努力，北京精雕集团已成为国内精密数控机床业的领先者，并成功构建起完整的精雕机床产业体系。

早期，北京精雕集团主要以研发和生产传统精雕机为主，逐渐在行业内建立了良好的口碑。2006 年，北京精雕集团成功研制出带 CCD 定位系统和刀库的 CNC 精雕机，标志着其进入了一个新的发展阶段。2014 年，随着技术的不断进步和市场需求的日益增长，北京精雕集团开始逐步向高端精密数控机床领域拓展，在技术上进行升级和转型的尝试，推出新一代精雕雕刻 CAD/CAM 软件 JDSoft SurfMill 7.0。2017 年，JDGR 系列全闭环五轴加工一体机批量投入市场，预示着北京精雕集团在生产和技术上的数字化全面转型。此后，北京精雕集团不断推出新的产品和技术，如五轴联动 CNC 数控雕刻机、JD50 数控系统系列产品等，进一步巩固了其在行业内的领先地位。

2020 年，受全球公共卫生事件的影响，国外的同类设备无法进入国内市

---

① 该统计数据来源于北京精雕集团内部资料。

场，北京精雕集团转危为机，通过组织工业大赛等方式，使其五轴数控机床产品开始逐渐进入国内客户的视野。近年来，北京精雕集团发展迅猛，被连续认定为国家企业技术中心，并在 2022 年荣获"中国工业大奖表彰奖"。此外，北京精雕集团还建立了多个规模化生产、精细化管理的精密数控机床制造基地，确保产品的高品质和高性能。截至 2023 年底，集团现有员工 5100 余人，可年产 12000 台中型精雕数控机床，年产值超 22 亿元。集团先后荣获"中国工业大奖表彰奖""中国好设计金奖""制造业单项冠军示范企业""中国机械工业百强""'科创中国'榜单突破短板关键技术"等多项荣誉和奖项，已成长为国内精密数控机床的领军企业。

1.2 业务组合

北京精雕集团的主营业务包括精密数控机床的研发、生产、销售和"机加数字化"工程服务。其中，精密数控机床是公司的主要产品，涵盖了精雕高速加工中心、精雕雕刻中心等多个系列，包括精雕精密数控加工中心，旗舰产品为精雕高速加工中心。精雕高速加工中心又包括精雕三轴高速加工中心、精雕五轴高速加工中心、精雕五轴高速磨削中心、精雕五轴铣车复合加工中心（见图 1）。精雕高速加工中心的核心技术产品（数控系统、CAM 软件）、关键功能部件（高速精密电主轴、高精度直驱转台等）都是北京精雕集团经过近 30 年的

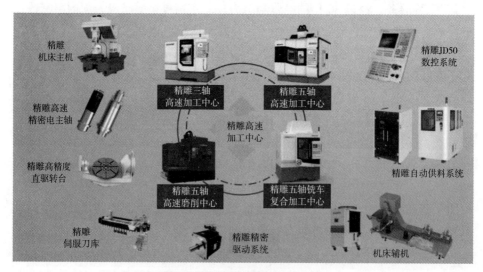

图 1　北京精雕集团的主营产品

资料来源：集团内部材料。

"正向设计"自主研发迭代完成，拥有完整的自主知识产权，现已实现规模化生产和应用。精雕高速加工中心于 2017 年推向市场，现已形成成熟的产品体系，共 10 余个子系列、40 多个型号。从 2020 年起，精雕五轴高速加工中心在国内市场的销量始终处于领先地位。

北京精雕集团凭借"创新性"和"颠覆性"的精密加工模式，已在高端制造业，尤其在"微米级"精密加工领域形成规模性突破，客户数量已超过 2000 家，覆盖 30 多个行业，渗透 60 余家行业头部企业。此外，集团还致力于为客户提供全方位的数控工程服务，包括选型购机服务、改制升级服务等。

1.3 产品特点

北京精雕集团的产品以高速、精密、复合加工为主要特点。其中，精雕高速加工中心作为集团的旗舰产品，其核心部件均为精雕自主研发和制造，具备"0.1 微米进给，1 微米切削，1 纳米级表面粗糙度"的超精密微洗削加工能力。此外，集团自主研发的电主轴也达到了"高速、高刚性、低振动"的国际水平，进一步提升了产品的加工性能和稳定性。北京精雕集团的标志性优势之一是精雕高速加工中心"微米级"精密加工能力达到国际先进水平。机床是加工零件的工具，加工的零件精度和加工零件品质的稳定性是评价高端精密机床水平的客观、直接标准。北京精雕集团的旗舰产品——精雕高速加工中心的技术性能已达国际先进水平，应用能力处于国际领先水平，标志性指标为"0.1 微米进给，1 微米切削，纳米级表面粗糙度"的精密加工能力。目前，精雕高速加工中心已广泛应用于精密模具、3C 电子、医疗器械、光学半导体、新能源汽车、高端装备等高端制造行业(见图 2)。

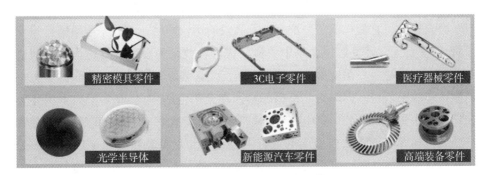

图 2　精雕高速加工中心的应用范围

资料来源：集团内部材料。

北京精雕集团的第二个标志性优势是精雕"机加数字化技术"推动精雕高速加工中心应用能力处于国际领先水平。微米级精度零件的规模化生产，是精密加工业内的顶级难题。目前，业内多采用依赖人机协同与机外测量配合的"半自动化"工作模式来组织生产。北京精雕集团充分发挥自身"机、电、软"技术深度融合的优势，创新性地构建了"机内自动化"工作模式（见图3）。北京精雕集团"机内自动化"工作模式通过"程序定义，机床自动实现调机、管控、加工、测量等工作"，颠覆了当前业内通用的"半自动化"工作模式，实现了微米级精度零件精准、高效、稳定的规模化生产，助力中国精密加工行业的制造能力实现跨越式发展。

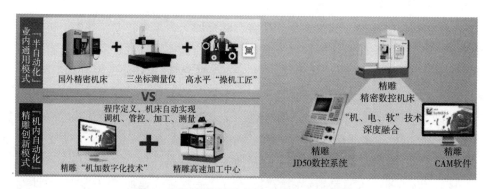

图3　北京精雕集团"机内自动化"工作模式

资料来源：集团内部材料。

1.4　组织架构

北京精雕集团由集团总部、核心制造基地和40多个分支机构、10多个全资子公司组成，它们构成了一个完整且高效的运营网络。北京精雕集团已累计投资50多亿元，建立起以北京中关村门头沟科技园为总部、廊坊为核心制造基地的基本格局。在国内制造业热点区域，北京精雕集团设有8个服务于客户的制造体验子公司。同时，北京精雕集团在全国范围内设40多家技术服务分公司，其中2/3的分公司集中在沿海一带经济发达地区。北京精雕集团的全资子公司包括廊坊精雕数控机床制造有限公司、北京精雕精密机械制造有限公司、西安精雕软件科技有限公司等。在海外分支机构方面，为满足海外客户的需求，北京精雕集团也在积极拓展海外市场，已在美国、德国、越南、马来西亚等国家成立了分支机构。在研发与生产基地方面，北京精雕集团拥有独立的科研、生产基地，该基地位于北京市石龙工业区，占地面积 100 亩，集科研、办公于一体的 5 层科研大楼和宽敞明亮的生产加工厂都矗立在此。

北京精雕集团采用扁平化的组织架构，注重内部沟通和协作。在研发方面，集团设有专门的研发中心，负责新产品的研发和技术创新；在生产方面，集团拥有多个规模化生产、精细化管理的制造基地，确保产品的高品质和高性能；在服务方面，集团构建了多层次的服务体系，致力于为客户提供优质的售前、售中和售后服务。

2 数字化转型背景

随着全球经济的持续发展和技术进步的推动，制造业正面临着前所未有的变革，数字化转型已成为行业发展的必然趋势，旨在提高生产效率、降低成本、优化管理并提升客户满意度。随着市场需求的不断增长和产品复杂性的提升，传统的生产和管理方式已难以满足企业持续发展的需要。例如，随着集团业务规模的扩大，其对生产流程的精细化管理、产品质量的稳定控制以及供应链的高效协同等方面都提出了更高的要求。数字化转型不仅可以帮助北京精雕集团解决这些问题，还能进一步提升集团的核心竞争力和市场地位。北京精雕集团作为一家专注于精密数控机床研发、制造和应用推广的高新技术企业，深知必须紧跟时代步伐，通过数字化转型来适应和引领行业发展的新趋势。

2.1 数字化转型前面临的挑战

北京精雕集团在数字化转型前面临着多方面的挑战，这些挑战主要来自市场、技术和管理方面。①在市场方面，市场竞争激烈，随着制造业的不断发展，数控机床市场的竞争日益激烈，国内市场多被国外厂家所占据。北京精雕集团需要不断提升产品竞争力和市场占有率，以应对国内外同行的竞争。在客户需求方面，市场需求的多样化和个性化不断提升，客户对数控机床的精度、效率、稳定性等方面的要求越来越高。满足这些多样化的需求成为市场挑战之一。②在技术方面，技术更新换代快，数控机床技术日新月异，新的技术、材料和工艺不断涌现。保持技术领先，跟上行业发展的步伐，是北京精雕集团面临的技术挑战。另外，在高端数控机床领域，技术壁垒较高。突破这些技术壁垒，实现技术自主创新，是北京精雕集团提升核心竞争力的关键。③在生产和质量管理方面，数控机床的精度和稳定性对厂房环境等要求极高，难度大；在研发管理方面，数控机床的制造涉及众多零部件和供应商，供应链管理复杂，确保产品的一致性、供应链的稳定性和高效性是一大管理挑战；在日常管理方面，北京精雕集团的人力资源管理理念和管理系统较为传统，如何在管理上实现理念和操作上的数字化也是集团面临的重大挑战之一。

2.2 数字化转型的动因

把数字化技术嵌入产品的全生命周期，从研发、生产、应用三个阶段入手，不断实现降本、提质、增效的目标，生产出客户需要且满意的产品与服务，是北京精雕集团进行企业数字化转型的根本动因。具体包括：①提高效率。数字化转型可以通过优化业务流程、实现信息共享和协同工作来提高生产效率。②降低成本。通过数字化转型，北京精雕集团可以更有效地管理供应链、减少浪费和降低库存成本。③增强客户体验。数字化转型有助于更好地理解客户需求，提供定制化的产品和服务，从而增强客户体验感和忠诚度。④创新业务模式。数字化转型为北京精雕集团提供了探索新业务模式和创新产品、打造数字化制造之路的机会，如提供"数控机床+一站式服务"等 B2B 全方案。

2.3 业务数字化与流程重组分析

在转型前，北京精雕集团的业务流程可能相对传统，依赖纸质文档和人工操作。这种模式的特征包括信息流转速度慢、数据准确性难以保证、决策效率低下等。通过将业务流程数字化，北京精雕集团可以实现信息的实时更新和共享，提高数据的准确性和可追溯性。这有助于加快业务响应速度、提升客户满意度和优化供应链管理。数字化转型推动了业务流程的重组。北京精雕集团可以重新设计其业务流程，以更加高效、灵活和响应迅速的方式满足客户需求。流程重组可能涉及跨部门协作、优化决策流程、引入自动化和智能化技术等方面。

3 数字化转型的前期准备

3.1 制定数字化转型战略时考虑的内外部因素

(1)内部因素，包括企业现有的技术基础、人才储备、组织结构等。北京精雕集团在制定数字化转型战略时充分考虑了这些因素，确保战略的可行性和有效性。

(2)外部因素，包括市场需求、竞争对手、政策环境等。北京精雕集团密切关注市场动态和政策变化，尤其是国家、政府专项所提供的支持，以便及时调整数字化转型战略以应对外部挑战和抓住外部机遇。

3.2 数字化转型的战略规划

北京精雕集团数字化转型的战略规划及其与企业整体发展战略的契合性，可以概括如下：

3.2.1 数字化转型的战略规划与目标

（1）提升生产效率与精度。北京精雕集团将数字化转型作为提高数控机床生产效率和产品精度的重要手段，通过引入先进的数字化技术，如物联网（IoT）、大数据分析等，实现对生产过程的实时监控和数据分析，从而优化生产流程，降低生产成本。

（2）客户需求定制化与服务创新。数字化转型还帮助北京精雕集团更好地满足客户的定制化需求。通过构建数字化平台，企业能够更快速地响应客户需求，提供个性化的产品和服务。同时，数字化转型还推动了服务模式的创新，如远程监控、维护等，增强了客户体验。

（3）智能决策与风险管理。数字化转型使北京精雕集团能够收集和分析更多的业务数据，为管理层提供更为全面、准确的决策支持。此外，数字化技术还有助于企业加强风险管理和业务连续性计划，确保企业稳健发展。

3.2.2 与企业整体发展战略的契合度

（1）响应市场趋势。随着制造业数字化、智能化的不断深入，数字化转型已成为企业提升竞争力的关键。北京精雕集团的数字化转型战略与其整体发展战略高度契合，旨在通过技术创新实现产业升级和市场拓展。

（2）提升核心竞争力。数字化转型有助于北京精雕集团提升产品精度、生产效率和客户满意度等核心竞争力。这些核心竞争力的提升将为企业赢得更多的市场份额和竞争优势。

（3）推动可持续发展。数字化转型不仅关注短期效益，更注重企业的长期可持续发展。通过数字化转型，北京精雕集团能够实现资源的优化配置和循环利用，降低对环境的负面影响，推动企业绿色发展。

3.3 数字化转型战略的沟通和执行

北京精雕集团的数字化转型战略多集中在技术和产品领域，主要通过以下方式进行数字化转型战略的沟通与执行：

（1）明确目标与责任。北京精雕集团将数字化转型目标分解为具体的任务和指标，并明确各部门、各岗位的责任和权利，这有助于确保全体员工对数字化转型战略有清晰的认识和共同的使命感。

（2）建立沟通机制。北京精雕集团建立了定期沟通机制，如召开数字化转型专题会议、组织内部培训等，以便及时传达战略意图、分享经验和解决问题；同时，建立了对口的培训学校，培养数控机床操作工，以配套技术、产品数字化转型的落地。

（3）强化执行与监督。北京精雕集团通过制订详细的执行计划和时间表，明确各项任务的完成时间和质量要求；同时，企业还建立了监督机制，对数字化转型的进展和效果（比如数字化车间建设）进行定期评估和调整，确保战略的有效执行和持续改进。

4 数字化转型过程

4.1 数字化转型的整体策略

（1）明确数字化转型方向。围绕"智能制造"和"工业4.0"的核心理念，将信息技术和制造技术深度融合。以高端化、数字化、智能化、绿色化为主线，全面提升企业研发、生产、管理和服务的数字化水平。

（2）建立数字化转型体系。构建从产品设计到生产制造的数字化流程，实现产品全生命周期的数字化管理。搭建数字化平台，整合内外部资源，形成协同高效的数字化生态。

（3）推动技术创新和产业升级。引入物联网（IoT）、大数据、云计算等先进技术，革新数字化样机技术，提升产品精度和生产效率，加强在国内机床领域的核心竞争力。

（4）加强人才队伍建设。引进和培养具备数字化技能的专业人才，打造高素质的数字化转型团队。加强机床操作工培训，为"机床+工程服务"的一站式服务模式提供充足的人员配备，提升全员的数字化素养和创新能力。

4.2 数字化转型的具体目标

（1）提高生产效率，提升灵活性。北京精雕集团通过数字化转型，旨在构建一个快速、灵活且高效的制造体系。例如，通过建立快速制造柔性数字化车间，集团希望能够迅速响应市场需求，提高生产效率，并减少生产过程中的浪费；通过数字化改造，实现生产过程的实时监控和数据分析，优化生产流程，降低生产成本，提升产品精度和稳定性，满足高端制造业的需求。这种转型还有助于企业更好地满足客户需求，提升市场竞争力。

(2)加强产品质量控制。数字化转型使北京精雕集团能够更精确地控制产品质量。通过引入先进的数字化检测设备和质量控制流程，企业可以实时监控生产过程中的各项指标，确保产品质量达到最高标准。这不仅有助于提升客户的满意度，还能进一步巩固企业的品牌形象。

(3)客户需求定制化与服务创新。借助数字化平台，实现与客户的紧密互动，快速响应客户需求，提供个性化的产品和服务。创新服务模式，如远程监控、预测性维护、"设备+工程服务"一体化模式等，提升客户满意度和忠诚度。

(4)促进创新研发。数字化转型为北京精雕集团提供了一个创新研发的平台。通过引入先进的研发工具和技术，企业可以更快地开发出新产品，满足不断变化的市场需求。同时，数字化转型还有助于企业积累和分析大量数据，为未来的产品研发提供有力支持。

(5)提升企业管理和决策水平。数字化转型使北京精雕集团能够更高效地收集、分析和利用数据。这些数据不仅可以帮助企业更好地了解市场需求和客户偏好，还能为企业的战略决策提供有力支持。通过数字化转型，企业可以实现更科学、更合理的管理和决策过程。

4.3 数字化转型的关键步骤和实施方法

(1)明确数字化转型目标和战略规划。基于北京精雕集团的整体发展战略，明确数字化转型的短期和长期目标，如提升生产效率、改善客户体验、降低运营成本等。

(2)制订战略规划。围绕数字化转型目标，制订详细的战略规划，包括资源投入、时间表、关键绩效指标等，确保转型过程有序进行。

(3)识别关键业务流程并进行优化。对现有的业务流程进行全面的分析，识别出需要改进和优化的关键环节。利用信息技术和数据分析工具，优化现有业务流程，设计和实施数字化解决方案，以提升业务效率和质量。

(4)构建数字化平台和基础设施。根据企业需求，选择适合的技术方案和工具，如企业资源规划系统、数据存储和处理技术等。加强网络安全和数据保护，确保数字化平台和基础设施的稳定运行，加强网络安全和数据保护，防止信息泄露和非法访问。

(5)强化技术和数据能力。加强对员工的培训，提升他们的技术能力以及数据收集、分析和应用能力，以适应数字化转型的需求。构建完善的数据体系，实现数据的整合、清洗和分析，为企业的决策和创新提供支持。

(6)推动组织文化变革。倡导创新、开放和合作的组织文化，鼓励员工积极参与数字化转型，并为他们提供技术支持和资源保障。另外，在转型过程中，可能会遇到各种问题和挑战，需要建立有效的变革管理机制来应对和解决。

(7)实施方法。建立由具备相关技术和管理能力的人员组成的专门的数字化团队，负责制订和执行数字化转型的计划。采用敏捷开发方法，将数字化转型的实施分为多个阶段，逐步实施并监控和评估效果，及时调整策略。

4.4 数字化转型技术和解决方案的选择

北京精雕集团在选择适合自身发展的数字化转型技术和解决方案时，主要采取了以下策略：

(1)明确数字化转型目标和需求。北京精雕集团明确了数字化转型的战略定位，即围绕"智能制造"和"工业4.0"的核心理念，提升企业的研发、生产、管理和服务数字化水平。此外，集团对现有的业务流程、技术基础和市场需求进行了深入的分析，识别出数字化转型的关键领域和迫切需求。

(2)评估技术和解决方案的适用性。一是进行技术评估。集团对市场上主流的数字化转型技术进行了评估，包括物联网(IoT)、大数据、云计算、人工智能(AI)等，评估了这些技术与企业现有系统的兼容性、可扩展性和安全性。二是解决方案评估。基于技术评估的结果，集团进一步筛选了多家数字化转型服务提供商的解决方案，评估了这些解决方案在功能、性能、成本和服务等方面的优劣。

(3)考虑内外部因素，制定选择标准。在内部因素方面，集团考虑了企业自身的技术基础、人才储备、组织结构等因素，制定了选择标准，确保所选技术和解决方案能够与企业现有系统无缝对接，同时易于被员工接受和使用。而在外部因素方面，集团还考虑了市场竞争、客户需求、政策法规等因素，特别是北京市政府的政策和项目支持，确保所选技术和解决方案能够满足市场需求，同时符合相关法规和标准。

（4）实施选择过程试点项目。为了验证所选技术和解决方案的可行性，集团选择了一些具有代表性的业务场景进行试点项目，通过实践来评估其效果。

（5）评估与调整。在试点项目结束后，集团对所选技术和解决方案进行了全面的评估，包括功能实现、性能表现、成本效益等方面。根据评估结果，集团对技术和解决方案进行了必要的调整和优化。

（6）总结与归纳。通过数字化转型的实施过程，北京精雕集团积累了宝贵的经验，包括技术选型、解决方案定制、实施策略等方面。这些经验将为企业未来的数字化转型提供有益的参考。此外，数字化转型是一个持续的过程，北京精雕集团将不断跟踪新技术和新解决方案的发展动态，持续优化自身的数字化转型战略和实施方法。

综上所述，北京精雕集团在选择数字化转型技术和解决方案时，充分考虑了企业的实际情况和市场需求，通过科学的评估和选择过程，确保了所选技术和解决方案的适用性和有效性。

4.5 数字化转型的困难和挑战

在数字化转型过程中，北京精雕集团遇到了多方面的困难和挑战，具体有以下三个方面：

（1）数字化战略与业务发展存在脱节，数字化能力建设困难。在数字化转型初期，北京精雕集团数字化战略与业务发展之间可能存在脱节，导致数字化部署过程中缺乏重点，无法充分发挥数字化转型的赋能作用。在数字化能力建设方面，数控机床的研发与生产需要投入巨大成本，而且集团面临原有系统老旧、无法兼容新技术的问题，升级或替换系统也带来巨大成本。另外，在数字化转型前期缺乏具备数字化理念和技术技能的全面人才，这限制了数字化技术的有效应用。

（2）组织文化和变革管理的挑战。数字化转型需要企业改变传统的思维方式和工作模式，包括数字化车间建设过程中人员的变化、工作模式的改变等，这可能会引发员工的抵触情绪和变革阻力。组织文化的转变需要时间和持续的努力，以确保员工接受并适应新的数字化环境。

（3）数据管理和安全问题。随着数字化转型的推进，集团需要处理大量数据，这带来了数据管理和安全方面的挑战。如何确保数据的准确性、安全性和隐私保护成为集团必须面对的问题。

北京精雕集团为了更好地克服数字化转型过程中的困难与挑战，首先，制定了明确的数字化转型战略，通过市场调研和内部分析，明确了数字化转型的目标和路径，制订了详细的战略规划，确保数字化战略与企业整体发展战略相协调，形成紧密的联系。其次，加强数字化人才培养和引进。集团投入资源培养现有员工的数字化技能，通过内部培训、外部研讨会、数控机床大会等方式提升员工的数字素养。同时，积极引进具备数字化技能和经验的人才，为集团的数字化转型提供智力支持。再次，推动组织文化和管理模式的变革。企业通过培训和激励机制，引导员工接受和适应数字化转型带来的变化。建立适应数字化转型的组织文化和管理模式，鼓励创新和协作，打破传统思维定式。最后，强化数据管理和安全保障。集团建立完善的数据管理体系，确保数据的准确性、一致性和可靠性。加大数据安全投入，采用先进的安全技术和措施，保护集团数据免受外部威胁。

综上所述，北京精雕集团在数字化转型过程中遇到了多方面的困难和挑战，但通过明确的战略规划、人才培养、组织文化变革以及数据管理和安全保障等措施，企业成功地克服了这些困难，推动了数字化转型的顺利进行。

5 数字化转型成效与未来规划

5.1 数字化转型的成效

北京精雕集团的数字化转型成果显著，主要体现在以下六个方面：

(1)数字制造能力的提升。首先，北京精雕集团五轴机床采用了数字化技术，实物形态的物理机床都有一个完整的计算机几何模型，这些模型包含了丰富的几何信息、物理信息以及工艺信息。在研发阶段，通过数字化样机技术，实现了结构、物理场、工艺的模拟，大幅加快了研发速度，减少了迭代次数，降低了新机床的研发成本和时间。在生产阶段，数字化制造系统被用来提升制造装配效率，实现了零件制造工艺的数字化、装配过程的数字化以及检测过程的数字化。在应用阶段，通过虚拟编程技术，实现了机床加工过程的自动化，降低了对人工的依赖，提高了机床利用率。其次，北京精雕集团成功打造了快速制造柔性数字化车间，该车间融合了现代管理理论、智能制造理念以及最前沿的信息化、自动化、网络通信等技术，专注于提供精密零件的迅速、灵活制造方案，充分满足了产品研发快速迭代的需求。

(2)数字化管理系统的应用。北京精雕集团应用了 JDSoft、MES 等管理软件，实现了对部门、厂房、工位、人员等基础数据的维护以及工艺流程的管理。

通过集成互联的系统架构，实现了部分企业经营管理系统、物流仓储和数据中心等的互联互通操作。在仓储物流、质量管控、安全管控、能源管控和环保管控等方面，这些软件不仅确保了车间的高效运作，还实现了从设计、生产到仓储的全流程智能化管理。这种管理方式大大提高了生产效率，并降低了运营成本。

（3）高端智能装备的研发与应用。精雕集团自主研发的精雕高速加工中心作为核心设备，已广泛应用于多个行业，包括模具制造、医疗器械等。这些设备具备卓越的加工能力，如"0.1 微米进给、1 微米切削、纳米级表面效果"，成功打破了日本和德国企业在精密加工领域的垄断地位。

（4）各基地对工业互联网标识的应用。在工业互联网中，用户可以通过工业互联网标识解析体系访问存储物料、机器、产品等相关信息的服务器，并通过标识实现对异主、异地、异构信息的智能关联，为信息共享以及全生命周期管理提供重要手段和支撑。北京精雕集团通过标识管理、标识解析、标识识别等标识服务实现企业内部不同信息系统之间、不同企业之间、不同环节之间信息的有效共享，促进全产业链环节的互联互通。在实际应用中，北京精雕集团在廊坊、宁波、西安三大生产基地，已经实现对集团内的所有实例产品使用二维码或条形码管理、对关键物料使用 RFID 标签管理，并采用该标识跟踪各个生产基地之间的物料流转，有利于帮助企业快速、准确地进行物流管理，跟踪货物的有关信息，提升物流效率，增加物流服务的畅通性以及降低物流成本。

（5）数字化转型对产业链的影响。北京精雕集团通过数字化转型，不仅提升了自身的智能制造能力，还带动了产业链的协同发展。例如，北京精雕集团基于信息化管理平台推出制造运营管理平台（JDSoft Manufacturing Operation Management），这是开放式的合作供应商订单体系运营平台。该供应链平台实现了用户申请、密码修改、订单查询、订单导出、订单打印、由订单创建送货单、通过物料创建送货单、在送货单页面创建送货单、送货单修改与删除、送货单打印、快递查询等功能。通过与供应商、客户的数字化连接，北京精雕集团实现了更高效的供应链管理和客户服务。

（6）企业荣誉与认证。北京精雕集团在数字化转型过程中，凭借其卓越的技术实力和创新成果，荣获了多项荣誉和奖项，包括"中国工业大奖表彰奖""制造业单项冠军示范企业"等。这些荣誉和奖项充分证明了北京精雕集团在数字化转型方面的卓越成就。

综上所述，北京精雕集团的数字化转型成果丰硕，通过数字化转型，不仅提高了企业的智能制造能力和管理水平，节省了人力资源，带来了显著的经济效益，还推动了产业链的协同发展，在设备管理、生产效率、能源利用率、一次合格率等方面均取得了显著成果，体现了数字化技术在推动企业高质量发展中的重要作用。

5.2　数字化转型的未来规划与期望

随着中国经济的高质量发展，中国机床行业将迎来一个新的"发展窗口期"。未来，北京精雕集团将持续深耕本业，致力于研发，充分发挥自身在数字化制造领域的核心技术优势，继续在中大型精密数控设备、专用数控设备、关键功能部件、柔性制造系统、基于物联网的企业级云制造平台等领域不断探索，努力成为强大的高端数控设备制造商和数控工程服务供应商。鉴于此，集团对于数字化转型的未来发展有着明确的规划和期望，具体可以归纳为以下几点：

（1）持续技术创新与产品升级。北京精雕集团已经在高端数控机床、激光加工设备、机械电子一体化产品、精密模具等领域拥有多项技术积累，在数字化机床研制、工艺设计、生产管理和质量控制等方面取得了显著成果。随着数字化转型的推进，集团将继续加大在这些领域的研发投入，继续提升内部的数字化水平，不断探索新的数字化空间，提升生产效率、产品质量和企业竞争力，以满足市场对高品质、高精度、高效率产品的需求。此外，通过技术创新和产品升级，北京精雕集团期望能够进一步巩固其在高端装备制造行业的领先地位，并拓展新的应用领域和市场。

（2）提升运营效率与质量。数字化转型将使企业能够实现对生产过程、供应链和市场需求的实时监控和预测，从而更加灵活地应对市场变化。北京精雕集团期望通过数字化手段，对各个环节进行精细化管理和优化，提高生产效率，降低运营成本。同时，数字化转型还有助于提高产品和服务质量，实现更加精确的产品和服务定制化，满足不同消费者的需求。

（3）完善工业互联网标识解析体系。尽管目前工业互联网标识解析体系建设面临一些瓶颈，如基础设施不完善、应用生态尚未形成等，但北京精雕集团已经在标识管理和应用方面取得了一定成果。未来，集团期望进一步完善工业互联网标识解析体系，加强跨企业、跨行业、跨地区的信息共享和协同，以提升全产业链的互联互通水平。

（4）品牌建设与差异化竞争。虽然北京精雕集团已经在市场中建立了较高的知名度和声誉，但在数字化转型的浪潮中，集团期望通过进一步提升品牌形象和知名度，加强品牌的差异化竞争优势。另外，通过提供高品质的产品和优质的服务，北京精雕集团期望能够在激烈的市场竞争中脱颖而出，吸引更多的消费者和合作伙伴。

（5）客户关怀与服务。数字化转型将使企业能够更加方便地与客户进行沟通和互动。北京精雕集团期望加强与客户的联系和沟通，及时了解客户需求和反馈，提供个性化的定制服务。通过提供客户关怀和个性化服务，北京精雕集团可以增强客户黏性，提高客户满意度和忠诚度。

（6）推广数字化制造技术。北京精雕集团计划通过加强顶层设计、提升安全保障、完善政策扶持和加大宣传力度等措施，推动数字化制造技术的广泛应用。集团期望通过树立一批样板标杆，吸引更多企业参与，形成基于标识解析体系的成熟商业模式，推动制造业数字化、智能化发展。

（7）建立合作伙伴关系。在数字化转型的过程中，与相关行业的企业建立合作伙伴关系将是非常重要的一环。精雕集团期望与相关企业建立紧密的合作关系，共同推广精雕产品的应用，拓展市场份额。通过合作伙伴关系，北京精雕集团可以更加深入地了解市场需求和趋势，及时调整自身的发展战略和产品线。

（8）提升绿色制造能力。北京精雕集团一直致力于探索以节能和环保为主要目标的高端绿色制造技术。未来，集团将继续探索数字化制造在提升绿色制造能力方面的应用，通过优化生产工艺、减少能源消耗和污染物排放，降低对环境的负面影响。

综上所述，北京精雕集团对于数字化转型的未来发展有着明确的规划和期望。通过技术创新、提升运营效率与质量、品牌建设与差异化竞争、建立合作伙伴关系以及客户关怀与服务等方面的努力，集团期望能够在数字化转型的浪潮中脱颖而出，实现持续创新和发展。

6 数字化转型经验总结

6.1 数字化转型成功的经验

北京精雕集团数字化转型成功的经验可以归纳为以下几点：

（1）自主创新与技术研发。北京精雕集团注重自主研发和技术创新，成功研制出具有卓越加工能力的精雕高速加工中心，这是其数字化转型的核心竞争力。通过技术创新，企业能够不断提升产品性能，满足市场需求，并在精密加工领域取得领先地位。

(2)数字化应用体系的建设。北京精雕集团构建了完善的精密加工数字化应用体系，将原本依赖人工的经验和知识通过软件固化成标准化、数字化的流程。这一体系提高了生产效率，降低了对人工经验的依赖，增强了生产过程的稳定性和可控性。

(3)业务需求驱动的系统建设。北京精雕集团在数字化转型中，确保所建立的数字化系统和工具紧密围绕实际业务需求展开，避免了系统与业务脱节的问题。这种以业务需求为驱动的转型策略，保证了数字化转型的实际效果和价值。

(4)跨行业拓展与应用。北京精雕集团的产品和技术不仅服务于特定行业，而且成功实现了跨行业的应用拓展。这种多元化的应用场景增强了企业的市场适应性和抗风险能力，同时也为数字化转型提供了更广阔的发展空间。

(5)人机协同的工作模式。在数字化转型过程中，北京精雕集团没有忽视人的作用，而是倡导人机协同的工作模式。通过数字化工具赋能员工，提高人的工作效率和准确性，同时保留人的判断和决策能力，以应对复杂多变的生产环境。

综上所述，北京精雕集团数字化转型的成功模式主要体现在自主创新与技术研发、数字化应用体系的建设、业务需求驱动的系统建设、跨行业拓展与应用以及人机协同的工作模式等方面。这些要素共同构成了北京精雕集团数字化转型的核心框架和实践路径。

6.2 借鉴意义

北京精雕集团的数字化转型经验对于其他正在进行或准备进行数字化转型的传统制造型企业来说，具有多方面的借鉴意义，具体如下：

(1)明确核心业务与技术优势。北京精雕集团明确了自己的核心业务——精密数控机床的研发、生产和销售，并在此基础上进行技术研发和创新，建立了快速制造柔性数字化车间。该车间融合了现代管理理论、智能制造理念以及信息化、自动化等前沿技术，实现了从设计、生产到仓储的全流程智能化管理。这不仅提高了生产效率，还确保了产品质量的稳定性和一致性。其他企业在数字化转型时，也应首先明确自身的核心业务和技术优势，以确保转型过程中的投入能够最大化地服务于企业的核心竞争力。

(2)自主研发与技术投入。北京精雕集团通过自主研发和技术投入，成功打破了国外技术垄断，提升了自身在国际市场的竞争力。这启示其他企业，在数字化转型中，应注重自主研发和技术创新，不断提升产品和服务的科技含量，以应对激烈的市场竞争。

（3）构建数字化应用体系。北京精雕集团构建了完善的数字化应用体系，将业务流程和知识经验进行数字化管理。例如，集团建立了精密加工数字化应用体系。该体系的核心在于将企业私有的、依赖于人工的精密加工经验和知识固化到软件中，形成标准化、数字化的流程。通过这种方式，北京精雕集团成功降低了对人工经验的依赖，提高了加工精度和生产效率。数字化转型为北京精雕集团带来了显著的成效。其他企业可以借鉴这一点，通过构建数字化应用体系来提高生产效率、优化管理流程，并降低对人工的依赖。

（4）以业务需求为导向。在数字化转型过程中，北京精雕集团始终坚持以业务需求为导向，确保数字化系统和工具能够紧密围绕实际业务需求展开。这提醒其他企业，在数字化转型时，应充分了解自身的业务需求，并以此为导向进行技术选择和系统开发，以确保转型的实际效果。

（5）人机协同与员工培训。北京精雕集团倡导人机协同的工作模式，并通过数字化工具赋能员工。其他企业在数字化转型中，也应注重人机协同，提升员工的工作效率和准确性。同时，加强员工培训，提高员工对数字化工具和系统的掌握程度，以确保数字化转型的顺利实施。

（6）跨行业合作与拓展。北京精雕集团的产品和技术成功实现了跨行业的应用拓展。这启示其他企业，在数字化转型过程中，可以积极寻求跨行业的合作与拓展机会，以增强企业的市场适应性和抗风险能力。

综上所述，北京精雕集团的数字化转型经验为其他传统企业提供了宝贵的借鉴，明确核心业务与技术优势、自主研发与技术投入、构建数字化应用体系、以业务需求为导向、人机协同与员工培训、跨行业合作与拓展等都是其他企业在数字化转型过程中可以学习和借鉴的重要方面。未来，随着数字化转型的深入推进，相信北京精雕集团将在激烈的市场竞争中继续保持领先地位，实现更加辉煌的发展。

参考文献

［1］王永贵，汪淋淋. 传统企业数字化转型战略的类别识别与转型模式选择研究［J］. 管理评论，2021，33（11）：83-93.

［2］北京精雕集团. 关于我们［EB/OL］. https：//www. jingdiao. com/about-us/home.

［3］北京市经济和信息化局. 激活传统产业升级"新引擎""总部+基地"模式滋养产业协同沃土——北京精雕科技集团有限公司［EB/OL］. https：//jxj. beijing. gov. cn/jxdt/gzdt/202403/t20240301_ 3578152. html.

［4］第十三届中国数控机床展览会. CCMT2022 展商风采丨北京精雕集团［EB/OL］. http：//www. ccmtshow. com/level3. jsp？id＝5471.

［5］北京经信局. 智能制造标杆企业系列报道丨北京精雕快速制造柔性数字化车间：打造工业母机制造标杆示范［EB/OL］. https：//mp. weixin. qq. com/s？—biz＝MzAxMzI0ODc1Mw＝＝&mid＝2649532967&idx＝3&sn＝0f5ae75551b35dcc7f69d8935c5b2b1f&chksm＝ 82464c3e17766ad1b30c763b98c66947ceee0fba4f59aee6dafa145264a5d394d9aac786fabe&scene＝27.

［6］中国机床工具工业协会. 北京精雕：立足科技自强自立推动企业高质量发展［EB/OL］. https：//www. cmtba. org. cn/level3. jsp？id＝5632.

［7］北京市人民政府. 响应协同发展战略，踏上跨越发展之路，北京精雕"黄金三角"布局京津冀［EB/OL］. https：//www. beijing. gov. cn/ywdt/gzdt/202307/t20230720_ 3166263. html.

跨越数字鸿沟：东土科技的
管理数字化实践案例

王　放　孙道银　张立章　赵继新

案 | 例 | 摘 | 要

东土科技以工业网络控制技术为基础，逐步发展成为中国工业互联网技术的引领者和国内首个工业 AI 大模型的创造者。本案例剖析了东土科技数字化转型的背景、动因、策略、实施路径及成效。东土科技的数字化转型战略规划明确，通过引入智能制造、供应链透明化管理、数字化服务以及生产安全风险预警等措施，积极响应市场个性化需求和技术创新的挑战，经历流程重组与自动化、系统集成与信息孤岛消除、人员培训与文化塑造等关键步骤，确保了数字化转型的顺利进行，持续改进以满足市场的适应性，对转型成功起到了关键作用。东土科技的管理数字化转型案例揭示了企业数字化转型的成功模式，为传统企业的数字化转型提供了理论指导和实践借鉴。

0　引言

在数字化浪潮中，企业如何通过数字化转型实现管理革新和业务升级，已成为学术界和业界共同关注的焦点。北京东土科技股份有限公司（以下简称"东土科技"，股票代码：300353）作为中国工业互联网领域的先行者，在管理数字化转型方面的探索和实践不仅对企业自身的可持续发展具有重要意义，也为同类企业提供了宝贵的经验和启示。本案例旨在深入剖析东土科技的管理数字化转型过程，探讨其转型的背景、动因、策略、实施路径及成效，以期为传统企业的数字化转型提供理论指导和实践借鉴。

东土科技在工业互联网领域具有较强的技术积累和市场影响力，其数字化转型的实践具有典型性和代表性，原因在于：东土科技的数字化转型涉及多个业务领域和管理环节，能够全面反映企业数字化转型的复杂性和系统性；在数字化转型过程中，不仅注重技术创新和应用，还重视组织文化和管理理念的变革，体现了数字化转型的全面性和深入性。

本案例梳理了东土科技数字化转型的背景和动因，包括企业面临的内外部环境变化、市场竞争压力、技术发展趋势等；数字化转型的战略规划和实施路径，包括转型目标的设定、技术路线的选择、组织架构的调整、人才培养和文化建设等；数字化转型的主要成效和经验总结，包括管理效率的提升、市场竞争力的增强、创新能力的提升等。

1 企业简介

东土科技自 2000 年成立以来，一直致力于工业互联网领域的技术创新与产品研发。公司以工业网络控制技术为基础，逐步发展成为中国工业互联网技术的引领者和国内首个工业 AI 大模型的创造者。东土科技在工业互联网根技术、自主可控网络芯片、工业编程工具软件等领域取得了显著成就，其发展历程标志着中国在该领域的技术进步和产业化进程。

公司具备自主可控的核心技术，其产品线具体包括：①自主操作系统，如 Intewell 鸿道等，提供高实时性、高安全性的工业控制解决方案；②工业及产线产品，涵盖数据采集、状态监控、连接管理等多功能的工业控制产品；③通信芯片，包括全球首创的基于 IPv6 的两线高速控制总线芯片 KY3000；④工业软件，如工业编程工具软件 MaVIEW，提供边缘服务器现场演示及软件定义控制解决方案。

公司作为工业互联网联盟理事长单位，不仅在技术创新上处于行业领先地位，拥有 2140 余项发明专利，并承担多项国家级专项研究任务（如核高基和 863 计划项目），还积极参与国内外标准的制定，推动工业互联网技术的发展。

公司的组织架构体现了其在智慧防务、智慧工业、智慧城市、汽车电子等业务领域的深入布局。公司总部设在北京，负责整体战略规划和资源协调，旗下 12 家子公司（如东土华盛、飞讯数码、科银京成等）分布在北京、上海、扬州、广州、宜昌、成都等地，承担着不同的业务使命，形成了覆盖全国的业务网络；此外，公司还设有工业互联网产业园和芯片产业基地，以支持研发和生产活动，共同推动集团的整体发展战略。

2 东土科技数字化转型的背景

东土科技作为一家专注于工业互联网和智能制造领域的高科技企业，在数字化浪潮中，全球化竞争加剧、客户需求多样化以及信息技术迅猛发展等复杂局势构成了推动其管理层面进行数字化转型的重要动因。

2.1 市场竞争层面

2.1.1 国内外市场竞争加剧

随着工业互联网市场的扩大和成熟，更多的国内外企业进入这一领域，市场竞争日益加剧。一些传统的工业自动化企业、信息技术公司以及新兴的初创企业都在积极布局工业互联网领域。传统工业自动化企业（如西门子、施耐德电气）凭借在自动化控制领域的深厚积累，通过整合工业互联网技术，推出了智能化的解决方案。例如，西门子的"数字化企业平台"通过集成工业软件和自动化技术，提供了从设计到制造的全流程数字化解决方案；信息技术公司（如微软、亚马逊和谷歌）利用自身在云计算、大数据和人工智能方面的优势，开发了一系列工业互联网平台和服务，如微软的 Azure IoT 平台提供了设备管理及数据采集、分析和智能应用等服务；新兴初创企业（如 Uptake、C3 IoT）则以创新的商业模式和技术解决方案进入市场，聚焦于特定的工业应用场景，通过灵活的解决方案满足客户需求，快速获得市场份额。

东土科技作为中国工业互联网领域的龙头企业，不仅面临来自国内外的巨大市场竞争压力，还面临着行业日新月异的人工智能技术浪潮的挑战，以及某些国家的刻意打压。东土科技不仅需要不断提升以工业互联网前沿技术为核心的国际市场竞争力，还承担着像华为公司一样作为行业领导者的社会责任和义务。

2.1.2 客户需求日趋个性化

随着工业互联网技术的发展，客户对于产品的需求越来越倾向于个性化和定制化。例如，不同行业如能源、交通、制造等对工业控制设备的功能、性能和稳定性有着不同的需求，因而客户需要根据特定的生产线环境定制工业交换机、服务器或控制器，以满足其特殊的操作条件和性能要求。除了产品本身，客户还期望获得包括咨询、设计、实施、维护等在内的一站式服务。

在快速变化的市场环境中，客户要求的对新产品和技术的响应时间越来越短。东土科技必须能够快速捕捉市场动态，迅速调整产品设计和开发计划，以适应市场需求的变化。具体表现在：①敏捷的产品开发流程，即通过跨部门协作和快速迭代，缩短产品从设计到上市的周期；②智能化生产能力，即通过引入智能制造和柔性生产线，实现小批量、多品种的生产，快速响应客户的定制化需求；③客户关系管理（CRM）系统，即建立和优化 CRM 系统，收集和分析客户数据，以便更好地理解客户需求，提供个性化的产品和服务。

2.1.3 供应链管理的复杂度提升

公司作为中国工业互联网领域的领军企业，其全球化的供应链管理不仅面临着国际贸易环境的不确定性，还直接受到了美国"实体清单"措施的影响。这种外部环境的变化对公司的供应链协同和管理提出了更高的要求，同时也给公司带来了一系列的挑战和困境。

美国"实体清单"政策的实施，直接限制了东土科技与美国公司之间的商业交易，尤其是关键技术和产品的进口。这对东土科技的供应链管理造成了显著影响。公司原本计划使用美国供应商提供的高性能通信芯片和处理器，但在被列入"实体清单"后，不得不寻求国产替代方案来保证产品的持续研发和生产，开始转向国内芯片制造商等。

其中的主要问题在于国产替代化的过程并非一蹴而就，它伴随着一系列的成本挑战。首先，国产芯片的采购成本可能高于原有的美国供应商，尤其是在规模效应尚未形成的初期；其次，国产芯片在性能上可能与美国产品存在差异，这要求公司在产品研发上进行更多的投入，以确保产品性能的稳定性和可靠性；最后，转换供应商还可能涉及生产线的调整和重新认证，这些都会带来额外的成本。

初步测算显示，在被列入"实体清单"后，东土科技的芯片采购成本上升了约15%，其中还不包括因产品重新设计和测试而增加的研发成本。同时，产品研发周期可能延长，生产效率在短期内可能下降，这些都会对公司的财务状况和市场竞争力产生影响。

2.2 技术创新层面

2.2.1 新兴技术更新迅速

在新兴技术快速发展的背景下，公司需要在技术跟进、产品创新、标准制定、人才培养等多个方面进行持续的努力和投入，以应对技术更新迭代带来的挑战，具体表现在：云计算技术提供了强大的数据处理能力和弹性的资源配置，但同时也要求公司必须具备高效的云服务集成和应用开发能力，确保其工业互联网解决方案能够与云平台无缝集成，提供稳定可靠的服务；工业数据量的激增要求公司开发和优化其大数据分析工具，以支持复杂的数据分析和实时决策，并在此过程中保证数据的安全和隐私；人工智能技术在工业自动化和智能制造中的应用日益广泛，公司需要在机器学习、计算机视觉等方面进行深入研究，以提升其产品的智能化水平，实现预测性维护、质量控制和能效优化等功能；为了实现新兴技术与工业控制系统的深度融合，公司需要建立完善的人才培养和引进机制，构建云计算、大数据、人工智能等领域专业人才储备机制。

2.2.2 数据孤岛现象增加系统集成难度

公司在发展过程中，为了满足不同业务部门的需求，引入了多种信息系统，如企业资源规划（ERP）系统、办公自动化（OA）系统、供应链管理（SCM）系统等。这些系统在设计和实施时往往侧重于解决特定问题，而缺乏整体规划和统一标准，导致系统间难以实现互联互通。由于系统间的隔阂，数据在不同系统间无法自由流动和共享，形成了数据孤岛。例如，东土科技的 OA 系统和SAP 系统未能实现有效整合，导致办公流程与财务管理的数据无法无缝对接，影响了财务报告的准确性和时效性。公司在尝试将不同系统的数据进行集成时，面临着技术选型、数据格式转换、接口标准化等一系列技术难题，同时需要克服系统集成高复杂性和高成本的困难。

2.2.3 逆全球化背景下自主研发能力的重要性日趋凸显

东土科技作为工业互联网领域的企业，其自主研发和创新能力是应对技术发展和市场竞争的关键。

第一，公司部分业务涉及军工领域，在国际局势紧张的环境下，其自主创新能力对于保障国家安全至关重要。军工领域产品不仅需要满足特定的军事应用需求，在极端或复杂的环境下稳定运行，而且需要确保核心技术掌握在自己国家手中，降低泄密风险。

第二，在全球化的技术竞争格局中，尤其是美国将东土科技列为"实体清单"企业后，公司自主创新能力的重要性进一步凸显。在被列入"实体清单"后，公司获取特定技术和产品的难度增加，特别是与美国技术相关的软硬件资源（如开发适应云计算的工业服务器产品需要获取关键的计算资源，否则将直接影响其为工业客户提供云服务的能力），若无法快速响应技术发展，东土科技可能遭遇供应链中断、市场份额下降、研发进度受阻等连锁反应。这就要求公司加强自主研发，减少对外依赖，加快国产替代的步伐。

3 东土科技数字化转型的战略规划

3.1 引入智能制造提升产品质量和生产效率

公司旨在通过对高新技术的应用，实现生产流程的优化和产品性能的提升。该战略目标的设定，基于对当前制造业发展趋势的深刻理解和对企业自身发展需求的准确把握。在公司整体战略规划中，这一战略目标占据核心位置，是实现公司可持续发展的关键。具体而言，公司拟实现如下目标：①通过智能制造技术(如自动化生产线、智能机器人等)减少人工操作，提高生产过程的连续性和稳定性，从而提升整体的生产效率；②通过智能制造技术实现更精确的控制和监测，减少人为错误，确保产品的一致性和可靠性，从而提高产品质量；③通过智能制造技术优化生产流程，减少浪费，降低生产成本；④通过智能制造技术快速响应市场变化，实现个性化定制和柔性生产，满足客户多样化需求。

该战略目标体现了公司对制造业未来发展趋势的深刻理解和积极响应。首先，该战略目标与公司的长期愿景和使命紧密相连。公司致力于构建面向未来的自主网络化智能控制体系，成为工业互联网技术的全球创新引领者，而智能制造的引入正是实现这一愿景的具体行动，它不仅能够提升产品质量，满足市场对高端产品的需求，还能提高生产效率，降低成本，从而在激烈的市场竞争中保持竞争力。其次，智能制造的实施与公司的技术创新战略相辅相成。公司在工业级网络通信产品、工业级边缘控制服务器、操作系统及工业软件等领域拥有核心技术，智能制造的引入将进一步推动这些技术的应用和创新，加速产品从研发到市场的转化过程。再次，该战略目标与公司的市场拓展战略相协调。通过智能制造提升产品质量和生产效率，公司能够更好地满足客户需求，扩大市场份额，实现业务的持续增长。最后，智能制造的引入也是公司响应国家政策、推动产业升级的体现。在国家大力提倡智能制造和工业互联网的背景下，公司这一战略目标符合国家产业政策导向，有助于推动整个行业的技术进步和产业升级。

3.2 供应链透明化管理

公司旨在通过数字化手段，实现供应链各环节的信息实时共享与全程可追溯。该战略目标的实现，将极大地提升供应链的效率和响应速度，降低运营成本，同时增强风险管理能力。具体而言，公司拟实现如下目标：①通过集成的信息系统，实现供应链各环节的即时信息更新，提高决策的准确性和响应速度；②利用物联网、区块链等技术，对产品从原材料采购到成品销售的每个环节进行追踪，确保产品质量和安全；③提高订单处理的透明度，增强客户信任，提升客户满意度；④通过优化库存管理、减少物流成本和避免过剩生产，实现成本的有效控制；⑤通过透明化的供应链及时发现潜在的风险点，借助数据分析工具预测可能的问题，从而采取预防措施。

该战略目标体现了公司对于提高供应链效率和快速响应市场变化的重视。首先，该战略目标与公司致力于构建的网络化智能控制体系紧密相连。通过实现供应链的透明化，公司能够更有效地监控和优化生产流程，确保从原材料采购到成品交付的每一个环节都能够及时响应市场和客户的需求变化。其次，该战略目标与公司推动的基础架构转型相辅相成。透明化的供应链管理是数字化转型在供应链领域的具体体现，它依赖于先进的信息技术，如物联网（IoT）、大数据分析和人工智能（AI），这些技术的应用有助于提高供应链的可视化和智能化水平。再次，该战略目标与公司的工业互联网平台建设战略相融合。作为工业互联网的领军企业，公司通过构建开放、共享的工业互联网平台，促进了供应链各环节的信息整合和资源共享，从而提高了整个供应链的协同效率。最后，该战略目标与公司的国际化发展战略相一致。在全球供应链日益复杂的背景下，供应链透明化管理有助于公司更好地应对国际市场的风险和挑战，提升其在全球市场的竞争力。

3.3 提供数字化服务响应客户个性化需求

公司旨在通过先进的数字化技术和个性化的服务理念，满足客户多样化的需求，提升客户满意度和忠诚度，从而增强公司的市场竞争力和品牌影响力。具体而言，公司拟实现如下目标：①通过数字化服务，能够更快速、更准确地理解客户需求，提供定制化的解决方案，从而提高客户满意度；②数字化服务能够实现快速的市场信息收集和分析，使公司能够迅速响应市场变化，及时调整产品和服务；③利用大数据、人工智能等技术，创新服务模式，提供智能化、自动化的客户服务体验。

该战略目标体现了公司对市场趋势的深刻洞察和对客户需求的精准把握。首先，该战略目标将市场和客户需求置于战略规划的核心位置。公司通过提供数字化服务，实现对市场动态的快速响应和对客户需求的深入理解，加强与客户之间的互动和沟通，建立长期稳定的客户关系，提升客户满意度和忠诚度。其次，该战略目标有利于差异化竞争战略的实施。公司通过提供定制化的数字化解决方案，能够构建差异化竞争优势，满足不同客户的个性化需求。最后，该战略目标与公司的其他战略目标如技术创新、市场拓展、品牌建设等形成协同效应，共同推动公司整体战略规划的实施。

3.4 利用数字化手段实现生产安全风险预警

公司旨在通过先进的信息技术，提升自身安全管理水平，实现对潜在生产风险的早期识别、预警与预防。具体而言，公司拟实现如下目标：①运用大数据分析、人工智能等技术，对生产过程中的各类数据进行实时监控和分析，以识别潜在的安全风险；②建立实时预警系统，当检测到异常情况或风险指标超过预设阈值时，系统能够自动发出预警，提醒相关人员采取应对措施；③针对风险预警，采取预防性措施，降低事故发生的概率，减少潜在的损失。

该战略目标体现了公司对工业安全生产的高度重视和对数字化技术应用的前瞻性布局。首先，从运营优化和风险管理的角度，该战略目标的实施有助于优化生产运营流程，通过预测和预警机制，减少生产中断次数，提高生产效率和稳定性；其次，从企业文化和可持续发展的角度，该战略目标的实施通过降低安全事故的发生率，保护员工健康和环境安全，促进企业的长期稳定发展，实现企业的社会责任，保持行业领先地位。

东土科技数字化转型战略与公司整体战略规划的关系如图1所示。

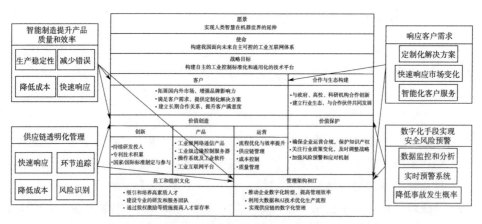

图1 东土科技数字化转型战略与公司整体战略规划的关系

资料来源：作者根据东土科技资料整理。

4 东土科技数字化转型的实施过程

4.1 关键步骤

4.1.1 流程重组与自动化

传统车间依赖人工进行产品测试与质量检验，不仅耗时耗力，而且难以实现问题追溯。东土科技通过引入自动化设备和智能系统，实现了生产流程的数字化管理。在这个过程中，每个生产环节都通过传感器和自动化控制系统相互连接，实现了从原材料入库到成品出库的全流程自动化。这种转变不仅极大地提升了生产效率，还通过实时数据监控，确保了产品质量的稳定性和可追溯性。

4.1.2 系统集成与信息孤岛消除

在采购环节，公司通过集成系统实现了与供应商的实时数据交换。在这一过程中，系统集成了供应商管理、订单处理、物流跟踪等多个模块，确保了采购流程的透明度和响应速度。例如，当生产线上的原材料消耗达到预定阈值时，系统会自动触发补货订单，同时向供应商发送订单信息，实现了采购流程的自动化和及时性。

在仓储管理环节，公司利用先进的物联网技术，实现了库存的实时监控和智能管理。仓库内的智能传感器和自动化设备能够实时收集库存数据，并通过系统集成到 ERP 系统中，使仓储管理人员可以实时了解库存状态，优化库存水平，减少库存积压，提高资金周转效率。

在制造环节，公司的智能生产线能够根据实时的生产数据，自动调整生产参数，实现柔性生产。同时，系统集成的生产执行系统(MES)能够实时监控生产进度，确保生产计划的顺利执行。

在销售环节，公司通过对销售数据的实时分析，能够快速捕捉市场动态，调整销售策略。同时，集成的 CRM 系统使销售团队能够更好地了解客户需求，提供个性化的服务。

4.1.3 人员培训与文化塑造

随着数字化升级的推进，传统的工作流程和审核机制发生了显著变化，许多原本依赖人工参与的环节变得自动化，这导致一些员工的原有职能变得不再必要。面对这一挑战，公司采取了一系列措施，以确保员工能够适应新的数字化工作环境，并在此过程中塑造了一种以数据为导向的企业文化。

首先，公司对员工进行了必要的培训，以提升其数字技能和适应性，包括有关数字化工具和系统的培训以及有关数据分析和决策制定的培训。通过这些培训，员工能够更好地理解和使用数字化技术，提高他们在新环境中的工作效率和效果。

其次，公司在转型过程中重塑了企业文化，强调数据的重要性和价值。在新的企业文化中，数据被视为决策的核心，员工被鼓励基于数据进行思考和行动。这种文化转变有助于员工接受和适应数字化转型带来的变化，同时也促进了整个组织对数据的重视和利用。

再次，公司还进行了组织架构和人员配置的优化。随着数字化转型的推进，公司一些传统的审核和监督职能变得多余，而对数据分析和业务洞察的需求增加。因此，公司对相关人员进行了重新配置，将他们从原有的岗位转移到更加关注业务和数据的岗位上。这一转变不仅提高了员工的工作满意度，也为企业创造了更大的价值。

最后，东土科技通过效益与绩效的再分配，达到了新的平衡。在数字化转型的过程中，公司建立了新的绩效评估体系，将员工的绩效与他们对数字化工具的使用和数据驱动的决策联系起来。这种绩效管理方式鼓励员工积极参与数字化转型，同时也确保了转型过程中的公平性和透明度。

4.2 实施方法

4.2.1 实施策略：逐步推进

东土科技的数字化转型采取了逐步推进的实施策略，通过分阶段实施来降低复杂转型过程中的内在风险，从核心业务流程的数字化开始，逐步扩展至其他业务环节。在此过程中，跨部门协作成为关键，其中 IT 部门提供技术解决方案，业务部门则提供业务需求和反馈。这种协作模式确保了数字化流程与企业实际运营的紧密结合。

公司在数字化转型过程中，员工的适应性成为一大挑战。对此，公司通过持续的培训与教学，帮助员工掌握必要的数字技能，加速其适应过程，并通过领导层的示范作用和持续的沟通，逐步引导员工接受新的工作方式和习惯。随着数字化转型的深入推进，公司对组织架构和人员配置也进行了相应调整，传统的人工审核逐渐被自动化流程所取代，而员工则被鼓励更多地关注业务本身。

4.2.2 突破点：领导层的支持与参与

公司数字化转型的成功在很大程度上得益于领导层的支持与参与。东土科技的高层领导通过以身作则，展现了对数字化转型的坚定承诺；中层领导则负责将这一承诺转化为具体的执行计划，确保各项措施得到有效实施。

在转型过程中，权力和责任的重新分配可能引发冲突。针对这一问题，公司通过明确的责任分配和权力下放，确保各级领导能够在其职责范围内推动转型。

4.2.3 技术关键：基础设施升级

为了支持数字化转型，公司对技术基础设施进行了升级，包括投资云计算、大数据平台等先进算力基础设施。技术的快速发展带来了持续更新的需求，公司通过建立技术更新机制和维护团队，确保技术基础设施的持续先进性和稳定性。

4.2.4 持续改进：定期评估与动态调整

数字化转型是一个持续的过程，公司需要不断改进以适应外部环境的变化，通过建立反馈机制和持续改进文化，定期评估转型进展，并根据评估结果进行调整和优化，以确保转型策略的持续有效性。

5 东土科技数字化转型的成效与未来规划

5.1 转型成效

5.1.1 成本节约与效率提升

公司的数字化转型显著降低了不必要的支出，尤其是在报销方面。以往依赖领导签字的报销流程容易导致资源浪费和滥用，而数字化流程的引入，通过制度化管理，有效遏制了这一现象。这不仅每年为公司节省了数百万元的支出，也提高了整体运营效率。

5.1.2 权力制约与文化塑造

公司的数字化转型强化了制度的约束力，建立了一种"违纪必查，违规必究"的企业文化。这种文化对公司产生了积极向上的作用，有效抑制了领导的个人支出权力，推动了企业治理结构的优化。

5.1.3 智能化应用

在人工智能的背景下，公司在智能化方面取得了显著进展。通过对人工智能的应用，公司能够利用历史数据优化产品结构，提高研发人员与行业的匹配度，优化供应链关系，加快产品设计时效，并提升和培养员工的学习能力。

5.2 未来规划

5.2.1 明确战略目标

公司将数字化转型定位为支撑企业持续发展的核心战略。为此，公司制定了清晰的数字化发展目标，确立了企业在未来数字化发展中的优先级和期望成果。公司拟通过测算，设定未来三年内通过数字化手段提升研发效率、降低生产成本的具体目标。

5.2.2 升级技术基础设施

为了支持数字化和人工智能的工业应用，公司将持续投资于先进的算力基础设施，包括云计算资源的扩展、大数据平台的建设及工业物联网（IIoT）的部署。公司拟采用云服务来增强其数据分析能力，利用大数据分析优化生产流程。

5.2.3 数据驱动决策

公司拟建立一个数据驱动的决策机制，依赖定期的行业数据分析和人工智能技术来优化产品流程，并提高决策的质量。例如，通过分析销售数据，公司能够更准确地预测市场趋势，从而做出更有针对性的产品开发和市场推广决策。

5.2.4 提升客户体验

数字化转型不仅是内部流程的优化，还包括通过数字化手段改善客户体验。公司计划通过个性化服务、移动应用和在线服务平台来提升客户满意度。例如，公司可能会开发一款移动应用，使客户能够实时追踪订单状态，并获得个性化的产品推荐。

5.2.5 提高市场适应性和灵活性

公司拟通过数字化与人工智能技术的整合，保持对市场变化的敏感性，并快速适应新的市场趋势和消费者行为。例如，公司可能会利用社交媒体来捕捉消费者对新产品的反馈，快速调整产品策略。

通过以上规划，公司将能够更好地适应数字化时代，实现长期发展。数字化转型不仅是技术的升级，更是企业在新的市场环境中保持竞争力、创新力和可持续发展能力的体现。东土科技的数字化转型之路将是一段不断创新、不断超越的旅程。

6 东土科技数字化转型的经验总结

东土科技的数字化转型实践揭示了企业在数字化时代能够应对挑战、把握机会，实现持续高质量发展的关键所在。

（1）明确的战略目标规划与持续的技术研发投入是东土科技数字化转型战略成功的基石。通过设定清晰的数字化目标和不断优化云计算、大数据等先进算力基础设施，东土科技确保了技术能力的与时俱进，这支撑了公司的数字化进程。

（2）对于高科技企业而言，科技水平是硬实力，人才永远是企业珍贵的第一战略资源。能把人才吸引来、留得住是企业基业长青的前提条件。员工培训与企业文化塑造在公司数字化转型战略实现过程中起到了至关重要的作用。东土科技通过对员工进行数字技能培训，以及塑造以人为本的企业文化，有效提升了员工的积极性和工作效率，促进了组织对数据的深度利用。

（3）公司领导层的支持与参与是东土科技数字化转型战略成功的必要条件。高层领导的坚定承诺和中层领导的有效执行确保了转型策略的顺利实施，而通过建立反馈机制和持续改进文化，公司能够及时调整和优化其转型策略，以应对外部环境的不断变化。

（4）敬畏市场、感恩顾客是东土科技的重要经营理念。公司通过数字化与人工智能技术的整合，保持了对市场变化的敏感性，快速适应了新的市场趋势和消费者行为，从而在激烈的市场竞争中保持了竞争力和创新力。

东土科技的数字化转型经验表明，企业在数字化转型过程中需要综合考虑战略规划、技术升级、人才培养、文化塑造、领导层支持、持续改进和市场适应性等多因素的协同效应。这些因素相互关联、相互支持，共同构成了企业数字化转型的成功模式。对于其他正在进行或准备进行数字化转型的传统企业而言，东土科技的实践提供了宝贵的经验借鉴，指明了在数字化时代实现创新和超越的可行路径。

微系统行业云端革新：以"电科芯云"平台实现设计制造一体化

白小伟　詹　伟　李　崑　孙　强

案｜例｜摘｜要

　　以数字技术驱动的数字化转型正在引发产业变革，微系统领域的数字化转型显得尤为必要。在此背景下，中国电子科技集团公司信息科学研究院打造"电科芯云"平台，基于安全可信网络和云平台技术架构，通过线上和线下相结合的模式服务用户，实现设计资源共享，设计成果与IP共享，异地多专业协同设计，可信工艺线开放制造。平台支撑高端集成电路与先进系统设计开发，打造集成电路与微系统设计制造一体化，不仅实现从提供产品到提供服务、提供能力、提供整体解决方案的转变，而且构建了知识互用、极速创新、体系赋能的创新生态环境。本案例揭示了此次数字化转型的起因、战略目标、实施过程及未来规划，总结转型经验，扩展并丰富了北京企业数字化转型的适用性理论，打造出北京企业数字化转型标杆示范，为指导后发企业在数字经济时代的转型升级提供了启发与参考。

0　引言

　　随着全球政治经济形势的变迁和数字技术的飞速发展，数字经济已经成为国民经济发展的新动能。《"十四五"数字经济发展规划》提出，到2025年，我国要发展成为具有重要国际竞争力和影响力的数字经济大国。我国数字经济呈现蓬勃发展之势，数字化转型正在引发产业和创新的深刻变革。

　　为深入贯彻制造强国战略，加快推进新型工业化，2024年2月北京市经济和信息化局印发《北京市制造业数字化转型实施方案（2024—2026年）》，提出"坚持首善标准，瞄准国际一流"，"以智能制造为主攻方向，以数字化赋能为重要手段"，"构建北京市制造业数字化转型'三转、两选、两示范'体系"。其中，平台赋能数字化转型是北京市制造业实现数字化转型的重要途径之一。集成电路与微系统行业属于技术密集型产业，在当前数字化转型的浪潮中，面临着前所未有的历史机遇与巨大挑战。在此背景下，中国电子科技集团公司信息科学研究院打造出"电科芯云"平台，以知识产权（IP）为基础和纽带汇聚国内外优秀智力成果，建设我国集成电路与微系统快速发展的"高速公路"。平台克服目前微系统领域各层级孤立设计的固有模式与国内电子设计的技术短板，支撑高端集成电路与先进系统设计开发，对建立集成电路与微系统"设计—制造—应用"一体化生态环境具有十分重要的意义。本案例将分析与总结中国电子科技集团公司信息科学研究院通过打造"电科芯云"平台实现数字化转型的过程与经验，为高新技术与实体经济的深入融合提供借鉴，为加速国际科技创新中心建设发挥作用，助力探索具有北京新时代特征的新型工业化道路。

1 企业简介

中国电子科技集团公司信息科学研究院（以下简称"智能院"）于 2013 年 8 月 27 日挂牌成立，位于北京市，是中央所属事业单位，是从事基础性、前瞻性技术创新研究的开放式研究机构，是推动技术成果与知识产权转化交易，构建技术创新业态的示范平台，会聚了一批高层次人才。

智能院的核心使命是重构集团公司科技创新体系，进一步加强基础性、前沿性信息技术研究，统筹集团内外研究力量形成协同创新局面，引领和支撑电子信息产业的发展。

智能院对接国家和社会创新需求，开展创新研究，主要业务包括信息系统技术研究、微系统技术协同创新、物联网技术创新和知识产权的全过程管理，支撑集团公司科技创新战略研究与实施、各级重点实验室共建共管、集团公司创新基金项目管理等。

2 智能院数字化转型背景

2.1 信息产业发展趋势

当前，半导体产业不再唯一追随摩尔定律，而是以创新提升功能密度为目标。随着功能需求越来越高，半导体技术快速发展，在微纳尺度上开发系统，内部电、磁、光、机、热耦合更加紧密，传统的专业和学科交叉日益凸显，其设计、制造难度将大幅增加。同时，我国在设计方法、设计工具、制造工艺等方面基础薄弱，与国际先进水平存在代差，缺少 IP 核、设计软件与安全可信工艺，普遍存在周期过长、成本过高和维护保障效率低等问题。构建多单位协同研发、资源共享平台将是破除瓶颈、解决问题的关键手段。

近年来，我国微系统领域取得了长足的进步，产品向着小型化、智能化、可重构的方向发展，其种类和需求量明显加大。随着市场竞争变得日益激烈，针对微系统产品多品种、小批量、更新换代不断加快等研制特点，原有"逐级配套"的研制方式显然已经不再适应这种高速发展的生产需求，亟须通过基于 IP 的协同设计制造，解决在设计制造过程中面临的基于模型的制造、设计/仿真/制造过程智能管理、平台集成等诸多技术问题，实现设计制造全过程贯通，满足低风险、低成本、快响应、高可靠性等众多研发需求，创新产品研制模式。

2.2 微系统产品研发面临的挑战

传统企业的研发体系基于企业自身，以既有资源为主要基础进行调配，进度、质量、资源分配等全部按照独立管理的模式进行组织。微系统产品研发原有设计模式面临以下两方面挑战：

(1)成本高昂，难成体系。企业为了维持一支完整的研发团队，不但要支付人力资源的成本，还要持续建设研发体系，例如采购设计软件、采购基础数据库、建立研发管理模式、建立数据管理模式、进行技术研究等。受到企业规模和投入成本的限制，中小企业没有能力进行完整的研发团队建设，往往只是维护关键技术人员和工艺团队，存在技术应用范围狭窄、人员培养费用高、产品设计周期长等问题，人员流动对产品研发甚至核心竞争力的影响非常大，且产品实现过程严重受到具体设计人员能力的限制。大量企业不能够建立足够的设计基础设施，或者不断推翻重建或在浅层次重复建设，无力持续优化研发体系。

(2)模式固化与资源封闭，创新不足。大型企业一般会维护完整的研发团队，从技术储备、方案设计、产品设计到试验试制、产品规划等环节都会开展工作，确保产品的延续性和系列化，但是存在研发费用高、研发团队建设费用高、研发工作量不足且不均衡、研发模式和思路容易固化、资源入口封闭、忽视新技术和新领域等问题。

微系统技术是多领域、多学科、多专业交叉融合的综合性技术，通过建立协同设计平台，可以使总体单位、系统单位、整机单位及元器件单位在同一体制、标准、语境下进行多单位协同，通过协同共同研究射频、导航、光电等先进微系统技术，又可以通过技术的不断发展，快速积累 IP 库、知识库及模型库，在不断积累知识的同时，使技术能够模块化，促进各类科研机构能够在已有技术基础上，通过知识产权授权、交易，快速开展微系统技术的研究，从而使微系统技术的研发资源更加丰富。

因此，建立集成电路和微系统的公共协同设计平台，能够实现产品规划和设计过程的有效管理，实现多个企业和设计人员的对接，实现风险管控、产品数据管理、设计环境的规范统一，实现真正的基于模型的协同设计，并实现各方的信息展示。智能院积极参与数字化转型，既顺应了信息技术产业发展的潮流，也是集成化、小型化、综合化、智能化发展的需要。

3 前期准备

3.1 行业分析

数字化转型在工业领域以云平台形式落地，使云平台成为制造业智能化的核心部分，包括收集、处理数据等环节。处在产业链不同环节的企业则借助工业云平台，专注于自身优势业务，蓄力待发。

第一，数据驱动型。工业云平台的价值在于"互联"和"优化"，根本上是为了实现信息对称和生产效率的提升。2009 年，阿里巴巴率先开展云平台的研究；2010 年，腾讯开放平台接入首批应用；2011 年，华为发布华为云平台。以阿里巴巴、腾讯、华为为代表的互联网企业，利用数据上的优势，以数据驱动生产，以互联构建工业物联产业链。

第二，业务驱动型。2015 年以后，工业云平台进入快速发展期：航天云网、三一重工、海尔、富士康等企业依托自身制造能力和规模优势，推出工业云平台服务，并逐步实现平台由企业内应用向企业外服务的拓展；和利时、用友、沈阳机床、徐工集团等企业则基于自身在自动化系统、工业软件与制造领域的积累，进一步向平台延伸，尝试构建新时期的工业智能化解决方案。

从公有云方向来说，以阿里巴巴、腾讯、华为等为代表的互联网企业已经占据绝对优势，该类平台主要提供基础设施云服务以及部分大数据应用细分行业云服务。而以海尔、富士康、徐工、航天云网等为代表的企业，在自身业务采用云的解决方案基础上，开始打造针对具体工业行业领域的云平台，希望以自身行业优势和生态地位，推进该类云平台的应用，确立生态平台引领者地位，扩展业务范围，优化业务流程和解决方案，最终实现行业业务提质增效、业务领域扩展和转型。

对标以上典型案例，结合国家重大关注以及中国电子科技集团公司的发展目标、使命和业务布局优势，智能院提出打造微系统领域的协同设计和资源共享平台——"电科芯云"，以 IP 为纽带，汇聚国内外优秀智力成果，通过协同设计，推进微系统智能制造领域设计水平的提升和协同研发生态的建立。

3.2　智能院数字化转型战略规划

3.2.1　总体发展目标

"电科芯云"平台瞄准打造集成电路与微系统设计生态链，开展微系统协同设计云平台技术攻关与多层级、多领域的基础 IP 库建立，支撑高端集成电路与先进电子系统设计开发。"电科芯云"平台中立、开放运行，致力于成为微系统领域的设计制造一体化服务平台，引领微系统协同设计与知识复用新模式，为行业提供新质生产力。

3.2.2　建设目标

"电科芯云"平台的建设目标为：针对集成电路与微系统领域专业客户在专业设计、协同设计、集成制造、产品推广、技术合作等方面的业务，梳理其共性技术流程、项目流程、商务流程，搭建面向产业链各个环节用户的开放式共享资源和协同设计云平台，支撑平台用户典型业务上线运行，通过线上线下相结合的模式协助用户共享先进成果、提升开发效率、减少重复投入、完成可信制造。

（1）平台建设阶段：①完成基础软硬件平台建设，具备可商业化运行的计算、存储、可信网络、工具软件、数据安全等条件，可为用户提供基础研发环境定制服务；②完成平台层开发，可支撑按应用场景快速构建云服务；③围绕平台的典型应用场景，完成云服务环境开发，面向用户提供高可用设计和协作环境；④形成规划平台运营方案。

（2）平台试点及应用推广阶段：基于平台建设成果，面向微系统行业开展试点应用，在微系统研发方面的资源聚集、供需匹配、研发协同支持、IP 及工艺设计套件(Process Design Kit，PDK)资源库建设以及各种设计服务等方面开展验证，同时试运行平台运营方案，结合试点验证过程不断进行修正和完善，为后续持续运营和构建行业生态提供保障和支持。

3.2.3　能力目标

(1)平台建设阶段：平台可支撑并发设计用户数不少于20人；具备先进、完备的软件环境，包括射频微系统协同设计环境、硅基光子集成设计环境等；IP库数量不少于800项；开放工艺制造服务厂商不少于3家。

(2)试点及应用推广阶段：平台可支撑并发设计用户数不少于50人；具备先进、完备的软件环境，包括射频微系统协同设计环境、硅基光子集成设计环境等；IP库数量不少于1200项，其中世界先进的IP核不少于30项；开放工艺制造服务厂商不少于5家。

3.2.4　运营模式规划

为保障数字化转型战略的有效实施，以及平台在全集团乃至行业内的有效推广，拟设立以下两种运营模式：

(1)建立"电科芯云"平台运营事业部，面向行业用户开展独立运行，提供公共基础资源和基础成果共享服务，依托中国电子科技集团公司相对独立运行。

(2)建立运营公司。通过体制机制创新，汇聚多元化高端资源，构建产业协同创新发展生态，实现微系统产业跨越式发展。通过新型研发机构建设与运营，实现三方面体制机制突破：一是建立知识可共享、IP可复用的共建共享共用机制；二是建立以承认知识价值为导向的人才激励机制，吸纳行业内国际高端人才；三是建立长期的多元化投入机制，实现技术创新与机构运营的可持续发展。

4　智能院数字化转型过程

智能院通过建设"电科芯云"平台实现数字化转型的整体策略是：通过高效协同和共享国内外集成电路与微系统行业优质资源(高端IP核、先进可信工艺、流程方法)，以资源虚拟化、成果共享化、能力服务化的网络化协同设计为核心业务模式，以提供覆盖研发业务全链条、全过程和全要素的设计服务为主线，构建"线上与线下相结合，设计与制造相结合"的一体化服务平台。

4.1 实施方法

智能院通过建设"电科芯云"平台实现数字化转型的实施方法为：基于云的复杂芯片协同设计架构技术，构建基于多专业 IP 共享的芯片协同设计平台。具体如下：

（1）实现业务需求方、设计师/设计机构、开放工艺厂家、技术专家、平台管理人员等平台用户，通过统一的门户实现单点登录、云端关键业务节点的历史事件追溯，实现订单执行过程透明化管理。

（2）建设统一的微系统资源共享平台，汇聚海量的 IP 和开放工艺资源，提供资源共享服务，提升资源的利用效率和价值创造能力，整合协同设计、高性能计算（High Performance Computing，HPC）、电子设计自动化（Electronic Design Automation，EDA）设计工具资源及业务流程，提供 EDA 设计工具的申请、发放及授权管理功能。

（3）建立微系统优质信息资源的供需匹配平台。将微系统中的 IP 库、PDK库等通用工业技术数据资源整合后，提供各类数据资源的分类展示、需求匹配、任务推送、数据共享、交易评价等服务，实现信息资源的重用，最大限度地发挥信息资源的价值，提升产品的研制效率及标准性、一致性。

（4）建设汇集和连接人才、专家、技术、资源的平台。通过海量工具、系统、硬件资源的汇集，海量技术人才、专家、公司资源的汇集，海量技术知识体系的汇集，形成资源要素、人才要素、技术要素、能力要素的快速共享、流通和组合。

（5）建设团队协同设计与创新的平台。提供团队协作管理环境，支持海量的工程工具，如计算机辅助设计（Computer Aided Design，CAD）、计算机辅助工程（Computer Aided Engineering，CAE）、计算机辅助制造（Computer Aided Manufacturing，CAM）等按需使用，针对研制过程中遇到的技术问题随时可以与专家进行沟通和咨询，随时可以寻找合适的人才以及合作伙伴，支撑研制过程中产生的数据、知识持续沉淀和积累，支持团队协同设计和创新。

（6）建设技术知识交易和成果转化的平台。为行业、企业内的技术建立显性化机制、交易化机制，为研发和制造过程中的各种资源实现优化配置、有机集成和合理共享提供手段支持，上下游的知识服务能够在线交易，并且受到产权保护，知识拥有者提供知识服务、知识需求者请求知识服务，实现知识服务的交易、评价与计量。

4.2 平台架构

"电科芯云"平台采用工业互联网架构设计，基础架构由基础设施层（IaaS 层）、平台层（PaaS 层）和应用层（SaaS 层）三层组成，如图 1 所示。

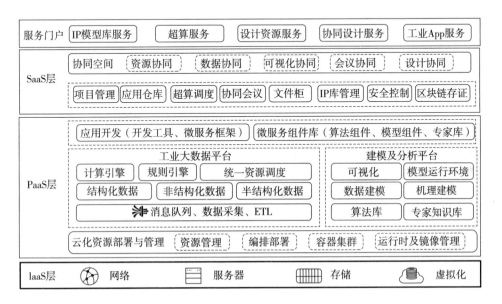

图 1 "电科芯云"平台架构

资料来源：作者根据平台架构实际情况整理。

（1）IaaS 层：运用图形处理器单元（Graphics Processing Unit，GPU）虚拟化、云计算、并行集群等先进技术，构建可动态扩展、弹性伸缩的云基础设施体系，提供基础资源支撑和云化服务。

（2）PaaS 层：应用工业互联网 PaaS 平台提供微服务框架应用开发平台，为开发者提供成熟的微服务开发运行环境；提供大数据分析平台，采集多源异构的数据，进行数据清洗、存储及分析；提供建模分析平台，实现机理模型和数理模型的建模、训练、发布和运行；另外，为上层 SaaS 应用提供各种基础、公共的微服务组件，以及云化资源部署与管理平台环境。

（3）SaaS 层：通过服务门户为平台用户提供各种云应用服务，包括 IP/模型库服务、超算服务、设计资源服务、协同设计服务、工业 App 服务等；协同设计空间作为设计人员的设计工作环境，集成设计过程中所需的各类应用资源及系统（项目管理、应用仓库、超算调度、协同会议、协同数据管理、IP 库管理、安全控制、区块链存证等系统），统一设计应用和数据源，实现数据协同、可视化协同、会议协同、资源协同、设计仿真协同，为用户提供统一、高效、安全、可靠的协同设计环境。

4.3 特色解决方案

4.3.1 微系统/集成电路领域工具上云及算力服务解决方案

（1）公用设计工具租用（设计工具 SaaS 服务）。"电科芯云"平台依托中国电子科技集团在微系统设计领域丰富的研发经验，面向多类微系统（射频、信号处理、光电、惯性）设计需求，梳理成套工具链，为用户提供完整的设计工具解决方案。平台整体基于工业互联网平台架构基座，实现了设计仿真软件的云部署与云服务。用户按需申请设计工具后，可按"计时付费"模式实现工具软件的按需取用，灵活方便。平台提供的设计仿真软件均实现了与底层软硬件资源的适配，改善用户体验，降低研发成本。

（2）国产软件应用验证服务。平台广泛与国内优秀 EDA/CAE 工具厂商合作，推荐用户基于国产优秀工业软件产品开展实际的设计应用。平台基于区块链技术获得国产软件使用的实时账本。国产工业软件基于平台连接研究所、高校等终端用户，可更简单地触达商业客户，及时获得用户信息反馈，推进产业生态发展。

（3）信息化解决方案与代客建设服务。平台面向大型芯片公司的设计资源统一管理、设计知识有效沉淀等数字化需求，推出设计云化的整体解决方案，通过与用户深度沟通交流，充分了解用户设计的目标场景、设计用户人数、知识积累诉求、已有信息化系统等核心要素，从需求出发构建完整的软硬件一体化云设计平台解决方案，并可提供全流程的建设和运维服务支持。

（4）异地多单位协同设计服务。平台将推动我国微系统产业发展作为重要使命，在全国多地构建了基于云的异地协同设计接入环境，可为接入单位提供安全可信的接入应用服务。接入用户基于平台可开展广泛的跨单位异地协同设计活动。平台的协同空间模块可帮助跨单位用户简单、高效地开展项目管理工作，对相关数据基于区块链技术进行存证，确保协同研发工作中知识成果的安全受控。

（5）解决方案及供需匹配服务。平台联合微系统工艺平台、芯片及模型厂商、EDA 及专用设计软件厂商等单位，建立典型参考案例供系统用户学习和参考；基于平台连接的资源为平台用户提出的需求进行供需匹配，提升系统单位研发效率。

4.3.2　IP/模型服务解决方案

针对当前微系统的典型应用，包括射频、信号处理、惯性、光电等，以及芯片设计对 IP/模型复用的迫切需求，平台为微系统与集成电路设计提供一站式 IP/模型解决方案，基于安全可信网络环境，聚合国内外 IP/模型供应商合作伙伴提供丰富的 IP 和模型资源，基于平台建立的 IP/模型汇聚和共享流程，为用户提供 IP/模型发布、推广、交易等一站式服务，提升设计过程中 IP/模型选型阶段的速度与效率，帮助客户快速挑选高成熟度、高性价比的 IP/模型，降低研发门槛，加快产品研发进度，支撑微系统与集成电路高效协同研发生态构建，如图 2 所示。

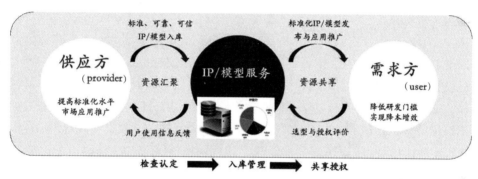

图 2　"电科芯云"平台有效汇聚 IP/模型资源过程

资料来源：作者根据平台架构实际情况绘制。

（1）IP/模型标准化检查认证。基于平台发布的 IP/模型入库规范与流程，以及 IP/模型标准质量验证方法，平台已具备一套 IP/模型标准化检查认证系统，可实现多层级多专业模型与 IP 的检查与认证，确保模型与 IP 的完备性、真实性、有效性，实现模型与 IP 的标准化、规范化，支撑面向行业用户提供统一、标准、安全可信的设计资源。

（2）IP/模型封装入库管理。将通过检查的模型与 IP 完成标准化封装后，进入模型库的管理平台，平台将基于统一数据源，通过用户权限与优先级管理、IP/模型分层分类、版本更新与维护、数据安全、知识产权和用户产品信息保护等功能，实现 IP/模型全生命周期的综合管理与运营。

（3）IP/模型发布与推荐服务。IP/模型通过封装入库实现统一的分层分类管理，并由平台发布 IP/模型目录列表。根据各项典型特征和参数指标，建立平台索引，为用户提供基于多类目标信息快速查阅、在线调用评估和对比服务。针对优质 IP/模型，平台将开设专区，通过线上线下相结合的方式面向行业用户开展应用推广服务。根据用户的使用需求，平台从功能描述、性能指标和成熟度以及具体应用背景的多方面匹配的角度，提供 IP/模型类别、工艺参数、设计参数等自动匹配功能，推荐适合的 IP/模型，后续还将根据用户需求和用户的平台使用习惯，形成有效推荐。

（4）IP/模型选型评估。平台通过建立 IP/模型评估环境和典型应用设计参考模板，支持用户调用专业设计工具开展实际的在线仿真评估并选型。基于平台 IP/模型选型评估环境，用户可直接将模型导入该环境，自动完成仿真数据加载并支持参数配置功能。用户可在该环境中完成原理图设计、系统集成设计及电路设计、热设计、应力设计等专业设计，并根据仿真结果的精确度和准确性选定需要的 IP/模型。

（5）IP/模型授权服务与评价反馈。用户完成最终选型后，向平台运营方提出 IP/模型授权申请，平台将协同 IP/模型供方，共同签订相关协议及合同，提供相应的 IP/模型授权及技术支持服务，结合线下完成整个 IP/模型交易流程，实现 IP/模型的有效复用。同时，平台还提供用户信息反馈服务，通过加工信息反馈保证 IP 供方权益，将 IP/模型的质量反馈信息收集到质量评估体系中，不断优化整体交易流程，形成基于 IP/模型的高效复用生态。

（6）模型设计开发。平台认证了行业内优秀的设计团队，包括研究所、高校等。用户可在平台内发布模型设计开发需求，平台匹配优秀的设计团队，对用户的模型开发需求进行响应。设计过程可基于平台的网络化环境开展，设计过程数据不落地，交互过程区块链存证，确保开发过程安全、高效。

4.3.3 集成工艺服务解决方案

平台连接了多条工艺线，包括石家庄某惯性微系统公共制造平台、南京某射频微系统公共制造平台、无锡某信息处理微系统公共制造平台、重庆某光电微系统公共制造平台、西安某信息处理微系统公共制造平台、蚌埠某惯性微系统公共制造平台。

（1）异构集成工艺设计套件（PDK）授权使用服务。针对上述多条异构集成 PDK，"电科芯云"平台可为有意向开展生产制造的用户提供 PDK 授权及在线使用服务，并引导后续商务流程的对接。

（2）流片（Tape-Out）服务。平台汇聚专业的小批量加工多项目晶圆（MPW）、工艺试制、工艺研究的加工信息资源，为芯片设计用户提供工艺选择的相关资料，工艺覆盖数字、模拟、化合物、光电、异构集成等类型，协助设计用户快速挑选合适的工艺信息和流片资源，协同工艺厂帮助用户完成流片流程和全流程数据信息服务，降低客户成本和缩短客户芯片研发周期。

（3）特种工艺开发/对接服务。"电科芯云"平台在流片用户与工艺线厂商之间搭建了沟通的桥梁，当用户有特殊的工艺要求时，可在线上与工艺厂商开展需求对接。平台技术团队可按照用户需求提供特色化的咨询服务。

4.3.4　代客设计服务解决方案

组织各工艺平台单位组建设计服务团队，基于"电科芯云"平台向用户提供代客设计服务（微模组的 turn-key 设计服务），需求单位通过平台与设计团队开展沟通交流。确认全部需求规格后，设计团队基于平台开展芯片设计服务，全过程可通过平台进行追溯。样片的流片及后续的生产测试均通过平台合作的工艺线完成生产制造。

4.4　风险管理及控制

4.4.1　资金风险

资金风险主要包括资金链断裂、资金不足、资金管理不善等问题。针对上述问题，制定如下措施：

（1）资金规划方面，建立健全资金规划体系，包括资金需求预测、资金调配计划、资金使用计划等，确保平台在不同阶段均有充足的资金支持。

（2）资金筹措渠道方面，除了争取国家科研项目的支持，建立多元化资金筹措渠道，包括政府引导基金、股权融资等方式。

（3）节约成本方面，通过优化流程、降低采购成本等方式合理控制运营成本，提高资金利用效率。

（4）资金监管方面，建立专门的财务管理团队，加强对资金的监管，确保资金使用的合规性和透明度。

4.4.2　政策风险

平台运营的政策风险主要包括政策法规变化、政府政策调整等问题。针对上述问题，可采取以下措施：

（1）政策监测方面，建立政策监测机制，定期关注相关政策法规的变化和调整，及时了解政策对平台运营的影响。

（2）沟通方面，与国家管理机关、政府部门以及行业协会等建立良好的沟通渠道，及时了解政策动向，争取政策支持，提前应对可能的政策变化。

（3）法律合规方面，建立完善的法律合规体系，确保平台运营符合法律法规的规定，包括用户数据保护、用户商业秘密等，降低政策风险。

（4）服务能力方面，提供多元化服务，降低对特定政策的依赖，通过多元化服务降低政策风险。

4.4.3 数据安全风险

平台运营的数据安全风险是一个重要问题，特别是涉及大量的设计数据和用户信息。针对此类风险，可采取如下措施：

（1）数据加密方面，采用先进的技术对敏感数据和用户个人信息进行加密处理，确保数据在存储和传输过程中的安全性。

（2）访问控制方面，建立严格的访问控制机制，对不同级别的用户进行权限管理，确保只有授权人员可以访问和操作相应数据。

（3）安全审计方面，建立数据安全审计机制，对数据的访问、修改和操作进行记录和审计，及时发现异常行为并采取相应措施。

4.4.4 知识产权风险

平台汇聚了大量的知识产权成果，这些知识产权成果在共享、交易过程中，可能存在权属流失风险、侵权风险、权属界定不明确风险、产权纠纷调处机制不完善风险等。具体包括：权属流失风险，即用户的知识产权成果尚未申请专利、外观设计、商标等知识产权确权保护，或商业秘密保护措施不周全，导致交易磋商过程中技术信息泄露，或遭遇反向工程；平台汇聚的知识产权成果本身权属存在争议，有侵权风险，后续用户复用该知识产权成果存在变相侵权风险；平台用户基于现有知识产权成果进行复用后，研发出的新成果如果进行权属界定，如何划分各方所占比例，存在权属界定不明确的风险。针对上述风险，制定如下防范措施：

（1）在平台建设过程中，通过分析模型准入、知识产权共享、产品交易过程中的知识产权风险，不断总结先进经验，逐步构建"电科芯云"平台知识产权成果管理机制，以保障知识产权成果的安全运营。

（2）建立知识产权仲裁委员会，对"电科芯云"平台运行中的知识产权纠纷进行调解、仲裁和裁决，为知识产权权利人和侵权方提供高效、专业的解决纠纷的渠道。

4.4.5 保密风险

平台运营的保密风险主要是指涉密项目或涉密任务在执行过程中可能涉及

的保守国家秘密风险和保护用户商业秘密的风险，需要采取一系列措施来确保国家秘密或用户的商业秘密安全。以下是一些对应措施：

（1）加强保密措施方面，对于涉及国家秘密或者用户商业秘密的信息和数据，采取严格的访问控制、加密和审计等保密措施。

（2）加强保密协议管理方面，与合作伙伴、用户和员工签订保密协议，明确保密责任和义务，防止泄露国家秘密和商业秘密。

（3）加强保密审查和检查方面，对可能涉及国家秘密和商业秘密的信息和数据，定期进行保密审查和保密检查，及时发现问题并及时闭环。

（4）加强保密意识培训方面，定期对平台相关人员进行保密意识培训，增强对保守国家秘密的范围和义务的认知。

5 智能院数字化转型经济效益测算与未来规划

5.1 数字化转型经济效益测算

目前，"电科芯云"已上线运行，面向社会开放，联合集成电路与微系统方向优势科研院所、高校、企业等 20 余家，汇聚数字、射频、导航、光电等多种类、多层级 IP 及模型 310 余项，工艺 PDK 7 套，自研专用软件/App 共 10 套，国内不同类型工艺线 10 余条，多单位协同案例超过 10 个，可面向射频、光电等应用领域提供端到端的完整解决方案，后续将陆续开发微能源、物联网、数字/数模等解决方案。经测算，项目完成后一年内的经济效益为 1793 万元，具体如下：

（1）基于统一的产品研制门户，在一致的基础数据和规范的基础上进行集成化设计制造，使研制人员专注于本职工作，大量采用数字化设计、实验手段，缩短了产品设计周期，一年内减少设计工作量 30% 以上，经测算，产生的效益为 639 万元。

（2）以任务为核心的产品设计、制造任务流程管理，实现可视化的自动检查、批注，在文档流转、器材维护和计划调整等方面缩短了研制等待周期，由原来的平均 7 天减少到 2 天，经测算，产生的效益为 153 万元。

（3）基于数字化模型的工艺设计及研发制造协同提高了产品研制的成功率，在图档资料齐套、物料清单准备、三维工艺编制等方面缩短了投产准备周期，图纸更改减少了 40% 左右，经测算，产生的效益为 110 万元。

（4）采用知识经验模板化和快速设计，减少了繁琐的手工操作，提高了工作效率,从而提升了产品研制标准化程度和质量,经测算,产生的效益为891万元。

综上所述,在企业实施数字化转型一年后,项目产生的总经济效益约为1793万元,随着平台使用范围的进一步扩大及使用时间的增长,项目效益将进一步体现。

5.2 未来规划

"电科芯云"平台将秉承开放、融合、成长、共赢的理念,实现关键技术突破、知识复用、行业标准统一,持续推进基于知识价值的协同生态建设,为产业链上下游单位提供优质资源与服务,构建以微系统新质生产力为驱动的现代化产业生态。平台未来发展规划建设包括聚能、释能、赋能三个阶段。

(1)第一阶段(2022~2025年):聚能(原型阶段)。建设内容:以"1个协同设计+若干工艺制造"平台为核心,汇聚行业知名企业共同参与积累产业资源,试点典型案例形成可复制模式案例。构建协同生态原型,建立设计、制造平台自身的运行机制,形成开放服务能力。发展目标:用户单位不少于100家,协同工艺线不少于6条,模型不少于500项,模型复用率约20%。

(2)第二阶段(2026~2027年):释能(发展阶段)。建设内容:初步打通生态供需两侧渠道,"电科芯云"平台与公共制造平台实现一体化运行服务。发展目标:以试点案例为标杆,促进产业链上下游企业深度融合协作,全面推广协同设计与分布式制造的产业模式。

(3)第三阶段(2028~2030年):赋能(繁荣阶段)。建设内容:"电科芯云"平台贯通产业链,提供微系统领域"设计+制造"一站式服务。发展目标:深挖成熟案例,促进产业与技术双驱动的良性循环,引领下一代电子技术发展方向。

6 数字化转型经验总结

智能院通过打造"电科芯云"平台,在微系统领域实现设计制造全流程数字化转型,努力打造北京市企业数字化转型标杆示范,形成可复制、可推广的"北京智造"新经验、新模式。其数字化转型经验具体体现在以下三个方面:

一是以集成电路和微系统为抓手,共同夯实制造强国信息基因。作为国家电子信息产业的核心骨干,中国电子科技集团公司依托"电科芯云",面向国家信息与网络安全及电子整机产业的发展需求,聚焦集成电路与微系统核心技术，加大投入力度，以平台协同相关合作伙伴，共同推进微系统产业上下游的紧密衔接与互动，逐步形成可持续发展的创新格局，为打造制造强国夯实基础。

二是重点突出共享开放，为行业提供新质生产力。共享是一种价值理念，更是新时代的发展理念，也是中国电子科技集团公司一直以来的核心价值观。通过"电科芯云"共创共享平台，中国电子科技集团公司率先向全社会开放集团内 IP 库、工具软件和工艺产线等资源，推动业务协同，为国家先进制造业的蓬勃发展做出贡献。同时，中国电子科技集团公司将与志同道合的合作伙伴携手，共同打造集设计开发、产品研发和技术服务于一体的世界一流协同创新平台，共享设计成果、研发成果、市场资源，实现服务扩展与价值延伸，从而在世界科技浪潮中抢占先机，占领制高点，为行业提供新质生产力，切实推动中国经济高质量发展。

三是以知识价值为导向，与合作者共赢发展。知识创造价值，知识引领创新。"电科芯云"以知识价值为导向，推进中国电子科技集团公司微系统领域的结构调整和产品的体系化转型，逐步实现从提供产品到提供服务、提供能力、提供整体解决方案的转变。一方面，通过对知识产权的有效评估与运用，将中国电子科技集团公司与各合作伙伴紧密地凝结在一起，以知识价值为基础，让每位参与者受益其中，共创共赢；另一方面，通过持续的知识积累，不断减少行业内低效率的重复性建设与开发，提升知识复用率和研发效率，构建知识互用、极速创新、体系赋能的创新生态，力求达到"所想即所见，所见即所得"，真正实现"让创新更简单，制造更便捷"。

参考文献

［1］张矿伟，俞立平，张宏如，等. 数字化转型对高技术产业创新的影响机制与效应研究［J］. 统计研究，2023，40(10)：96-108.

［2］赛迪顾问. 中国工业物联网云平台产业演进［J］. 中国工业和信息化，2018(7)：58-66.

数智强核：中国中原协同创新的数字化转型之路

王景峰　刘　冰　牛天勇　谢朝阳

案｜例｜摘｜要

　　党的二十大报告把加快建设制造强国作为全面建设社会主义现代化国家的重要目标，强调"要坚持把发展经济的着力点放在实体经济上，推进新型工业化"。2024 年 5 月 11 日，国务院审议通过《制造业数字化转型行动方案》，指出制造业数字化转型是推进新型工业化、建设现代化产业体系的重要举措。核电作为一种技术密集、知识密集、资产密集型行业，承担着核安全的重任，数字化转型是核电发展的必然趋势。本案例选择中国核工业"走出去"战略的实施者之一——中国中原对外工程有限公司（以下简称"中国中原"）为研究对象，描述其如何明确数字化转型目标，围绕业务、管理与技术三者统一协调发展的基本要求，全局统筹，逐步形成业务、办公、运营、安全、平台五个核心技术领域的信息化治理格局。通过分析中国中原数字化转型的过程与做法，总结公司数字化转型的成功经验，为其他传统企业数字化转型提供参考。

0　引言

　　2024 年是中华人民共和国成立 75 周年，是中国第一颗原子弹爆炸成功 60 周年，也即将迎来核工业创建 70 周年。中华人民共和国成立之初，面对复杂的国际形势，为了给国内的社会主义建设创造一个和平安定的环境，1955 年 1 月 15 日，中共中央书记处召开扩大会议，提出了中国建立和发展原子能事业的战略决策。自此之后，中国核工业开启了自立自强的发展之路。

　　60 多年来，中国核工业从无到有、从小到大、由大变强，实现了一系列自主重大跨越，构筑了完整的核工业体系，形成了更高水平的核工业创新链和产业链，显著提升了中国核工业的资源整合利用水平和整体国际竞争实力。近年来，中国为许多国家提供了核能技术应用的"中国智慧"和"中国方案"。

中国核工业集团有限公司（以下简称"中核集团"）作为中国核工业的主力军，也是中国核科技的开拓者，先后创造了"中国第一颗原子弹爆炸成功""中国第一颗氢弹爆炸成功""中国第一艘核潜艇成功下水""中国第一座自行设计建造核电站——秦山核电站并网发电""中国自主知识产权三代核电技术——华龙一号全球首堆开工建造""中国自主研发的第一座快中子反应堆"等多项"中国第一"。中核集团为中国撑起了民族自立的脊梁，打造了硬核底气。

当前，世界正处于从工业经济向数字经济过渡的大变革时代，数字化转型的浪潮席卷了各行各业。2021 年 5 月 19 日，习近平总书记在见证中俄核能合作项目开工仪式时强调，要推进核能产业和新一代数字技术深度融合，为全球核能创新发展贡献更多智慧。作为中国核工业主力军的中核集团，如何完成数字化转型之路？本文选取了中核集团下属子公司中国中原对外工程有限公司（以下简称"中国中原"）为案例展开研究。

1 企业介绍

1.1 企业定位

在全球多国纷纷提出"碳达峰"及"碳中和"目标后，核电这一高效的新能源技术就成为大力发展的重点。中国核工业作为国家安全的重要基石，在未来的能源格局中将扮演重要角色，其目前也迎来了一个新的战略发展机遇期。中核集团是目前世界上唯一一家覆盖核工业全产业链的企业，在推动能源低碳转型、保障能源安全、建立现代能源体系等方面承担着不可替代的责任和使命。

中核集团已成功向巴基斯坦、阿尔及利亚等 7 个国家出口 7 台核电机组、7 座研究堆和 1 台次临界装置，并与全球 60 多个国家和地区建立合作关系。截至 2024 年 2 月，"华龙一号"全球首批 4 台机组已经全部按期建成投运，中核集团"华龙一号"批量化在建的 4 台机组也进展顺利，这为世界提供了发展第三代核电的中国方案和中国经验。与此同时，中核集团正在与巴基斯坦、阿根廷、沙特阿拉伯、阿拉伯联合酋长国、哈萨克斯坦等多个国家和地区推进核能项目合作，致力于打造共建"一带一路"的更多典范工程。

作为中核集团"走出去"战略的实施者之一，中国中原在海外市场建设了多个核电项目，推动了中国核电技术的国际化。中国中原已掌握了世界主要堆型核电站的建造、运营和维护技术，形成了自己的核电品牌，同时积累了大量海内外工程管理和建造经验，这大大提高了中核集团的国际竞争力。

1.2　企业发展历程

中国中原于1983年4月25日经国务院批准成立，是中核集团全资子公司，总部设在北京，注册资本6.5亿元。

2007年，中国中原由全民所有制改为公司制，由中国中原对外工程公司更名为中国中原对外工程有限公司。2022年6月16日，为了构建优势集中、资源协同、品牌统一的集团公司海外业务市场平台，进一步凸显中国中原全新的战略定位和国际品牌形象，中国中原将英文名称改为"China National Nuclear Corporation Overseas Ltd."。

中国中原自成立以来，主要经历了三大发展阶段，并且开创了核工业走向世界的多个里程碑。

（1）筚路蓝缕，走出国门。1983~1993年，公司在成立后的第一个10年间建造了阿尔及利亚的核研究中心，这是中国第一个大型核设施出口项目，该项目也被国际原子能机构评为"南南合作的典范"。

（2）艰苦创业，扎根海外。1993~2013年，公司在这20年间建造了巴基斯坦恰希玛C1~C4四座核电站，也开启了中核集团EPC总承包交钥匙工程的历史阶段。

（3）高速发展，迅速壮大。2013年至今，公司发展进入新时代，同时在建30万及百万千瓦多型号的4台核电机组，并陆续承接了巴基斯坦、阿根廷、沙特阿拉伯等国家的核能项目，公司从此进入了核电机组的多项目管理模式时代。

中国中原作为中核集团核能"走出去"产业链"链长"及国际化经营"排头兵"，是中国第一个海外核工程建造商，开创了中国核工业走向世界的先河。中国中原连续多年入选美国权威杂志《工程新闻纪录》（ENR）评选的全球最大250家工程承包商，2021年排名第55位。

1.3　主营业务

中国中原以"引领中国核能走向世界"为己任，以"成为国际一流核能全寿期服务商"为目标，坚持面向市场、服务全球，统筹国内外资源，聚焦国际市场开发、工程管理、运维服务三大主营业务，为全球客户提供以核能为主的全寿期一站式解决方案。

（1）国际市场开发。中国中原以核电业务为龙头，为全球客户提供涵盖核燃料、核环保、核技术应用、铀资源及新能源等业务领域的多元服务，为世界核能发展做出贡献。公司目前与60多个国家和地区建立了合作关系，与国际原子能机构等国际组织保持着密切合作，在国际市场开发方面实现了对中东欧地区、中亚地区、中东与非洲地区、南亚地区及拉美地区在全球核电市场的辐射与覆盖。

（2）海外工程建设。中国中原在近40年的海外核工程实践中不断总结经验，建立了与国际接轨的核工程总承包管理体系和专业管理团队，可为业主提供海外核工程全建设周期的综合管理服务，拥有商务部颁发的对外承包工程资格证书和对外劳务合作经营资格证书，具有住建部颁发的建筑业企业四个一级总承包资质和三个二级专业承包资质。

（3）运维服务。中国中原以客户需求为中心，以保障出口核设施安全、稳定运行为己任，为业主提供全寿期的一站式运维服务和解决方案。

中国中原不仅全面保障出口核设施的安全稳定运行，提升其运行业绩，同时，以运维服务树立品牌，集成和整合中核集团 VVER、CANDU-6、M310、AP1000 等多堆型运维经验，积极开拓新市场的运维业务。在过去的30余年里，公司与海外项目业主保持着紧密的沟通和协作，持续不断地提供换料检修、技术改造、备品备件供应、培训及技术咨询等全范围的运维增值服务。

2 中国中原数字化转型的背景及方向

2.1 中国中原数字化转型的背景

2.1.1 贯彻党中央、国务院的决策部署

自党的十八大以来，中核集团深入贯彻落实习近平总书记重要指示批示精神，推动核工业安全发展、创新发展，产业经济快速增长，产业链进一步完善，发展实力进一步增强，国际竞争优势进一步提升。面向新时代，推动核工业数字化、智能化转型升级，是实现核工业高质量发展，实现中核集团"建设先进核科技工业体系，打造具有全球竞争力的世界一流集团，推动我国建成核工业强国"的新时代"三位一体"奋斗目标的必然要求。

2.1.2 推动中国中原新时代"核能+"战略落实落地

中国中原立足新发展阶段，贯彻新发展理念，构建新发展格局，推进自身高质量发展，践行中核集团赋予的核能产业链"链长"和国际化经营"排头兵"的职责和使命；坚持系统观念，以数字化转型系统性推进创新优化，推动数字化技术与中国中原"核能+"产业深度融合，赋能产业转型升级，打造数字时代竞争新优势，支撑核工业全产业链高质量"走出去"。

2.2 核工业数字化转型的发展方向

2.2.1 核能产业和新一代数字技术深度融合

世界经济正从工业经济向数字经济加速转型，互联网、大数据、人工智能、区块链等新一代信息技术催生第四次工业革命。核电作为一种技术密集、知识密集、资产密集型行业，承担着核安全的重任，数字化转型是核电发展的必然趋势。

习近平总书记在 2021 年中俄核能合作项目开工仪式的讲话中提出，"坚持创新驱动，深化核能科技合作内涵。要以核环保、核医疗、核燃料、先进核电技术为重要抓手，深化核能领域基础研究、关键技术研发、创新成果转化等合作，推进核能产业和新一代数字技术深度融合，为全球核能创新发展贡献更多智慧"。

2.2.2 核工业数字化向全局面状发展

数字化转型已然从提高效率的工具转化为创新发展模式、强化发展质量的主动战略。核能利用是一项多学科、多专业相结合的大型复杂系统工程，涉及的产业链条复杂，整个生命周期覆盖规划、选址、设计、建安、调试、运行到退役等各个阶段，具有技术难度大、生命周期长、系统装备复杂、安全性要求高等特点。核工业的数字化转型要从局部转型变为对全局乃至整个流程的优化，从单一领域、单一行业转变为对全行业、全生态的全面覆盖。

2.2.3 集团"十四五"规划提出要求

2023 年 5 月 18 日，中核集团召开 2023 年数字化转型工作会，集团公司总经理、党组副书记顾军在会上强调，要把握时代机遇，以高度的政治自觉把数字化转型作为核工业高质量发展的关键内涵，以变革的勇气和决心全面推进数字核工业建设，以统一的共识和行动不断打造集团公司数字化转型新标杆。

按照中核集团"1245"总体思路规划建设，2025 年中核集团将实现数字核工业目标，完成典型场景数字化全覆盖、关键流程全打通、核心业务全在线，实现集团公司数字化运营，为集团公司重大工程建设、重大科技创新等提供强的大数字化引擎。

2.3 中国中原数字化转型的思路

基于以上发展方向，中国中原明确了自身数字化转型的总体目标和建设思路。

（1）总体目标：顶层设计更科学，实施路径更合理，转型基石更坚实，网络安全更稳固，支撑体系更完善，发展成效更明显。

（2）建设思路：通过数字化转型有效促进公司治理水平升级，推进公司"核能+"业务竞争力、创新力、控制力、影响力、抗风险能力进一步提升，以打造数字化企业为目标，促进公司长久、持续、高质量发展。

3 中国中原数字化转型过程

中国中原的数字化转型围绕业务、管理与技术三者统一、协调发展的基本要求，全局统筹，从工程管理、经营办公、网络安全三方面展开。

3.1 工程管理数字化转型

中国中原通过海外核电工程建设管理和智慧工地管理创新实施核电数字化工程管理，实体工程与数字工程同步、协同推进。

3.1.1 海外核电工程建设管理

中国中原海外核电工程建设管理的数字化转型目标是提升海外核电工程精细化管理能力，助力海外核电"工程输出"向"体系输出"升级，形成海外核电工程品牌影响力。

3.1.1.1 海外核电工程建设管理需求分析

国际核电市场竞争激烈，中国核电出口面临着来自核电出口国竞争优势和业主国复杂需求的双重挑战。

（1）国际竞争需求。在国际核电市场，法国、美国、俄罗斯等国家的核电企业具有较强的竞争力。这些国家的核电技术较为成熟，产业链完善，拥有众多优秀的核电企业和研究机构。它们在核电技术研发、设备制造、项目管理等方面具有比较丰富的经验，也为全球众多国家提供核电技术解决方案。中国中原对这些先进企业的核电工程建设管理进行了调研与分析。

东京电力公司采用基于配置管理的解决方案，通过构建基于 PBS/GBS 结构、项目文档树结构以及分类库与属性组的数据体系提供标准化的管理和流程以确保零失误和持续性提升。

俄罗斯 NIAEP-ASE 公司推出 ASEMulti-D® 全寿期业务平台，以达索平台为骨架开发一体化 EPC 工程项目管理信息系统 IMS，通过整合多平台的设计数据实现配置管理、变更管理、数据可视化、e-Catalog 供应商数据管理、统一项目进度管理等功能。

法国电力集团（EDF）立志引领核电行业最佳实践，应用产品生命周期管理（PLM）对标制造业先进案例，和达索系统开展为期 20 年的合作，以确切的工程项目为测试载体落实数字化转型 SWITCH 项目，现已先后上线并实操支持 FA3 虚拟调试的"OneTime"项目以及支持停堆大修的"SMART"项目。

从以上国际市场竞争中可以发现核电工程建设管理的数字化转型趋势，即全寿期、全要素、统一数据标准、统一信息平台。

（2）海外核电项目建设管理业务需求。中国中原认真研判了海外核电项目管理需求。在核电项目建设管理方面，"精细化管理，一体化管控"是核电项目建设管理的总体目标，亦即实现核电工程设计、采购、施工、调试及其相关产业链的精细化管理与一体化管控，确保安全、优质、高效的核电全过程建设，为工程总体及最终产品负责，实现完美履约、成功交付。

在数字化发展方面，"全面集成数字化"的转型提升是最终目标，迫切需要基于各业务领域数字化应用系统的集成与协同，以及各业务领域成果数据的一致性与关联性。

3.1.1.2　海外核电项目建设思路

基于前述需求分析和竞争分析结果，中国中原明确了海外核电项目建设目标和建设原则。

（1）建设目标。中国中原海外核电项目的建设目标为：面向海外核电客户需求，基于国内现有核电工程管理信息系统，通过整合与提升，打造涵盖核电全寿期的工程管理信息系统。

（2）建设原则。中国中原海外核电项目的建设原则如下：

第一，架构引领，全面协同。为打造高度协同的全寿期工程管理数字化体系，确保近、中、远期可持续发展需求，避免信息孤岛、重复建设，应深化、细化总体架构与规范设计以架构为引领，统一规划、分步实施推进海外核电项目全寿期工程管理平台体系建设。

第二，继承共享，需求契合。充分借鉴外部同行工程管理数字化良好实践，吸收和利用集团内部工程数字化领域已有经验、知识和成果，提升海外核电项目全寿期工程管理平台建设的产出投入绩效，降低平台建设风险。

第三，自主可控，持续优化。坚持自主可控原则，包括数字化基础平台、应用系统、知识产权、软件代码等的自主可控，为后续海外核电工程管理平台的持续拓展与优化奠定基础。

3.1.1.3 海外核电项目建设总体架构

中国中原针对海外核电工程全寿期项目管理信息系统建设需求，提出"六面一体"总体架构，具体如图1所示。

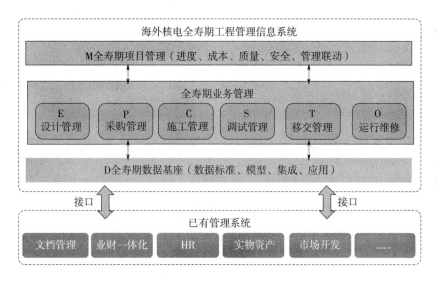

图1 海外核电工程全寿期项目管理信息系统

资料来源：作者根据公司内部资料整理。

（1）"六面"指设计管理、采购管理、施工管理、调试管理、移交管理、运行维修。该总体架构涵盖了核电工程设计、采购、施工、调试、移交、运行维修六个方面的全寿命周期管理，保证核电工程项目全寿命周期建设的顺利进行，保证施工任务高效完成。

（2）"一体"体现为项目管理和数据底座的一体化。在工程项目管理中，进度、成本、质量、安全和管理的联动是确保项目成功的关键。这些要素相互依赖，共同影响项目的整体表现和成果。中国中原在海外核电工程项目的全寿期管理中实现了进度、成本、质量、安全和管理的联动，实现全寿期一体化的项目管理。在中国中原数字化转型过程中，数据底座发挥着核心作用。它提供了一个统一的数据管理框架，使企业能够更高效地收集、整合、处理和分析数据。通过数据底座，企业可以打破信息孤岛，实现数据的共享和互通，从而更全面地了解业务运营情况，并为决策提供准确的数据支持。

3.1.1.4 海外核电项目预期成果

该项目将打造"三套体系"：①打造一套平台体系，实现全寿期全流程数字化；②建立一套管理标准化体系，实现海外精细化管理；③打通数据壁垒，沉淀一套海外工程数据体系。

这三套体系共同构成了中国中原海外核电工程管理数字化体系，具体如图2所示。该体系将被应用于后续海外核电工程项目，实现海外核电的提质增效。

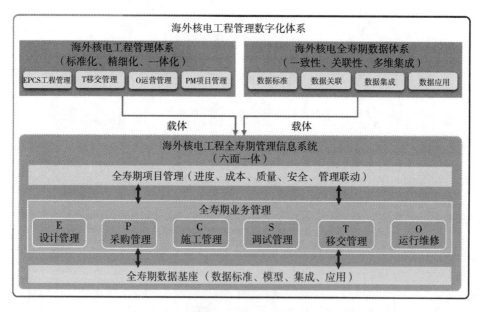

图2 海外核电工程管理数字化体系

资料来源：作者根据公司内部资料整理。

3.1.1.5 海外核电项目预期效益

（1）带动海外核电"投建营"一体化输出。通过本项目的实施，搭建海外核电工程全寿期项目管理信息系统及与相配套的工程管理数字化体系，为打造

"投建营"一体化的核电"走出去"专业化平台并形成全产业链紧密协作、高效协同的一体化解决方案提供数字化手段，为"走出去"战略提供数字化支撑，为拓展国际市场特别是发达国家市场提升项目投标竞争力。

（2）提升海外核电精益化管理能力。实现全寿期工程管理业务数字化全涵盖，支撑海外核电多项目标准化管理与决策（制度、流程、表单），实现核电设计、采购、施工、调试（EPCS）的精细化管理与提升；支撑设计、建造一体化协同管控，实现 EPCS 业务链、分包商及供应商产业链的全链协同，决策、管控、执行、分包层的分层协作，确保海外核电工程总体目标与绩效的达成。

（3）为海外核电品牌化发展筑牢根基。通过整合集团内资源，实现海外工程高标准交付、数字化交付，引入物联网、大数据、人工智能等新一代信息技术，为后续几十年的数字化、智慧化核电运行维修提供全方位技术保障。通过本项目的实施打造精品工程，为海外核电品牌化发展筑牢根基。

3.1.2 智慧工地管理

智慧工地是利用人工智能（AI）技术、BIM 可视化、物联网（IoT）监测、大数据分析等技术集成应用，把建设方、施工方、监理方、设计方多类业务角色，围绕施工现场管理的人、机、料、法、环五大维度，以及施工过程管理的进度、质量、成本、安全等，通过信息化的管理模式，有效地帮助工作人员进行工程管理，提升工程管理水平，提高管理人员工作效率，节省更多的人力及货物资源，保证整个项目的质量。

3.1.2.1 中国中原智慧工地建设背景

（1）中核集团"十四五"信息化规划要求。中核集团"十四五"信息化规划中提出要推进智慧工地平台建设。建立核电工程智慧工地企业标准和实施指南，统一开展核电工程项目智慧工地共享基础设施建设，建成统一的安全质量领域智慧工地平台，支持核电工程现场各方拓展个性化应用，支持工程现场相关业务系统以统一标准集成，支撑核工程、核电工程及民用大型复杂工程等的现场施工数字化管理需求。

（2）智慧工地平台已在开展试点应用。智慧工地能随时对工地现场的施工状况进行实时的检测，及时发现施工过程中的潜在隐患，采取合理有效的措施优化施工方案，有效提高建设工程施工质量。"十三五"期间，中国中原智慧工地平台已在开展试点应用，10 余个远程视频监控项目为安全、环保、远程、安全检查提供了有利条件。

（3）中巴核电共建要求。作为中核集团"走出去"战略的实施者之一，中国中原秉持和平利用核能的基本理念，致力于以清洁能源促进世界繁荣，参与共建"一带一路"，坚持"融入当地、共享发展"，秉持共商、共建、共享原则，为当地带来先进核电技术和绿色清洁能源，提供就业岗位。中国中原深耕巴基斯坦 30 余年，从 30 万千瓦的恰希玛 1 号机组，到巴基斯坦首个百万千瓦级核电工程 K-2/K-3 项目，再到 C-5 项目，核能合作已成为中巴合作的重要组成部分。巴方负责基础设施，中方负责平台统筹，实现"共建共享"，保障核能项目在建设和运行过程中的效率与安全。

3.1.2.2　中国中原智慧工地建设思路

围绕施工现场人、机、料、法、环关键要素，按照"需求牵引、总体规划、专业建设、统一运营"的思路，整合施工现场碎片化应用，实现施工现场业务系统的数据共享、协同运行，助力工程施工管理标准化、精细化，为集团多级监管提供数据分析和决策支持。

3.1.2.3　中国中原智慧工地建设总体规划

（1）搭建五位一体协同平台，构建一体化管理体系。首先，搭建五位一体协同平台。在工程建设领域，总包方、设计院、监理单位、施工单位和供应商之间的协同工作至关重要。构建五位一体协同平台可以提高工程项目的管理效率，确保质量，控制成本，并加快施工进度。其次，构建一体化管理体系。一体化管理体系体现在三个方面：一是管理过程一体化，通过实现决策、管控、执行等管理过程的一体化，企业能够更快速地做出反应，提高决策的质量，加强过程控制，并有效执行策略；二是业务要素一体化，智慧工地需要综合考虑安全、质量、人员、车辆等多方面因素，以实现工地管理的最优化；三是多级协同一体化，公司内部各部门一体化协同、扁平化管理，业主、监理、施工单位管理协同一体化。最后，新技术赋能。更深入地融入工程大数据、AI 监控、工地可视化、5G 网络、物联网全面感知、移动化等先进技术，实现施工现场的全方位数字化管理，提高项目执行效率。

如图 3 所示，中国中原通过搭建五位一体协同平台，构建先进的一体化管理体系，将各个管理环节和业务要素整合成一个协调一致、高效运作的系统，打造智能工地示范工程，降低安全风险，提高管理效能，提升决策能力。

（2）全面智慧化管理。中国中原应用系统工程思维，围绕施工现场管理的人、机、料、法、环五个维度为各个管理模块建立有机结合系统，实施立体化、全面化、智慧化管理。中国中原智慧工地管理平台的功能结构如图 4 所示。

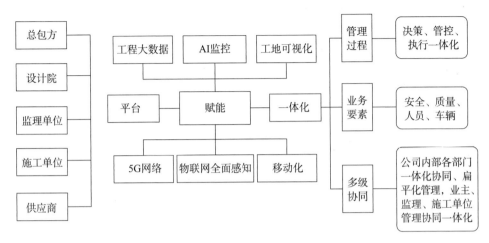

图3 中国中原智慧工地建设总体规划

资料来源：作者根据公司内部资料整理。

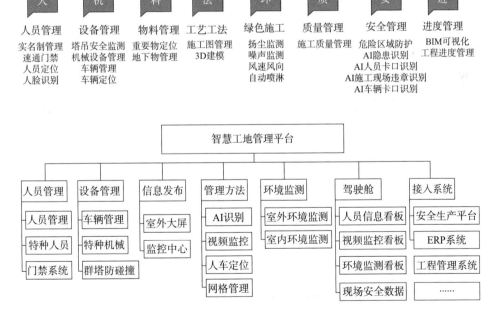

图4 中国中原智慧工地管理平台功能结构

资料来源：作者根据公司内部资料整理。

3.2 经营办公数字化转型

经营办公数字化转型旨在提高运营与工作效率、优化资源配置、降低运营成本，并促进企业的创新和持续发展。中国中原的经营办公数字化转型主要从以下几方面展开：

3.2.1 构建自主可控、适应数字化转型要求的云原生底座

3.2.1.1 原系统架构难以满足业务需求

中核集团作为一个大型集团组织，其软件架构由于多组织、多租户、多环境、多版本、多云适配而存在多个痛点，且其业务存在高效化方面的需求，具体如图5所示。

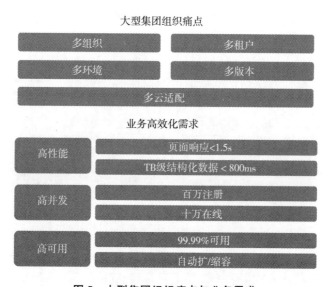

图5 大型集团组织痛点与业务需求

资料来源：作者根据公司内部资料整理。

3.2.1.2 新架构十大关键特性支撑业务系统整合

中核集团重构底层架构，新的云原生架构解决了原架构的痛点，提升了技术能力，同时很好地解决了大型集团组织由于多组织、多租户、多环境、多版本、多云适配而存在的痛点，并具备十大关键特性，具体如图6所示。

01 中台能力全面融合	02 设计态与运行态分离	03 代码生成独立解耦	04 云原生架构微服务容器化	05 多云资源适配
企业级低代码平台有强大的工作流、门户、大数据、集成等中台支撑，可视化搭建复杂业务应用	V8低代码发布管理，支持设计态与运行态分离	领域模型驱动设计，编译执行，能生成真正的代码，每个应用的代码彼此独立，性能最优	搭建出的每个应用都是云原生微服务架构，Spring boot +react前后端分离，可以单独部署在容器里	多云适配，生成标准的微服务，能够适配接入企业的基础设施，比如阿里云、华为云、企业自己的容器云等
06 逻辑规则无代码设计	07 系统集成配置实现	08 个性组件按需扩展	09 应用门户同步装配	10 流程融合应用打通
支持微流程进行可视化业务逻辑编排，具备图灵完备性，可实现复杂逻辑。微流程看起来像流程图，是一种表达逻辑的可视化方式，提供一个个逻辑单元，比如条件分支、循环分支、实体操作、控件操作等	能够通过V8平台的集成平台与各种协议的服务集成	可视化设计器支持组件扩展。客户可以按照业务需求增加个性化的组件，如lbs地理位置组件等	支持门户栏目装配，可以在搭建应用的同时设计出需要在门户展现的数据和功能	通过流程引擎实现业务逻辑，实现跨应用装配

图 6　新架构十大关键特性

资料来源：作者根据公司内部资料整理。

3.2.2　打造云原生技术中台

基于云原生技术，打造集微服务、容器化、DevOps、多云适配、多环境支持与自主可控于一体的综合技术支撑平台（云原生技术中台）。依靠云原生技术中台帮助企业实现业务数据化、数据业务化，赋能企业智能化经营与办公。

3.2.3　办公自动化系统能力整合与提升

中国中原立足公司未来10年的协同办公应用需求，以公司"十四五"信息化规划为指引，推进公司协同办公系统升级改造工作，完成"统一文事会+下级单位应用覆盖"的建设目标，实现内部办公的高效协作，以及日常业务、事务等在部门之间、不同人员之间更加及时高效、有序可控、全程共享的协作沟通处理，结合公司数字化、信息化、智能化的发展方向，完成中国中原统一协同办公平台的建设及数字化、信息化、智能化的提升。

如图7所示，中国中原的办公自动化系统，底层是云原生、微服务技术底座，使用COP-V8统一集成连接中心，实现了对待办/认证、组织/人员、消息/移动端、人力/财务、督办事项及API的统一集成化改造，形成一个业务基座。在业务功能区，构建了统一页面集成、视觉体系融合、表单URL嵌入与流程融合三大功能板块，实现了办公自动化系统能力的整合与提升。

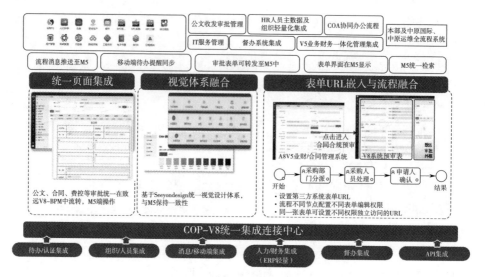

图7 办公自动化系统能力整合与提升

资料来源：作者根据公司内部资料整理。

3.3 网络安全数字化转型

3.3.1 构建公网和骨干网融合的高可靠协同体系基座

实体专线可靠性高、延迟低，但是费用高、部署不灵活、建设周期长。使用普通互联网介入替代专线，成为实施多地域虚拟一张网建设、实现数字化转型的重要选择。

中国中原在梳理总体业务的基础上，调研了各国基础设施，提出了基于 SD-WAN 技术的融合公网和骨干网络的混合组网，构建健壮 SD-WAN 网络，加快企业分支节点部署和开通的速度，实现灵活的 IT 架构的部署和运营。

中国中原通过在中国中原总部、分支机构、数据中心部署 CPE 设备，以及在移动办公场景和部分海外区域安装零信任客户端，建立独立的可灵活调配资源的组网；结合边缘分布式架构，智能调度客户流量就近接入，借助部署在全球的 POP 节点，就近调度到 SaaS 应用边缘节点，高质量构建安全内网，保障 SaaS 加速、全球分支组网、跨境加速等场景高效办公，实现流畅访问。

3.3.2 收缩互联网暴露面，建立零信任网络安全构架

随着海外业务的拓展，中国中原网络协同平台延伸至海外，用户数量越来越多，公司网络资产暴露在不同的国家和网络环境中，信息泄露、企业数据安全成为跨国经营协同保障体系必须关注的问题。中国中原建立了基于零信任网络安全架构，将内网资源全面隐藏到全球分布式边缘网关之后，结合零信任连接器出向连接机制彻底隐藏内网端口，使外界找不到攻击对象，收敛攻击面。

3.3.3 实施"五可信"架构安全管控策略

中国中原实施"五可信"架构安全管控策略，确保协同保障体系安全、可靠、高效，具体包括：①DNS服务可信，即匹配权威威胁情报，保障上网安全；②身份可信，即统一身份管理，统一各系统认证入口；③行为可信，即动态细粒度授权，保障内网访问行为可信；④边缘可信，即云安漏洞入侵全防御，全面抵御漏洞攻击；⑤安全可信，即零信任安全平台架构健壮性保障。

3.3.4 建设文件加密系统加固数字化防线

通过建设文件安全管理系统，在内网部署中国中原信息安全基础设施，通过技术手段在多个层面有效地保护企业内部的重要文档信息防止泄露，为重要文档和关键业务数据提供安全加密服务。

针对业务系统提供技术支撑，通过对非结构化数据加密的形式提供服务，保护来自业务系统的关键电子文档的安全可控，杜绝非法外传（可包括办公自动化系统、ERP系统、工程管理系统、文档共享系统、档案系统等）；同时，结合系统授权体系及业务文档的管理要求来规范电子文档合规的传播范围和使用权限。

4 中国中原数字化转型的未来规划

4.1 下一步计划

4.1.1 科学谋划数字化新篇章

中国中原将围绕企业数字化转型的建设目标，以企业"十四五"发展规划为指引，立足企业"核能+"的发展战略，对标同类公司的最佳实践，深入洞察并充分吸纳各业务部门的实际运作需求，对公司"十四五"信息化规划进行中

期评估；在此基础上，精心策划并启动"十四五"数字化转型的升级迭代工作，确保对公司数字化转型的高水平引领，为企业的长远发展注入强劲动力。

4.1.2 实现"核能+"产业数字化新突破

面向海外核电客户需求，打造"核能+AI"的新模式。智慧能源领域的"人工智能+"不仅局限于能源的高效使用，还包括能源生产的智能化。例如，通过AI算法，可以精确预测天气变化对风能和太阳能产量的影响，从而优化发电设施的运行计划。此外，AI在能源存储和管理上的应用也日益成熟，通过智能分析电网负荷和用户需求，实现能源的最优分配和存储，减少浪费，提高能源利用效率。

探索"核能+AI"的海外模式是适应面向海外核电客户新需求的发展之路，中国中原秉承着核能"走出去"产业链"链长"、国际化经营"排头兵"的历史使命，将在拓展多语种海外市场、工程智能建造算力、智能运行维护等领域大展宏图。

4.1.3 助力集团打造数字化转型新体系

优化网络结构，推进一张网建设工作。按照集团公司"统一组织、统一建设、统一实施、统一运维"的统筹工作要求，利用现有网络资源，采用安全可靠的SD-WAN技术将中国中原及成员单位互联网出口统一接入和归集到集团区域中心，减少网络暴露面；按照统一的安全接入标准，利用零信任沙箱等技术保障业务安全集中访问。

4.1.4 筑牢网络安全新防线

（1）落实网络安全等级保护要求。进一步压实落实集团公司网络安全责任制要求，压实各单位主体责任，规范化做好网络安全等级保护定级、备案、测评、风险评估及整改工作，确保公司信息系统依法合规运行。

（2）常态化做好年度重要时期网络安全保障。深化网络安全态势感知能力建设，执行重要时期值班值守工作机制，优化网络安全应处置预案，提高对各类网络攻击威胁和安全事件的及时发现、有效处置和溯源反制能力，严守安全底线。

（3）持续优化完善网络安全综合治理体系。完善各单位网络安全组织体系，加强网络安全投入保障，完善网络安全管理制度，细化网络安全工作程序，构建更完善的网络安全制度体系。推进网络安全新兴技术应用，加强外部专业安全资源利用，适应新阶段网络安全发展要求，整体提升公司网络安全保障能力和防护水平。

4.2　保障措施

（1）加强组织保障。依托公司网络安全和信息化领导小组全面领导企业数字化转型工作，由科技与信息化部负责归口管理数字化转型工作，各部门、各成员单位负责组织开展相关业务信息化工作，负责业务流程优化、再造，组织制定相关业务和数据标准。

（2）加强资源保障。建立与企业营业收入、经营成本、员工数量、行业特点、数字化水平等相匹配的数字化转型专项资金投入机制，加快培育高水平、创新型、复合型数字化人才队伍。

（3）强化激励考核。将数字化转型工作纳入考核激励体系，科学评估数字化转型成效，对相应人员或组织进行精准激励，不断激发干部职工数字化转型的创新动力。

（4）强化宣传引导。通过公司新闻、公众号等形式，宣传数字化管理提升中涌现的先进典型、优秀案例，营造良好的数字化文化氛围。

5　中国中原数字化转型的经验总结

5.1　做好顶层设计

2023 年 5 月 18 日，中核集团召开数字化转型工作会。集团公司强调，要把握时代机遇，以高度的政治自觉把数字化转型作为核工业高质量发展的关键内涵，以变革的勇气和决心全面推进数字核工业建设，以统一的共识和行动不断打造集团公司数字化转型新标杆。会议要求各部门、各单位深刻理解和把握集团公司数字化转型工作目标、要点和行动措施，切实承担起本领域数字化转型工作的主体责任，有效统筹各方面力量，不断打造数字时代核工业竞争新优势。

中核集团由集团公司牵头制定数字化转型顶层规划，统筹产业链各有关单位协同配合，整体布局、集中突破、攻克难点、补齐短板，自上而下传导数字化转型认识、凝聚共识、统筹推进，保障和引领数字化转型工作开展。中国中原围绕企业数字化转型的建设目标，以集团"十四五"发展规划为指引，立足企业"核能+"的发展战略，科学开展企业数字化转型工作。

5.2　全局统筹规划

目前，有些国有企业在进行数字化转型时往往从部分环节切入，如营销的数字化、采购的数字化、财务和办公的数字化等，因为很多数字化转型服务企业都提供具有类似功能的一些模块。还有些企业将数字化转型工作外包给第三方服务机构、企业等进行规划和实施，但由于这些机构在某种程度上也不太清楚客户企业转型的本质诉求和问题痛点，往往是将某个一直从事的业务或成熟的产品(如云服务产品、数据采集设备、大数据营销方案及产品、数字化采购、财务和办公系统、数据中台方案等)直接销售给客户企业，这往往容易导致技术滥用、设备和系统使用效率低、企业投入产出严重不成正比、数字化转型越做越迷茫等现象出现。

中国中原在数字化转型过程中没有盲目依赖第三方服务机构转型，而是在确定数字化转型目标后，明确由科技与信息化部主导推进数字化转型工作，围绕业务、管理与技术三者统一协调发展的基本要求，全局统筹，逐步形成了业务、办公、运营、安全、平台五个核心技术领域的信息化治理格局。

5.3　业务导向的推进路径

一些传统企业往往直接将数字化转型工作交由企业的信息部门技术人员进行操作，但信息技术人员对企业全面的数字化转型整体把握不准，协调和调动资源的能力有限，整体推进比较困难。

中国中原在数字化转型过程中以业务为牵引、需求为引领。其各级领导层面反复强调，任何数字化转型、任何系统的建设都要以业务为牵引，每个项目都不再是单项目经理制，而是"业务经理+技术经理"的双项目经理制，而且业务经理的排名要在技术经理之前，任何一个会议都要由业务经理牵头负责。业务牵引的数字化转型路径可以促进不同业务部门与信息部门之间的协作，确保数字化转型项目能够满足跨部门的业务需求，同时确保企业数字化活动与业务目标保持一致，从而实现业务增长和市场竞争力的提升。

6　总结

2023 年 9 月，习近平总书记就推进新型工业化做出重要指示强调，"新时代新征程，以中国式现代化全面推进强国建设、民族复兴伟业，实现新型工业化是关键任务"。习近平总书记关于新型工业化的重要指示精神为核工业数字化、智能化转型提供了根本遵循，核工业数字化、智能化发展的趋势不可阻挡。但核能产业数字化转型技术难度大、生命周期长、系统装备复杂、安全性要求高的特点也难以回避。作为核能数字化转型的坚定实践者，中核集团迎难而上，不断夯实数字化转型基础；充分发挥完整体系优势，推动全产业链各环节加快发展，加快培育战略性新兴产业和未来产业，全速推进数字核工业建设，加大资本运作力度，加快推动核工业产业高质量发展。中国中原作为中核集团核能"走出去"产业链"链长"及国际化经营"排头兵"，未来也将加快数字化转型升级，在核能产业数字化转型中贡献更多力量。

参考文献

[1]樊巍.全国政协委员、中国核电董事长卢铁忠：核能技术走出去，能做更多贡献[N].环球时报，2024-03-06.

[2]卢铁忠.着力核电数字化创新　促进核能产业高质量发展[N/OL].红旗文稿，https：//www.cnnc.com.cn/cnnc/xwzx65/mtjj91/1365836/index.html，2023-08-29.

[3]姚建明.国企数字化转型[M].北京：中国经济出版社，2024.

金隅智造工场：聚焦空间经济的
传统园区数字化转型探索

牛天勇　蒋贵凰　孙　强　段晓红

案 | 例 | 摘 | 要

在北京疏解非首都功能和传统企业数字化转型背景下，金隅集团将原金隅天坛家具公司生产基地改建成了以"大信息及智能制造"为园区核心定位的创新型科技园区，命名为金隅智造工场，并吸引了众多企业入驻。为实现园区空间价值的持续增值，金隅智造工场以数字化运营为核心开展了园区数字化转型的探索与实践。通过聚焦空间经济、深化调查研究、携手园区企业和预判项目风险等特色化工作，金隅智造工场打造了以 AIoT 技术为核心的智慧园区数字化运营平台，并用数字技术重塑了园区运营各个环节，初步形成了可复制、可定制、可迭代的数字化转型模式，提高了园区服务与管理的数字化、智慧化水平。

0　引言

"从制造到智造，虽是一字之差，却有天地之别"，2022 年北京首届城市更新"最佳实践"项目颁奖时对金隅智造工场的这句评价浓缩了金隅集团贯彻落实习近平总书记视察北京重要讲话精神，主动服务首都"四个中心"功能建设，聚焦空间经济，以原金隅天坛家具公司生产基地为基础开展传统园区数字化转型之后产生的巨大变化。

金隅智造工场由金隅集团下属的北京金隅文化科技发展有限公司负责运营管理。在对存量老旧工业厂房改造升级并深度挖掘其空间价值后，金隅智造工场被打造成了以"大信息及智能制造"为核心的创新型科技园区，并逐步探索出智慧园区建设及园区智慧运营的示范经验。金隅智造工场运用 5G、大数据、

AI、云计算等技术，打造了服务可知、数据可视、设备可控的智慧园区综合管理平台，有效满足园区低碳运营、全程控制、效率提升等迫切需求，提供全流程的监督服务与运行保障，实现了空间改造利用与园区数字化转型的深度融合。该园区先后获得北京首届城市更新"最佳实践"项目、北京市首批高品质园区项目、中国楼宇经济（产业园区）新地标、北京市科学技术委员会首批"中关村特色产业园"等荣誉。

1 企业简介

金隅集团历经60多年沧桑巨变，从北京市建材工业局逐步演变和成长壮大，经过企业化、集团化、股份化、证券化、整体上市等重大改革改制，从原来的生产砖、瓦、灰、砂、石等基础建材的地方工业局，发展成为以"新型绿色环保建材制造、贸易及服务，房地产业"为主业的市属大型国有控股产业集团和A+H股整体上市公司。

近年来，金隅集团以新时代首都发展为统领，围绕首都"四个中心"功能建设，利用自有闲置工业遗迹、老旧厂房楼宇和土地资源开展多项"腾笼换鸟"转型升级工作，着力实施好城市更新项目，加快盘活利用闲置空间，城市更新实践成果显著。

北京金隅文化科技发展有限公司成立于2016年2月，隶属于北京金隅集团股份有限公司，是一家文创科技类园区专业运营管理公司，主营业务包含园区客户招商、产业运营、交流活动等，目前负责金隅智造工场、金隅智荟中心等项目的运营管理工作。北京金隅文化科技发展有限公司以金隅集团雄厚的资本实力为背景，以国有控股企业充分的资源优势为依托，充分融合金隅股份近20年的商业地产运营经验，汇集产业园招商、运营、工程、物业等多方专业人才，通过对项目准确的市场定位、全方位的公关宣传以及专业化的操盘运营，打造主题鲜明、环境优美、配套设施完善、综合服务一流的国家级示范产业园区。

金隅智造工场位于北京市海淀区建材城中路27号，占地20万平方米，建筑面积12万平方米，是金隅集团贯彻落实习近平总书记视察北京重要讲话精神，主动服务首都"四个中心"功能建设，联合海淀区政府，以原金隅天坛家具公司生产基地为载体，通过对存量老旧工业厂房改造升级，打造的以"大信息及智能制造"为核心的创新型科技园区，也是区企合作示范项目。它全面结合国家智能制造产业发展定位，紧密打造以"新能源汽车、智能网联、增材制造及新材料"为主要产业聚集方向的国际化智慧园区，成为以高端智能制造产业为核心，以智能制造基础保障设施为主导，以智能制造企业法律咨询、人才服务、政策对接、金融投资、商业设施为配套的智能制造产业聚集地，并致力于成为智能制造产业聚集的新标杆，打造传统工业企业改造的示范区，形成新型智慧生活方式的体验园。图1为金隅智造工场平面图。

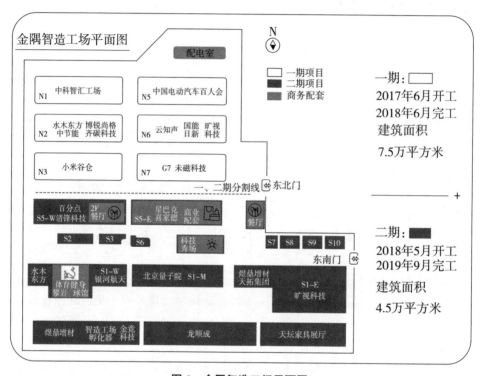

图1　金隅智造工场平面图

资料来源：金隅智造工场内部资料。

金隅智造工场具有6~27米超高挑空空间，为智能制造企业打造具备超低密容积率、大体量园林式景观的生态级建筑群。园区集合智能制造企业办公、研发设计、展示体验及商业配套四大服务功能，为智能制造企业科技研发及创意人群提供优质办公空间与发展平台，打造智慧、绿色、人文的智慧园区。园区在建设过程中，构建起"物理空间租赁+产业投资（孵化）+创新产业服务"的园区运营服务模式，截至2022年，已实现包括北京量子信息科学研究院在内200多家科技企业、5000多位科技人才的聚集，并拥有1个国家级重点实验室、1家创业板上市企业、3家科创板块申请上市企业、6家智能制造行业独角兽、9 个北京市重点项目，园区知识产权产出超过 5000 件。2022 年，园区生产总值达到 60 亿元，相较原传统家具制造业，单位产值提升了近 10 倍，全面实现传统制造产业转型升级、产业空间"腾笼换鸟"，为区域整体转型升级提供了新的经济增长点。图 2 为截至 2022 年底园区入驻企业情况。

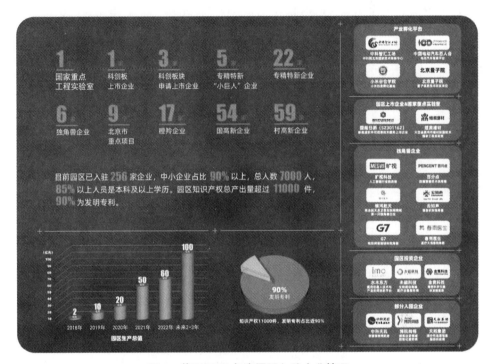

图 2 截至 2022 年底园区入驻企业情况

资料来源：金隅智造工场内部资料。

2 金隅智造工场数字化转型背景

2.1 北京非首都功能疏解

经济社会运行与发展中的空间资源是一个复合概念，既包含场地、厂房等在内的物理空间，也包括虚拟空间、社会空间和规范空间等多种类型的空间资源。它是经济发展过程中沉淀下来的宝贵财富，也是可持续发展和高质量发展的重要支撑。北京作为中国的首都，其空间资源的布局与利用至关重要。

2014 年 2 月，习近平总书记考察北京市的第一站来到前门东侧的北京市规划展览馆，考察的主题是"全面深化改革、推动首都更好发展特别是破解特大城市发展难题"。随后，习近平总书记对"建设一个什么样的首都，怎样建设首都"这一重大命题做出系列重要指示。2017年2月，习近平总书记再次考察北京市时强调，疏解北京非首都功能是北京城市规划建设的"牛鼻子"。2017年9月，北京市人民政府正式发布并实施《北京城市总体规划（2016年—2035年）》，明确北京市全国政治中心、文化中心、国际交往中心、科技创新中心的城市战略定位，强调着力提升首都功能，有效疏解非首都功能。同时，还提出坚决退出一般性产业，严禁再发展高端制造业的生产加工环节，重点推进基础科学、战略前沿技术和高端服务业创新发展。海淀区应建设成为具有全球影响力的全国科技创新中心核心区，服务保障中央政务功能的重要地区，历史文化传承发展典范区，生态宜居和谐文明示范区，高水平新型城镇化发展路径的实践区。

原金隅天坛家具公司生产基地位于北京市海淀区西三旗地区，从产业布局和区域发展等多个角度来看都面临非首都功能疏解背景下的空间改造利用问题。

2.2 产业园区数字化转型

"十三五"期间，我国深入实施数字经济发展战略，不断完善数字基础设施，加快培育新业态新模式，推进数字产业化和产业数字化取得积极成效。2020年，我国数字经济核心产业增加值占国内生产总值（GDP）比重达到7.8%，数字经济为经济社会持续健康发展提供了强大动力。2022年1月，国务院印发的《"十四五"数字经济发展规划》明确指出，数字经济是继农业经济、工业经济之后的主要经济形态，是以数据资源为关键要素，以现代信息网络为主要载体，以信息通信技术融合应用、全要素数字化转型为重要推动力，促进公平与效率更加统一的新经济形态。数字经济发展速度之快、辐射范围之广、影响程度之深前所未有，正推动生产方式、生活方式和治理方式深刻变革，成为重组全球要素资源、重塑全球经济结构、改变全球竞争格局的关键力量。

随着新一轮科技革命和产业变革深入发展，数字化转型已经成为大势所趋。《"十四五"数字经济发展规划》还指出，要推动产业园区和产业集群数字化转型。引导产业园区加快数字基础设施建设，利用数字技术提升园区管理和服务能力。积极探索平台企业与产业园区联合运营模式，丰富技术、数据、平台、供应链等服务供给，提升线上线下相结合的资源共享水平，引导各类要素加快向园区集聚。围绕共性转型需求，推动共享制造平台在产业集群落地和规模化发展。探索发展跨越物理边界的虚拟产业园区和产业集群，加快产业资源虚拟化集聚、平台化运营和网络化协同，构建虚实结合的产业数字化新生态。

原金隅天坛家具公司生产基地作为传统产业的生产园区，在数字化浪潮中势必要精准研判技术趋势和政策导向，深挖产业园区数字化转型的方式与模式，推动园区数字化、智能化的开放探索与深度应用。

2.3 智慧园区新格局

党的十八大以来，随着中国城市化加快发展以及"互联网+"、共建"一带一路"等多项政策和倡议的深入推动，以云计算、物联网、大数据、人工智能、5G 等为代表的新一代信息技术不断创新，各类园区迅速发展，高新企业纷纷入驻，与此同时，企业对园区智慧化、园区服务和管理水平也提出了更高的要求。"十三五"期末，中国有各类产业园区 15000 多个，对中国经济的贡献达到 30%以上。据 2019 年发布的《中国智慧园区标准化白皮书》显示，全国2543 个省级及以上各类型开发区当中，逾六成提出在建或拟建智慧园区。智慧园区建设已成为全球园区发展的新趋势，通过融合新技术，具备迅捷信息采集、高速信息传输、高度集中计算和智能事务处理能力，实现智慧园区建设和运维全过程的海量异构数据的融合、存储、挖掘和分析，实现园区运营信息化、数字智能化、服务平台化、园区移动化的发展新格局。

原金隅天坛家具公司生产基地转型金隅智造工场后，不仅面临园区服务对象的巨大改变，还面临现代化园区运营模式的创新发展需求。

2.4 集团公司数字化引导

2020 年 9 月，国务院国有资产监督管理委员会发布了《关于加快推进国有企业数字化转型工作的通知》。2021 年 4 月 6 日，金隅集团与北京旷视科技有限公司在北京环贸中心签署战略合作框架协议，共同打造人工智能物联网（AIoT）样板示范工程。2021 年 5 月 18 日，金隅集团与工业和信息化部网络安全产业发展中心（信息中心）在环球贸易中心举行战略合作协议签约仪式，共同打造金隅集团工业互联网应用与网络安全保障建设示范工程。2021 年 7 月22 日，金隅集团在 2021 年半年度工作会议上强调要加快推进产业数字化转型，并指出要加快制订集团"十四五"数字化转型发展三年行动计划，围绕建设"数字金隅"，提速企业数字化、智能化进程。随后，金隅集团正式制定了《数智化转型"十四五"规划》，明确了"以产业数字化为根本，积极探索数字产业化，大力实施'1230'工程和落实'双百'计划"规划目标，颁布了相关实施细则，成立了集团"一把手"牵头的数智化转型工作领导小组，明确了111项任务清单，并设置专职部门负责推进；同时，金隅集团将2022年定位为"数字化"主题年，围绕集团业务及发展急需、带动和示范性强的领域，筛选"十大示范项目"集中攻坚，通过相关活动的开展，增强了集团全员数字化转型意识，提升了干部职工推进数字化转型的能力，激发了集团上下主动通过数字化与生产经营管理融合创新创效。

在集团数字化转型规划下，金隅智造工场作为传统园区改造利用的探索项目，势必要立足园区特点来落实集团的数字化转型规划。数字化运营作为园区数字化转型的核心内容就成为园区可持续发展和高质量发展的重要一环。

3 数字化转型的前期准备

3.1 园区空间的改造利用

金隅集团于2016年上半年完成了金隅天坛家具公司生产产能向河北廊坊大厂的整体迁移，疏解传统制造业从业人员2000人以上。产能转移后，金隅集团研判传统园区在空间经济和数字经济上的融合发展道路，主动服务首都"四个中心"功能建设，联合北京市海淀区政府，积极利用疏解腾退出的土地房产发展培育符合首都功能定位的新产业、新业态，努力构建"高精尖"产业结构，全面实现传统制造产业转型升级与产业空间"腾笼换鸟"的有机结合，最终确定以原金隅天坛家具生产基地为载体，通过对存量老旧工业厂房的改造升级，打造以"大信息及智能制造"为产业核心的创新型科技园区。

2016年9月，金隅集团与海淀区政府签订《战略合作协议书》，利用金隅在海淀区西三旗和清河区域的产业空间，共同打造国际智能制造创新中心，率先启动了金隅智造工场的改造提升工作。其中，政府主要负责推荐科技企业、提供政务服务和产业指导、给予政策支持；金隅集团负责挖掘科技企业、吸引企业入驻、评估客户风险。

在空间改造利用上，为体现金隅智造工场的国际化元素，开展高质量、高起点的智慧园区建设，金隅集团聘请了建筑方案、园林景观、商业策划、智慧园区底层方案设计等方面国内外的知名公司作为园区规划建设的合作方。

在园区改造上，金隅集团进行了厂房结构加固、厂房外立面改造、建筑消防系统改造、建筑机电系统改造、给排水、强弱电及暖通系统改造、园林景观改造、市政设施改造、电力增容改造及室内公共部分精装修等工作，不改变厂房原有建筑的"三围尺寸"，最大限度保留厂房原有的高举架空间（空间层高超过 6.5 米的面积占比超过 85%），结合园区无地下空间的建筑结构优势，为海淀区具备小试中试、检验检测及小规模转产产业环节需求的"硬科技"企业提供稀有的产业空间，搭建科技项目技术应用场景，如图 3 所示。

图 3　园区改造前后对比

资料来源：金隅智造工场内部资料。

在园区配套上，金隅智造工场配置了餐饮、咖啡、便利店、商务打印、健身、攀岩、球馆、慢跑道等多种园区配套；提供 3000 平方米的员工食堂（1500个餐位），设置高职餐厅、深夜食堂（可供餐至 23 时）和 24 小时营业的便利店；使用氢能源班车，提供园区与地铁间的免费接驳服务。

3.2　园区数字化转型的需求调研

随着园区改造利用的落地，入驻企业逐步增多，园区运营管理工作模式和质量需要持续提升，并通过数字化转型打造高品质的智慧园区。因此，园区管理方及时开展了园区数字化转型的需求调研，发现除了园区基本的信息化管理系统，仍存在如下迫切需求：

（1）园区低碳运营需求，主要体现在园区作为能源消耗大户，能源使用效率需要进一步提升，能源使用和管理的数字化、智能化程度需要提升。

（2）园区全程控制需求，主要体现在园区空间规模较大，还不能实现全方位、全过程的控制，尤其是应急安全方面的监测、预警和跟踪等控制能力需要加强。

（3）园区信息挖掘需求，主要体现在园区信息资源开发利用不够，信息不完整或信息传输不及时等现象影响了运营管理的效率。

（4）园区场景体验需求，主要体现在园区应用功能场景还需要完善，用户在移动设备、社交平台等方面的使用体验需要提升。

（5）园区系统整合需求，主要体现在园区场景丰富、硬件设备种类繁多、各软件系统独立且繁杂，需要打破信息孤岛，建立数据管理系统，形成智慧化运营管理。

综合分析园区空间改造利用的发展状况，以及园区运营现代化的迫切需求，在集团紧锣密鼓的数字化转型工作推动下，金隅智造工场聚焦园区空间价值的持续增值问题，在数字化运营工作上找到了结合点，做好了数字化转型准备。

4 数字化转型过程

4.1 立项与启动

在做好充分准备后，金隅智造工场开展了以 AIoT 平台建设为支撑的智慧园区建设，推进以数字化运营为核心的数字化转型工作，并设立了以下三方面预期目标：

（1）效率提升方面，通过园区智慧场景的建立，包括园区停车引导系统、信息发布系统等的建设，进一步夯实园区智慧化的建设理念。

（2）质量提升方面，打造健康生态系统，进一步提升环境质量，优化园区氛围；同时，响应国家"双碳"政策，提高水资源利用率，节约水资源，达到节能减排效果。

（3）服务改善方面，建立园区共享概念，完善园区共享功能，建设共享设施，促进园区企业日常交往、开展产业交流、组织产业活动，务实推进智慧和谐共享园区建设。

项目启动之初即成立临时项目管理办公室（Project Management Office,

PMO），召开项目启动会，落实开发计划。PMO 由公司领导任组长，执行组长负责日常资源协调，为项目经理提供有力支撑，项目组由公司人员、合作厂商人员、集成厂商人员、专家顾问等项目相关人员组成。项目主要采用周例会制度进行项目管理，前期进行调研论证、顶层设计，中期进行功能评审、进度把控，后期进行平台验收、运营管理，每周会议针对项目计划完成情况进行评估，并对存在的问题协调资源进行解决，会议纪要由双方确认，并作为推动项目实施的主要依据。项目建立之前，通过可行性研究报告前瞻性地分析项目的社会效益、经济效益，同时分析项目可能遇到的困难及风险，提前做好预案。

在项目立项之初，公司领导多次组织对行业内标杆园区、楼宇进行对标参观学习，同时约见智慧园区各场景相关头部厂商座谈交流，听取建设建议及实施痛点；聘请智慧建筑专业顾问公司全程咨询、监理，对招投标方案制定、供应商匹配选型、商务合同签订、系统建设蓝图评审、项目过程风险把控、项目成果交付等过程进行咨询和监理，保障项目有效推进，保证各系统之间合理衔接，确保交付成果与合约一致。

在合作厂商选择方面，优先考虑与园区企业合作，特别是该行业的头部企业，并签订战略合作协议，共同开发建设智慧园区管理平台及实施相关智能化系统改造升级工作。图 4 为园区企业提供的智慧园区建设方案。

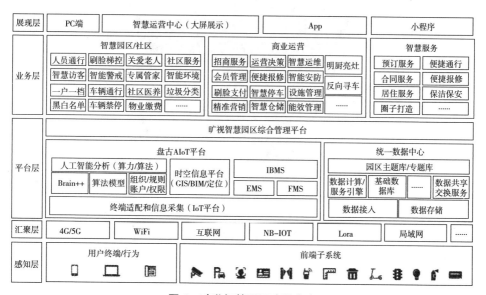

图 4　旷世智慧园区建设方案

资料来源：北京旷视科技有限公司官方网站。

4.2　业务架构与功能

金隅智造工场在以数字化运营为核心的智慧园区建设中，开展了以智慧园区 AIoT 管控平台建设为支撑，金隅智造工场 App、数字孪生平台、AI 应用等为工具的组件建设。其中，金隅智造工场携手北京旷视科技有限公司建设的智慧园区 AIoT 管控平台是基于物联网技术，为实现建筑物的运营及管理目标，实现统一协同管理，并以多种类智能化信息集成方式，形成的具有信息汇聚、资源共享、协同运行、优化管理等综合应用功能的数字化运营平台。在该项目中，搭建了集成管理(IBMS)、能源管理(EMS)、运维管理(FMS)、三维可视化(BIM)、移动运维/对客服务(App)等智慧物联网应用场景。

4.2.1　智慧园区运营模式

金隅智造工场搭建园区"I-立方"智慧运营平台("I"即 Intelligent)，围绕重点公共服务内容，分阶段为入园企业提供产业智慧运营服务，如图 5 所示。

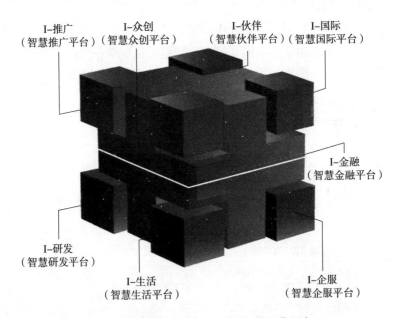

图5　金隅智造工场"I-立方"智慧运营平台

资料来源：金隅智造工场官方网站。

4.2.2　智慧园区改造核心任务

智慧园区改造核心任务包括以下四个方面：

第一，搭建园区中枢"大脑"，即基于旷视盘古系统（见图6）的覆盖云、边、端的智慧园区综合管理平台，帮助园区管理方实现管理和日常工作的统一联动。

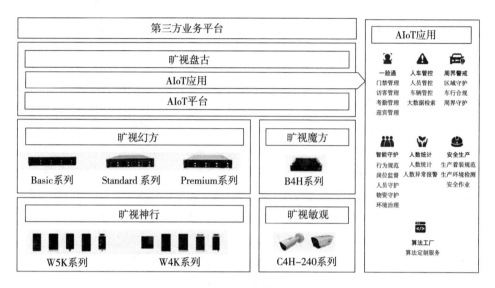

图6 面向企业空间数字化管理需求的 AIoT 业务系统方案

资料来源：北京旷视科技有限公司官方网站。

第二，基于旷视盘古系统搭建的智慧园区综合管理平台和金隅智造工场日常管理的16个子系统进行对接，集成园区数据中台、业务中台、使能中台，以及园区能源规划、边界报警、消防安全等多项管理业务子系统，做到多业务数据整合、统一监测和统一规划管理。同时，智慧园区综合管理平台还接入了智能摄像机、面板机、边缘计算单元等数十种智能硬件设备。

第三，园区可提供给入驻企业和员工的多项服务被整合到一个 App 和一个小程序上，园区利用 App 和小程序向入驻企业及其员工提供更便捷化的用户体验，如班车服务、共享滑板车服务、在线订餐、在线保修等。

第四，通过3D可视化技术，将园区百分百还原，并集成到大屏展示系统上，进行智慧化的管理和运行，实现对园区全域、全场景、全对象的全周期、全流程可视化管理。

4.2.3 整体业务架构及功能

金隅智造工场整体业务架构如图7所示。经过相关建设，金隅智造工场数字化运营平台实现了如下基本功能：

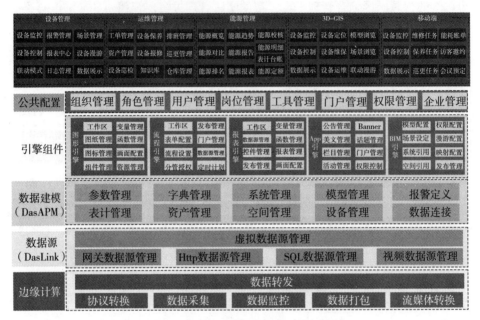

图7　数字化运营平台整体业务架构

资料来源：金隅智造工场内部资料。

（1）万物互联。利用 IoT、5G 等技术集成现有智能化系统，将视频监控、安防机器人、共享电动车、停车系统、能耗管理、消防系统、垃圾桶系统、井盖系统、充电桩管理系统及楼控系统打通，做到了统一接口、统一模式、统一登录、统一管理，实现了智能设备的互联互通。

（2）便捷出行。针对园区不同用户角色(企业员工、访客等)，定制相应的通行策略，实现身份信息快速识别、刷脸实名认证、车位按需预约、路线实时导航、共享交通工具等功能于一体的通行服务，打造安全、便捷的通行体验。

（3）智慧办公。通过智慧会议室，实现会议、会展资源共享、远程高效沟通，实现无缝高效协同；通过政策引导、招商服务、企业动态等线上推广平台，实现政策发布、企业信息推送和商机共享，打造协同办公、协同研发、协同生产的智慧办公环境。

（4）智慧行政。围绕商家优惠、健身休闲、美食餐饮和绿色环境等，营造舒适的办公环境、舒心的生活环境，为企业生产、员工生活保驾护航。

（5）智能运维。建设智能运营中心，利用数字孪生技术立体化、可视化展示园区动态，如能效、安防、资产等信息，辅助金隅智造工场管理者进行日常维护、运营与决策，打造绿色、节能、安全、高效的园区。

（6）应急管理。在5G、AI、大数据等技术的加持下，当发生重大事件时，园区空间管理可以更加精细化、柔性化，该封闭时能快速封闭起来，该开放时又能有序开放，具备消防、防汛、防疫等不同突发事件的快速应急响应机制。

图8为金隅智造工场数字化运营平台界面。

图8　数字化运营平台界面

资料来源：金隅智造工场内部资料。

4.3　技术与创新

金隅智造工场与AI领军企业旷视科技整合在运营管理和AI技术方面的优势资源，大量应用旷视科技AI摄像机、AI面板机、先进算力服务器等设备，引入30余种AI算法，应用于园区AIoT平台开发，形成的主要创新点如下：

（1）创新同时使用AI、IoT、BIM、3DGIS、GPS、5G、云计算等技术，开发智慧园区AIoT平台，赋能园区智慧化管理，使AI不但可实现人脸识别，且全面融入园区经营管理，推动园区运营模式和用户体验的不断创新。

（2）建设过程中形成园区成熟度评估模型，共计设置了7个一级指标：战略规划、客户体验、智慧运营、业务创新、数据管理、基础设施和保障体系。7 个指标相辅相成、有机结合，为园区建设指明了方向。

（3）智慧园区方案采用"纵向解耦、横向融合"的设计原则，构建"端—连接—平台—应用"四层架构，使园区的数字化转型更加落地。本项目在技术层面有以下四个特点和优势：一是全连接，即打通 IT 和 oT，实现万物互联互通；二是全融合，即提供了数据接入、融合分析和治理分析，即封装 IoT、视频、大数据、BIM、通信等多项 ICT 技术；三是全智能，即支持文字、视频、音频、人车物事等全场景 AI 服务，提供训练+推理全栈服务平台；四是全开放，即平台能力开放，提供强大的应用开发环境和服务。

5 数字化转型成效与未来规划

金隅智造工场为园区智能制造企业提供的智能园区数字化运营服务符合《北京市制造业数字化转型实施方案（2024-2026 年）》中提及的产业园区数字化服务能力的具体要求，总体来看有如下成效：

5.1 经济价值

（1）提升园区品质。该应用提高了园区科技感及运营服务管理水平，对园区品质及客户满意度有一定的提升，吸引了更多高科技企业入驻，并提高了园区租金单价。

（2）设备数字化管理。通过对园区建筑及设备进行数字化仿真还原，并将子系统内设备点位、设备状态、告警通知与可视化平台逐一绑定，实现平台对园区内设备全生命周期的可视化管理，由以往的经验判断变为现在的科学智能决策，进一步提高了运维人员的管理水平。通过对园区设备运行状态与故障预警进行实时监测，故障问题自动生成工单，及时处理设备故障，可延长设备使用寿命10%以上。

5.2 管理效能

应用落地后，通过各系统集成到统一平台进行集中监控管理，将安保、配电等专业值守人员进行集中管理、统一调度。通过打造一套智慧园区、厂区智慧管理平台及运营管理新模式，赋能园区、厂区智慧化运营管理，大幅提高运营管理效能。具体地：①在园区员工配置方面，节约物业值守人员10%以上；②在园区管理效率方面，巡逻效率等综合提升40%；③在园区人力成本方面，保安处理安防任务所占总人力时间综合下降30%；④在园区整合度方面，平台连接子系统后的整合度提升到95%以上。

5.3 社会效益

通过应用智慧园区 AIoT 平台，运用数字技术，重塑园区运营的各个环节，打破传统园区"人拉肩抗"的运营方式，通过对园区的对象数字化、业务数字化和服务数字化，实现园区管理服务从定性走向定量，实现基于数据、事实和理性分析的数字化运营。

通过培养 AIoT 平台综合值守人员，大幅提高园区中控值守人员素质，减少值守人员数量，变传统的各专业机房分别值守模式为现在的集中值守模式，起到降本增效作用。

平台自动化运行，通过优化机电设备运行时长、对比分析能耗情况，及时发现"跑冒滴漏"，节约建筑能耗，平台通过全方位监测公区照明、公区 VRV 空调、热力站等设备设施，根据能耗定额指标及能耗监控措施，及时发现"非正常耗能"，预计全年可节约能耗10%以上，结合平台集成的光伏微电网所产生的绿电，大幅促进低碳环保、节能减排，符合国家碳达峰、碳中和的整体战略。

平台在授权条件下，通过 AI 算法仓采集数据、自动学习训练、自动更新，提升准确率，结合人员轨迹追踪，形成立体空间管控，利用人像识别技术，分析各摄像头采集的图像及视频信息，实现各监控点人员的人像比对和预警，帮助园区管理员及时发现问题和一键轨迹还原，提前遏制危险事件。监控中心与现场保安联动，采集监控中心的监控视频画面和现场的同步实况，并通过移动端 App 同步通信、共享信息。AI 赋能园区安防，让视频监控不仅"看得到"，同时也能"看得懂"，通过实时弹屏预警，全方位打造智慧化的高安全园区。

5.4 建设规划

应用项目预计总投资 2826 万元，分三期建设。其中，第一期共集成 18 个智能化子系统、63 类设备、9445 个设备、约 15000 个数据绑点，通过开展数字化能力提升和园区智慧运营能力项目建设，为园区量身打造了一套覆盖云、边、端的 AIoT 基础平台；第二期将续建 10 个智慧场景，集成 7 个智能化系统，继续完善和提高金隅智造工场的数字化运营能力。

6 数字化转型经验总结

首先，聚焦空间经济，定位数字化转型工作重点。产业园区是物理空间与产业空间等多维空间的复合体，国家和地方的数字化转型文件中也极为重视产业园区数字化转型工作。提升产业园区的数字化服务能力、推动制造业企业与服务商开展供需对接及产业链协同合作、建设数字化转型先进园区等都是园区数字化转型的重要方向。具体到园区管理企业，其数字化转型工作千头万绪，既涉及管理与技术的协同创新，也涉及复合空间内人财物的关联配套，因此，开展数字化转型工作要做好规划和落地。本案例中，金隅智造工场作为老旧厂房改造利用后形成的新生力量，以空间价值增值为抓手，精准定位数字化运营这个突破口开展相关建设工作，实现空间经济与数字经济的有机融合。

其次，深化调查研究，遴选数字化转型设计方案。数字化转型不是一蹴而就的，也不是一个标准方案就能够完全适用的，各类企业在开展数字化转型战略规划、方案设计、产品选择等方面都要进行精细化分析和科学选择。与此同时，随着数字经济的快速发展，市场上的智慧园区解决方案较多，但方案质量与服务商实力参差不齐。金隅智造工场运营决策团队调研园区企业开展需求分析，走访大量服务商了解前沿技术，沟通咨询专业机构了解行业现状，并对大量对标案例进行了深度调研，取长补短，最终确定技术先进、实用落地的平台设计方案。

再次，携手园区企业，提高数字化转型工作效率。充分利用园区的产业聚集、企业聚集、智力聚集、技术聚集优势，助力园区数字化转型是非常必要的。在选择服务商时，金隅智造工场优先考虑与园区企业合作，特别是该行业的头部企业，并签订战略合作协议，共同开发建设智慧园区管理平台及实施相关智能化系统改造升级工作。园区内企业更了解园区的情况，了解园区内企业及员工的真正需求，各项功能业务逻辑设计更实用、更接地气，双方团队在同一个园区办公，沟通也更高效。

最后，预判项目风险，消除数字化转型工作隐患。在项目建设过程中，无论是软件开发还是系统集成都会遇到大量预想不到的问题，比如硬件设备接口不支持、数据库安全问题、网络安全问题、软件开发逻辑难以适应业务灵活多变的需求等。预判项目风险是数字化转型项目目标管理成败的重要保障，也是对数字化转型工作的最大负责。金隅智造工场运营团队广泛收集智慧园区建设方案，精准识别风险隐患点，并开展风险敏捷管理，及时发现并化解工作风险点。

目前，金隅智造工场以"5+5+8"的产业服务模式为核心，协同政府、入园企业与科研院所，依托金隅集团自身资源优势，打造园区"政、产、学、研、用"五位一体的运营理念。在该理念下，金隅智造工场与旷视科技等研发的智慧园区数字化运营平台主体架构及各功能模块已推广应用在金隅集团大成大厦、金隅大厦、高新产业园区、盘古大厦等项目中，并将持续优化改进关键技术和服务内容，形成可复制、可定制、可迭代的数字化转型模式。

总体来说，金隅智造工场的智慧园区数字化运营探索与实践为国内产业园区智慧化升级、空间经济发展、数字化转型，以及构建园区、企业、产业间的良好互动关系等方面打造了聚焦空间经济的传统园区数字化转型案例与标杆。

参考文献

[1]陈海峰. 金隅智造工场案例分析[J]. 企业改革与管理，2018(17)：47-49.

[2]文青. 工业厂房改造升级智造工场[J]. 中国房地产，2019(32)：7.

[3]贾玎玎. 昔日家具生产基地"华丽变身"金隅智造工场[N]. 首都建设报，2021-10-29(002).

[4]本刊讯. 金隅智造工场入选"北京城市更新最佳实践"[J]. 中国建材，2022(6)：50.

[5]李逸萌. 工业"老厂房"上演智造"新故事"[N]. 工人日报，2022-08-25(003).

[6]孙奇茹，潘福达. 昔日老旧厂房　今朝创新高地[N]. 北京日报，2022-09-14(003).

[7]黄天航，王志宏，范嘉芸，等. 面向先进制造业的老旧工厂伴随式微更新——城市存量工业用地规划改造政策与实践[J]. 城市发展研究，2023，30(12)：19-24.

[8]金隅智造工场简介[EB/OL].[2024-06-03]. https：//www. jyzzgc. com/park. html.

[9]从"火"变"冰"、转型智造、产业升级　腾笼换鸟实现完美蜕变——金隅集团的西三旗片区改造[EB/OL].（2024-02-28）[2024-06-03]. https：//www. beijing. gov. cn/ywdt/gzdt/202402/t20240228_ 3572367. html.

[10] 金隅智造工场：腾笼换鸟打造高端产业园区[EB/OL].（2022-09-

14）［2024－06－03］. https：//www. bjnews. com. cn/detail/1663127353169630. html.

［11］北京城市总体规划（2016 年—2035 年）［EB/OL］. （2017－09－29）［2024－06－03］. https：//www. beijing. gov. cn/gongkai/guihua/wngh/cqgh/201907/t20190701＿ 100008. html.

［12］携手打造 AIoT 工程样板　金隅集团与旷视科技签署战略合作协议［EB/OL］. （2021－04－09）［2024－06－03］. https：//www. bbmg. com. cn/second/index. aspx？ nodeid＝13&page＝ContentPage&categoryid＝0&contentid＝12094.

［13］金隅集团与工信部网安中心（信息中心）签订战略合作框架协议［EB/OL］. （2021－05－24）［2024－06－03］. https：//www. bbmg. com. cn/second/index. aspx？ nodeid＝13&page＝ContentPage&categoryid＝0&contentid＝12111.

［14］金隅集团 2021 年半年度工作会议召开［EB/OL］. （2021－07－23）［2024－06－03］. https：//www. bbmg. com. cn/second/index. aspx？ nodeid＝13&page＝ContentPage&categoryid＝0&contentid＝12186.

［15］金隅集团"数智化转型"连获三项国家级荣誉［EB/OL］. （2023－11－13）［2024－06－03］. https：//www. bbmg. com. cn/second/index. aspx？ nodeid＝13&page＝ContentPage&categoryid＝0&contentid＝14327.

智能发展的秘密：中科创达的数字化转型

杨亚男　　纪雪洪　　孙道银　　张占英

案｜例｜摘｜要

在全球智能产业大潮中，边缘计算、融合智能、汽车高性能计算等科技革新趋势日益明显。在这种背景下，本文以中科创达——全球领先的智能操作系统及智能产品和技术企业为案例，深入剖析其智能产业数字化战略转型的背景、前期准备、关键步骤和实施方法。同时，本文也探讨了中科创达转型过程中所面临的挑战、取得的成果以及未来的战略规划。研究得出，中科创达基于内在的积累与外在的产业链整合，辅之以组织文化支持和持续技术优化策略，实现了以智能操作系统技术为核心，横贯智能软件、智能物联网、智能汽车领域的数字化战略整合，为人工智能浪潮下的计算机革命做出突出贡献。本案例为北京市企业通过嵌入生态、构建生态的方式完成数字化转型提供了参考样本。

0　引言

2023 年人工智能的浪潮席卷全球，不仅开启了软件先行、软件定义一切的计算革命，而且使人工智能中的软件价值提升到前所未有的高度。中国信息通信研究院发布的《全球数字经济白皮书（2023 年）》指出，2023 年全球人工智能产业规模高速增长，到 2026 年市场规模将达 8941 亿美元。其中，软件将在市场中持续占据主导地位，其市场份额占比近九成。在此背景下，中科创达软件股份有限公司（Thunder Software Tech，以下简称"中科创达"）作为数字中国的重要参与者和全球领先的智能操作系统产品和技术提供商，正积极布局、实施智能产业的产品和技术数字化转型。一方面，中科创达基于内生领先的技术能力、全球研发资源等综合实力，应对终端客户的多样需求；另一方面，中科创达借助外延，不断拓展在技术研发、行业标准、客户开拓等领域的全方位长期紧密合作关系，深化对于智能产业的技术趋势与产品规划的把握，在夯实自身核心竞争力的同时，为人工智能浪潮下的计算机革命做出突出贡献。

1　企业简介

中科创达成立于 2008 年，是全球领先的智能操作系统及端侧智能产品和技术提供商。中科创达一直以操作系统为核心，不断进行技术积累与创新，业务领域从最初的智能终端产品逐步拓展到智能汽车、智能物联网、智能软件行业，并于 2015 年成功上市，成为中国首家成功上市的智能操作系统技术企业。作为业界有影响力的企业，中科创达的数字化转型情况具有重要的研究价值。

自 2008 年创立以来，中科创达致力于提供卓越的智能操作系统产品、技术及解决方案，立足智能终端操作系统，聚焦人工智能关键技术，助力并加速智能手机、智能物联网、智能网联汽车等领域的产品与技术创新。中科创达总部位于北京。目前，其子公司及研发中心已覆盖全球 40 多个城市和地区，包括中国深圳、上海、台北、香港及美国硅谷、加拿大多伦多、日本东京、韩国首尔、芬兰赫尔辛基、德国慕尼黑等，可以为全球客户提供便捷、高效的技术服务和本地支持。公司的员工总数超过 13000 人。员工以技术人员为主，占公司员工总数的 90%。员工的专业构成多样，包括生产人员、销售人员、技术人员、财务人员和行政人员，其中技术人员占据绝大多数，是一家技术驱动型企业。

中科创达始终坚持以客户为中心、以技术为核心竞争力，将持续为客户创造价值，聚合产业链各方力量，创造丰富多彩的智能世界。

1.1　发展历程

第一阶段（2008~2015 年）：起步期。中科创达成立于 2008 年，该年刚好是移动互联网浪潮的起点。伴随席卷大江南北的"安卓换机潮"，中科创达通过为手机、平板电脑等智能设备厂商提供基于安卓的底层操作系统适配与优化业务迅速成长起来。2015 年，中科创达借助智能手机发展浪潮，成功在 A 股上市。

第二阶段（2015~2018 年）：转型期。自 2015 年起，中科创达成功登陆创业板，并启动了 2.0 转型升级战略，该战略聚焦于车联网与物联网业务的拓展。通过外延式扩张与关键性收购，中科创达在智能车载系统及智能硬件业务领域取得了显著成效。特别值得一提的是，2016 年和 2017 年，公司相继收购专业车载系统公司及海外图像视觉技术公司，全面布局智能网联汽车业务，实现了战略上的跨越式发展。2016 年 4 月，中科创达全资收购爱普新思和慧驰科技；同时，中科创达推出基于骁龙 820 平台的 VR 一体机参考设计等；同年11 月，中科创达发布 TurboX 智能大脑平台；12 月，中科创达以 6400 万欧元（当时约合 4.7 亿元人民币）的价格收购了芬兰软件公司 Rightware 100% 的股权。一年后，在 2017 年 12 月，中科创达以 3100 万欧元（约合 2.34 亿元人民币）收购保加利亚视觉技术提供商 MM Solutions（以下简称 MMS）100% 的股权。2018 年 3 月，中科创达收购海外图像视觉技术公司 MM Solutions。

第三阶段（2018 年至今）：战略扩张期。自 2018 年以来，中科创达迈入战略扩张期。这一时期，中科创达智能网联汽车业务收入持续增长，物联网业务亦实现显著提升。公司秉持"技术为本、生态为王、全球化"的核心战略，致力于通过技术创新驱动产业进步，同时通过构建全球合作伙伴关系及优化市场布局，推动产业发展。中科创达以技术为核心竞争力，持续加大在全栈式操作系统技术研发与创新方面的投入。此外，公司积极与产业链上下游领军企业展开深度合作，推动智能操作系统技术在产业连接和生态赋能方面的广泛应用。2023 年是中科创达关键的战略转型期，公司自年初开始制定战略转型策略及明确经营目标，在保持业务健康持续发展的同时，确保在整车操作系统、工业机器人、端侧智能的创新业务方向上的战略投入，实现产品和技术突破，为公司长期增长提供支撑。2023 年，中科创达将核心资源聚焦关键客户，守护长期发展的竞争壁垒，研发投入 14.58 亿元，经营活动产生的现金流量净额 7.55亿元，实现营业收入 52.42 亿元。经过 2023 年的战略转型，中科创达在整车操作系统和工业机器人的产品开发上都实现了关键进展，2024 年将进入投资回报期。

总体来看，中科创达的发展历程如图 1 所示。

1.2　业务板块及相关产品

中科创达提供的主要产品和服务涵盖智能软件业务、联合实验室及软硬件一体化解决方案。各业务板块及相关技术产品如图 2 所示。

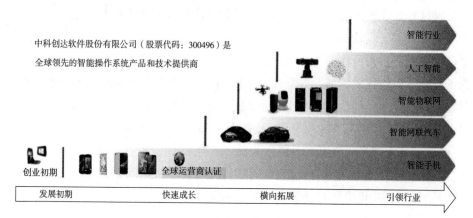

中科创达软件股份有限公司（股票代码：300496）是全球领先的智能操作系统产品和技术提供商

图1 中科创达发展历程

资料来源：作者根据公司材料整理。

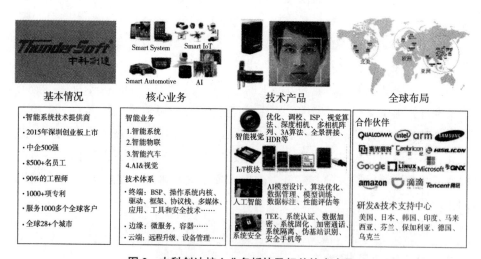

图2 中科创达核心业务板块及相关技术产品

资料来源：作者根据公司材料整理。

1.2.1 智能软件业务

中科创达围绕智能操作系统技术持续研发与创新，形成了从硬件驱动、操作系统内核、中间件到上层应用的全面技术体系，积累了丰富的研发经验和众多自有知识产权。公司的核心技术涵盖 4G/5G 通信协议栈、深度学习、图形图像技术、系统优化、自动化测试和安全技术等多个方面。智能软件的业务模式包括软件开发、技术服务及软件许可，如图 3 所示。

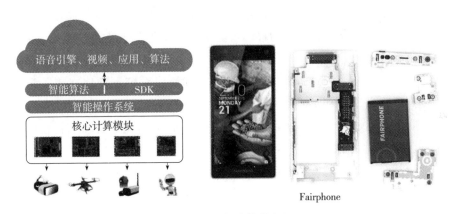

图 3 中科创达软件产品

资料来源：作者根据公司材料整理。

中科创达与智能终端产业链中的芯片、元器件、终端、软件、互联网厂商和运营商及云厂商等全球领先企业拥有紧密的合作关系，面向移动芯片厂商、移动智能终端厂商、应用软件和互联网厂商及元器件厂商提供操作系统开发和技术服务，收入类型体现为软件开发收入和技术服务收入，具体内容如下：

（1）软件开发模式：根据客户的实际需求，进行专项软件设计与定制化开发，最终向客户交付开发成果，收取开发费用的业务模式。

（2）技术服务模式：根据客户需求，提供相应的技术人员并开展技术支持、技术咨询、系统维护等服务，收取服务费用的业务模式。

中科创达经过多年积累，研发了基于 Android 系统、具有自主关键技术的系列软件产品，主要包括 SmartDroid、BigDroid、TVDroid 等，分别应用于智能手机、平板电脑、智能电视等终端设备。中科创达还推出了面向最终用户的 UCAM 系列拍照应用软件产品。这些软件产品或知识产权以软件许可模式向客户销售，相关收入类型体现为软件许可收入。

（3）软件许可模式：授权客户使用本公司自主拥有的软件产品等知识产

权,按照授权期限或客户搭载本公司软件的产品出货量收取相关授权费用的业务模式。

1.2.2 联合实验室

移动智能终端的技术源头是芯片公司。终端企业更多专注渠道和品牌的建设、外观的设计、上层应用的开发,而底层的技术则更多依赖于芯片公司。中科创达把握住了移动互联网技术的发展先机,这些年通过与芯片公司合作积累了大量的技术和产品经验。中科创达分别与知名移动芯片厂商及操作系统厂商共同建立和运营联合实验室,为移动智能终端产业链中的终端厂商、元器件厂商、应用软件和互联网厂商提供技术服务,为元器件适配和终端测试提供先进的资源和技术支持,从而协助上述芯片厂商和操作系统厂商建立相关生态系统,提高了中科创达在产业链中的影响力和渗透力;同时,分别成立合资公司——安创空间加速器、创通联达(Thundercomm),为创业者和创新企业提供产业平台,推动人工智能、物联网和智能网联汽车等技术的发展;并与临空投、天使基金、北极光共同成立产业投资基金,整合资源助力创新。

1.2.3 软硬件一体化解决方案

中科创达面向产业链中的芯片、终端、运营商、软件与互联网厂商及元器件厂商提供自主研发的知识产权授权及一站式操作系统开发解决方案。基于与移动芯片厂商及操作系统厂商的合作,中科创达利用多年来积累的软硬件方面的技术,推出软硬件一体化解决方案,为移动智能终端厂商、移动芯片厂商等相关客户提供印刷电路板组装(PCBA)或整机等产品及相关服务。

软硬件一体化解决方案主要是向移动智能终端厂商和移动芯片厂商提供平板电脑、智能手机 PCBA 和整机产品的设计服务、配套软件产品的授权、软件定制工具和软件开发服务等。在完成 PCBA 和整机产品的设计和软件研发后,中科创达向供应商采购硬件原材料,委托外协厂商进行硬件的组装生产,最终向客户销售印刷电路板(PCB)或整机产品。上述收入体现为商品销售收入。

例如,中科创达面向智能物联网市场推出 TurboX 智能大脑平台产品及 TurboX Cloud 智能物联网云平台产品,为客户提供物联网应用开发的标准化产品及一站式技术支持服务。举例来说,在智慧工业方面,客户企业的工业质量检查和缺陷检测会消耗大量的人工成本,生产效率低下,且质量检测标准不一致。基于人工智能的质检系统需要与传统生产线上的工控设备协同工作,存在通信协议与数据格式不统一的问题。缺陷的类型随着工艺流程的改进而变化,使用的人工智能算法数据模型需要频繁与云端的训练系统生成的新模型同步。中科创达的解决方案是在工厂的质量检查线上部署边缘计算设备，应用 TurboX EDGE 系统，并在边缘设备上运行 ML 推理算法和工业过程管理系统，确保过程数据和产品过程数据的安全，并提供实时缺陷检测服务，通过微服务化技术，对数据模型与应用程序进行解耦，使数据模型能够独立更新，与云端进行同步，如图 4 所示。根据最终客户反馈，在工业管理流程中，该解决方案减少了 80% 的检查时间和 65% 的人工成本，同时与云服务相比，实现了"数据不出厂"，有效保护了公司的数据隐私。

图 4　中科创达智慧工业一体化解决方案

资料来源：作者根据公司材料整理。

另一个例子体现在智慧零售服务。客户企业的智慧店面之前采用 RFID 进行货品检测，采用人脸识别进行消费者检测，两套系统都是基于云服务运行，存在网络延迟大、通信不及时、时间戳无法匹配等问题。中科创达对此提出解决方案：在门店内部署边缘计算终端设备，采用 TurboX EDGE 系统，将人脸识别结果与 RFID 检测结果统一转化为 MQTT 消息格式，在边缘侧对数据进行区域 ID 和时间戳双重条件匹配，实现人货关联。在设备虚拟化层提供与本地其他设备进行互联互通的 API 接口服务，在应用虚拟层提供与云服务和品牌商 CRM 系统对接的 API 接口服务，使业务数据在边缘侧得到及时处理，并将数据信息推送到相关第三方系统，如图 5 所示。客户反馈：应用 TurboX EDGE 使数据在店内得到有效、及时的处理，识别会员、非会员和消费习惯，为店面经营者提供营销管理策略，店面的月销售额平均增长 25%，同比增长 10%。

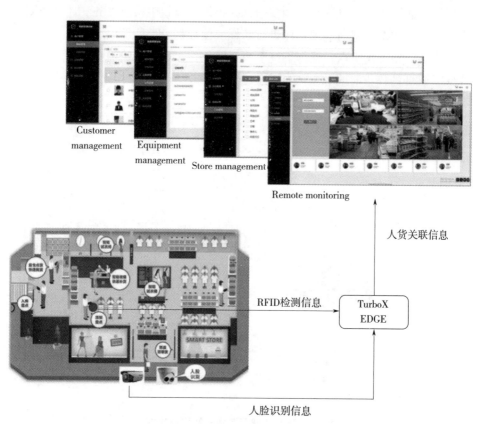

图 5　中科创达智慧零售服务一体化解决方案

资料来源：作者根据公司材料整理。

中科创达的智能物联网的业务模式以商品销售为主。公司以核心计算模块 SoM 服务于下游较为分散的物联网应用场景，形成了 SoM 模块的规模化出货。中科创达的 SoM 模块目前支持的智能终端领域包括机器人、AR/VR、智能 Camera、可穿戴设备、资产定位器等，在各个领域均获得了知名智能终端客户的认可。自 2013 年开始布局智能网联汽车业务以来，中科创达专注于打造基于公司智能操作系统技术的新一代智能网联汽车平台产品，赋能全球汽车产业的数字化变革，推出智能网联汽车平台产品，通过"软件"打破传统行业边界，使公司始终领跑产业发展。

商品销售模式：向产业链内各类厂商销售软硬件一体化产品，PCBA 和整机产品的设计服务、配套软件产品的授权、软件定制工具的提供和软件开发服务等。

2 数字化转型背景

2.1 外部危机

（1）全球市场空间。根据中国信息通信研究院发布的《2021 年全球数字经济白皮书》，20 个发达国家的数字经济规模为 24.4 万亿美元，同比增长 3%，占 GDP 比重为 54.3%，占比明显优于 27 个发展中国家，数字经济在发达国家中拥有重要地位，并且在 2020 年全球公共卫生事件中表现出了较强的增长韧性。最近几年，全球围绕数字经济关键领域加快部署、推动发展，以 5G 和人工智能为代表的技术进步和产品创新快速演进，并加速与垂直行业深度融合，应用场景迸发，有效推动了全球数字经济、软件和信息化产业的持续发展。

（2）我国市场空间。"十四五"时期是我国开启全面建设社会主义现代化国家新征程的第一个五年，全球新一轮科技革命和产业变革深入发展，软件和信息技术服务业迎来新的发展机遇。2021 年 11 月，工业和信息化部印发《"十四五"软件和信息技术服务业发展规划》，明确提出到 2025 年，规模以上企业软件业务收入突破 14 万亿元，年均增长 12%以上，产业结构更加优化，基础软件、工业软件、嵌入式软件等产品收入占比明显提升，新兴平台软件、行业应用软件保持较快增长，产业综合实力迈上新台阶，行业发展持续向好。2023 年 3 月，在十四届全国人大一次会议举行的二次全会上，国务院提请组建国家数据局，数字中国建设迎来重大发展机遇。

中科创达是伴随着移动互联网的爆发成长起来的企业，但是随着近年来换机潮的退去，智能手机与平板电脑市场增速也逐渐放缓。"互联网女皇"Mary Meeker 的《2018 年互联网趋势报告》显示，智能手机市场的增速从 2009 年就开始下降，而 2017 年的增速更是为零。很明显，中科创达与手机企业一样面临着转型与探索新业务的压力。然而，全球智能网联汽车市场规模却在持续增长。当时，根据市场研究机构 MarketsandMarkets 的预测，全球智能网联汽车市场在 2019～2027 的年复合增长率将达到 22.3%，在 2027 年将达到 2127 亿美元。

中科创达其实早就意识到了这一点，数年前就开始了在物联网、VR/AR、IoT、无人机等领域的布局，在2013年就开始大力投入智能网联汽车业务，领先于产业发展的战略部署使公司赢在起跑线。2013年，在抽调了几十名操作系统领域的精兵强将并招募了一些汽车人才后，中科创达正式进军智能汽车领域。中科创达的第一批业务就是为汽车提供IVI信息娱乐系统。中科创达在Linux、安卓等领域的技术积累刚好可以移植过去。经过近5年的发展，十几个汽车知名品牌（包括大众、神龙、本田等）都在使用中科创达的车载系统。在车载信息娱乐系统之外，中科创达汽车事业群还有智能驾驶舱、ADAS高级辅助驾驶和V2X车联网通信等解决方案。

中科创达凭借对外部行业环境变化敏锐的洞察力进行前瞻性战略布局，力求差异化发展，深耕核心科技，不断在创新领域引领行业发展。

2.2　内部忧患

在逐步转型智能网联汽车等飞速发展行业的过程中，中科创达内部管理数字化转型的需求也急剧上升。中科创达内部各部门之间沟通不畅，表现最突出的就是部门之间互不了解，精准找到某位员工很困难，急需数字化工具予以解决。各部门之间经常有工作协同，相互交流文档，需要各方协作，这时就需要有数字化的平台来解决这些问题。在业务流程方面，在很多流程中设置了很多不必要的节点，流程冗余。比如员工办理签证需要开收入证明，从开始办理到拿到证明竟然超过了一周时间，亟须改进相关业务流程。另外，随着数字化工具的广泛使用，急需数字化人才，需要专业的团队宣贯数字化工具，让员工更愿意使用数字化工具。

3　数字化转型的前期准备——核心竞争力分析

3.1　专业技术优势

中科创达的核心技术优势在于其长期积累的智能操作系统技术，凭借其技术领先和产品创新，公司一直在全球智能操作系统市场中保持领先地位。智能操作系统主要包括内核、框架和基础应用。其中，内核负责内存管理、进程管理、网络协议栈和硬件驱动等功能；框架主要为上层应用提供编程接口和各种系统服务；基础应用是面向用户的基本应用功能，如拨号、短信等，第三方应用主要是应用软件。

中科创达自成立之初，便专注于 Android 系统的研发，并与全球领先的芯片制造商建立了战略合作关系。这种专注不仅使公司在移动终端领域取得显著成功，也为其在智能汽车和物联网领域的前瞻布局打下了坚实基础。通过不断的技术创新和产品优化，如在智能座舱和视觉产品领域的进步，中科创达保持了其在市场中的领先地位，并加强了与客户的黏性。

在研发投入方面，如图 6 所示，中科创达表现出显著的承诺和持续性。公司在人工智能、边缘计算、多模态融合等关键技术领域的投入显著，其研发投入从 2017 年的 1.44 亿元增长到 2021 年的 8.26 亿元，占营业收入比例从 12.42% 增至 20.02%，这种投入不仅加强了公司的技术储备，也确保了公司在智能操作系统市场中的技术优势和产品创新能力。同期内研发人员数量也从 2435 人增长至 10350 人，强化了公司的研发能力。

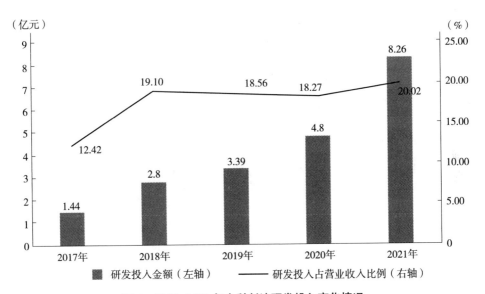

图 6　2017～2021 年中科创达研发投入变化情况

资料来源：中科创达 2017～2021 年年度报告。

中科创达的全球化战略是其专业优势的重要组成部分。公司不仅在中国市场取得显著成绩，还积极拓展全球市场，与多个国家和地区的领先企业建立合作关系。中科创达通过全球化的技术交流和业务拓展，进一步加强了其在全球智能产业中的核心地位，为客户提供全球视野下的智能解决方案。

中科创达的价值主张在于通过平台技术和核心产品增强客户黏性，以及通过技术素养引领新赛道和新航向。中科创达的产品和解决方案在智能汽车、物联网等领域展现了强大的市场影响力，其在智能座舱解决方案和全景环视产品方面的成就，反映了中科创达在为智能产业提供高质量和创新解决方案方面的领先地位。

3.2 财务状况健康

如图 7 所示，中科创达在过去几年中展现出了显著的财务增长和稳定性。2018~2022 年，公司的营业收入实现了持续增长，从 14.65 亿元增加到 54.45 亿元，这一增长趋势反映出公司在智能软件、智能网联汽车和智能物联网等业务领域的强劲表现。特别是在 2021 年和 2022 年，公司的营业收入同比增长分别达到了 57.04% 和 31.96%，显示了其在核心市场的领导地位和业务扩张的成功。

图 7 2018~2022 年中科创达营业收入变化情况

资料来源：雪球网中科创达财务数据。

如图 8 所示，在净利润方面，中科创达同样表现出了稳健的增长趋势。五年间，净利润从 1.64 亿元增长到 7.69 亿元，尤其在 2020 年实现了最高的同比增长率 86.61%，这一成绩表明了公司在提高盈利能力和有效控制成本方面的出色表现。

中科创达的盈利能力也非常显著，公司的净资产收益率（ROE）和销售毛利率保持在较高水平，尽管销售净利率在最近两年有所下降，但仍在健康水平上，这表明公司能够有效管理其运营成本并保持良好的盈利水平。

图8 2018~2022年中科创达净利润变化情况

资料来源：雪球网中科创达财务数据。

在财务风险管理方面，中科创达显示出良好的能力。如表1所示，公司的资产负债率从2018年的40.40%下降到2022年的13.16%，流动比率则从1.83上升到6.3，这表明公司优化了其财务结构，提高了对短期债务和运营成本的处理能力。

表1 2018~2022年中科创达盈利能力和财务风险变化情况

	2018年	2019年	2020年	2021年	2022年
盈利能力					
净资产收益率(%)	11.96	13.94	15.04	13.68	12.19
销售毛利率(%)	41.71	42.63	44.22	39.40	39.29
销售净利率(%)	11.39	12.98	17.11	15.27	13.31
财务风险					
资产负债率(%)	40.40	30.41	21.06	27.31	13.16
流动比率(%)	1.83	1.93	3.20	2.49	6.30

资料来源：雪球网中科创达财务数据。

3.3 专业智囊团组织

中科创达的员工结构呈现出以技术和业务为主导的特点，教育水平普遍较高，同时也具备一定的年轻化趋势，这为公司的数字化转型提供了坚实的基础，在确保数字化转型战略能够在全公司有效沟通和执行方面起到重要作用。公司拥有一支对操作系统及端侧智能产品和技术具有广泛且深入理解的全球化专业研发团队，报告期内，公司全球员工人数约 13000 人，其中 90% 以上都是研发工程师和技术专家。随着智能科技的快速发展和进步，公司全体组织和员工结合公司在智能产业和产品技术方面的深厚积累，不断丰富和强化端侧智能基础能力、编码模型、开发工具等，从而帮助全体组织进行智能升级，以及员工更深层次地理解行业、系统，深入掌握操作系统里的各种核心技术。这一转变不但使团队实现了效率提升，而且直接驱动了组织管理体系、员工认证资格体系等的全面升级和迭代需求。公司通过工程师文化组建了灵活高效的软件工程实战团队，并在全球布局研发资源，持续发展人才梯队。

3.4 生态合作广泛，战略伙伴稳固

中科创达拥有以全球知名厂商为主的优质客户资源并建立了密切的合作关系。公司主要客户有七大类：第一类为移动芯片厂商，与高通、英特尔等建立了联合实验室或者调优授权等；第二类为操作系统厂商，如微软等；第三类为移动智能终端厂商，如三星、小米、联想、华为、索尼等；第四类为电信运营商，如中国电信；第五类为应用软件和互联网厂商，如百度等；第六类为元器件厂商，如东芝等；第七类为汽车厂商，目前有超过 200 家智能网联汽车客户，如江淮、吉利、地平线以及上游瑞萨、德州仪器、恩智浦等，尤其是公司的 Kanzi 产品已经成为业界 UI 设计的标杆工具，智能座舱产品和智能驾驶产品在市场上取得领先优势。

中科创达能够为客户提供从芯片层、系统层、应用层到云端的全面技术覆盖的全栈式操作系统技术，技术具有一定的稀缺性，与业务上软件技术人员劳务输出的软件外包服务完全不同。同时，中科创达与客户建立的良好技术合作关系有利于加强公司在产业链中的渗透力和技术创新能力。这种相互渗透形成的壁垒更深层次强化绑定双方关系，因为技术的稀缺性和平台转换成本较高，中科创达的长远战略合作关系得以存续。例如，在 2023 腾讯全球数字生态大会上，中科创达作为腾讯重要的生态伙伴被评为智能座舱赛道优选级"行业战略合作伙伴"，这是继 2021 年被腾讯授予"TIME 计划 2021 年度优秀合作伙伴"奖项之后，中科创达与腾讯在生态合作领域的又一里程碑。

3.5　根植中国，赋能世界

中科创达根植中国，走向世界。中国拥有全球最大的手机、汽车及物联网市场，同时拥有完备的供应链和生态制造体系。中科创达作为一家操作系统与端侧智能产品和技术厂商，拥有得天独厚的市场优势和供应链优势。同时，中科创达走向世界，在中国、欧洲、北美、日本和东南亚等主要市场，通过技术、生态、人才、市场等多元化实践，迈向全球化目标。中科创达将人才的维度在全球视野中展开，充分考虑不同国家和地区的人才优势和特点，形成了独特的区域人才特色。公司团队遍布 16 个国家或地区，在及时掌握各市场的前沿技术趋势、强化全球范围内产品孵化与迭代创新的同时，可以按照当地客户需求充分发挥各区域的人才特点和能力。同时，面向不同国家的客户业务，客户都会要求本地化部署、本地化解决方案的实施。而中科创达遍布全球主要地区的研发团队可以很好地无缝对接客户的本地化需求。

4　数字化转型过程

4.1　关键步骤和实施方法

4.1.1　内生技术

上市之前，中科创达的技术创新主要依靠内生。中科创达所聚焦的智能终端操作系统在产业链中处于一个核心的位置，不仅要与硬件厂商合作，也要承载软件和服务。而在移动智能操作系统开发设计领域，中科创达凭借技术逐渐形成了自身优势。中科创达下设专门的产品团队，独立于研发之外，根据市场的需求开发一些产品，如 Android 上的多窗口产品；基于对硬件的理解和客户的需求，开发小内存技术，能在 256M 的内存上运行 Android4.0 以上的系统，并保持整个系统的流畅性，在这方面许多芯片厂商不一定能做到；根据客户的需求，开发低功耗、内存优化技术及智能抠图、智能擦图、人脸识别等产品。

4.1.2　外延式合作

拥有资本武器之后，外延则成为摆在中科创达眼前的一个新选项。外延可以大大缩短中科创达获得新技术的周期。中科创达开始把目光瞄向了视觉领域的相关技术。

中科创达与产业链最上游的芯片公司的合作很紧密，以推动自身不断创新。移动智能终端的技术源头是芯片公司，终端企业更多专注上层的开发、渠道和品牌的建设、外观的设计、上层应用的开发，而底层的技术更多依赖于芯片公司，所以中科创达把握住了移动互联网技术的发展先机，这些年通过与芯片公司的合作积累了大量的技术和产品经验。一方面，这些芯片公司对新技术的把握都是有前瞻性的，有些厂商推出新技术时会提前4~5年进行市场培育，所以通过合作，中科创达会较早感知到前沿技术。另一方面，中科创达比芯片公司更贴近用户，因为中科创达服务于终端企业，终端企业会收集到许多客户的需求。所以，中科创达不仅能保持技术的领先，还能贴近客户的实际需求。这两方面的结合，会让中科创达产生很多新灵感。

4.1.3 关键性并购

早在2016年，中科创达就收购了芬兰智能车载交互技术公司Rightware。Rightware成立于2009年，其核心产品是名为Kanzi的3D UI设计软件，可以为全液晶仪表、中控屏幕等系统设计动态用户界面，支持Linux、QNX、Android等主流车载系统。随后，2018年3月29日，中科创达又收购了其在视觉领域的唯一竞争对手，完成了对海外保加利亚图像视觉技术提供商MM Solutions(以下简称"MMS")100%股权的收购交易，交易总价为3100万欧元(约合2.34亿元人民币)。中科创达通过此次收购整合双方的技术和资源，力求打造全球最大的智能视觉技术平台。MMS成立于2001年，是全球最大的移动和工业图形图像视觉技术提供商之一，目前全球有60多款智能手机和平板电脑采用MMS提供的相机影像解决方案，有5亿台智能手机的摄像头成像单元搭载了其图像处理算法和画质调教软件。由于MMS的图像和视觉技术在汽车领域和工业领域也有不少应用，中科创达通过将其技术进行融合吸收，推出了针对汽车的360度环视、障碍物检测、驾驶员状态检测等ADAS高级驾驶辅助系统。

4.1.4 组织文化支持

组织文化影响员工行为和态度，决定公司数字化转型变革适应能力和协作效率。只有在一个开放、创新和具有适应性的文化背景下，数字化的潜力才能得到充分发挥。中科创达通过顶层设计来传播数字化理念，首先通过有效沟通机制推广数字化理念和实践。领导层通过定期会议、内部通信和工作坊传达转型重要性和紧迫性；公开透明沟通，鼓励员工分享体验和建议，增强员工参与感和归属感。其次，全员培训和领导示范是组织文化转型的重要手段。中科创达提供全面数字技能培训，领导层身体力行推广最佳实践。此外，为激励创新和适应性思维，中科创达实施多样化的激励计划和发展机制。一方面，对员工的创新成果给予奖励和认可，通过培训和发展项目支持员工探索新的技能和领域，构建勇于尝试、敢于失败的文化氛围，从而鼓励员工积极参与数字化转型过程。另一方面，为了加强内部沟通和协作，中科创达举办创新研讨会和团队建设活动，加强团队间的互动，促进不同部门和层级间的知识分享和理念交流。通过这些跨部门的交流平台，公司有效地收集员工的反馈和建议，持续优化和调整转型策略。

4.1.5 管理流程数字化

中科创达引入数字化工具和平台，用以改进招聘、培训、绩效管理和员工发展等方面。在招聘方面，数字化平台改进候选人筛选和评估环节，提高招聘效率和质量，吸引优秀人才。在培训方面，在线学习平台和虚拟培训工具提供灵活、个性化的学习机会，提升培训效果和员工体验。在绩效管理和员工发展方面，数字化平台精准跟踪和评估员工表现，提供反馈和发展建议，参与制定激励和晋升政策。数字化转型促进了中科创达用工模式的多样化和灵活性，满足员工需求，提升了员工的满意度和忠诚度。同时，中科创达确保数字化转型合法、合规，遵守法律法规，维护员工权益和隐私。

4.1.6 持续技术优化

持续技术优化是中科创达数字化转型取得长期成功的关键步骤。随着科技进步和业务需求变化，技术优化是确保数字化转型效果持久的基础。这涉及新技术的应用和灵活更新机制的建立。

为实现这一目标，中科创达建立定期评估机制，对数字化策略的实施效果进行系统审查。通过收集与分析关键绩效指标，可以全面评估数字化策略的成效，并找出潜在问题或不足。首先，中科创达定期评估现有技术性能和效率，识别问题和改进空间，包括用户友好性、数据处理、安全和稳定性评估，确定技术升级或更换的优先级和需求。其次，中科创达积极探索和采纳新技术解决方案，如人工智能、机器学习、大数据分析等，提高管理效率和效果，优化内部流程。再次，技术优化需基于对业务需求的深入理解。中科创达确保技术团队与部门间的沟通协作，满足实际需求；收集和分析用户反馈，调整和优化系统功能，开展定制化技术开发。最后，中科创达建立跨部门技术优化委员会或工作小组，监督和指导技术升级的实施，包括人力资源管理、IT、财务和业务部门的代表，全面考虑需求和限制。

在评估过程中，管理团队重视员工与各部门的反馈，了解他们在使用数字化工具和新流程时遇到的实际困难，从而及时调整策略，优化系统功能或简化工作流程。这种反馈机制能够迅速捕捉组织内的需求变化，确保数字化策略能够灵活应对市场和内部环境的变化。与此同时，公司鼓励跨部门协作，确保数字化策略符合各个业务部门的实际需求，进一步提高方案的整体适用性和执行效率。管理团队结合实际评估结果，针对短板采取有效的改进措施，如提供额外培训、优化资源配置或调整技术方案，以确保每个环节的数字化战略都具备持续改进的能力。通过持续改进，中科创达不仅能够确保数字化策略的有效性与可持续性，还可以不断积累经验，提高整个组织的数字化管理水平，保持在市场中的竞争优势。

综上所述，中科创达数字化转型理论框架如图 9 所示。

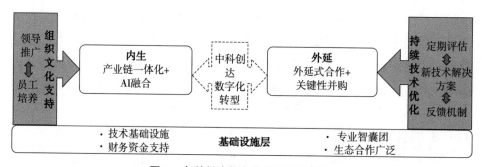

图 9　中科创达数字化转型理论框架

资料来源：作者根据调研材料分析整理。

总体来看，中科创达的数字化转型策略可以围绕"产业链一体化+AI 融合"作为内生增长的核心，结合"外延式合作+关键性并购"作为外延扩展的手段，同时以组织文化支持和持续技术优化为辅助策略。具体来说，凭借自身拥有的坚实的基础设施，一方面，中科创达的内生增长核心聚焦自主研发，如加大研发投入，推动核心技术和产品的创新，加以数字化运营如利用数据分析优化内部运营，提高决策效率和服务质量。通过数字化手段整合上下游产业链，实现资源共享和协同效应，提高整个产业链的效率和响应速度，并将人工智能技术融入产品和服务，提升智能化水平，实现自动化决策和业务流程优化。另一方面，中科创达同时着眼于外部资源整合利用，通过战略联盟、技术合作等外延式合作，与行业内其他企业建立合作关系，共享资源，实现优势互补，与科研机构和高校合作，引入最新科研成果，加速技术转化。仅仅依靠自身内生增长需要较大的时间成本并存在潜在投资风险，而同时借助并购活动这种更快获得并掌握关键行业数字技术切入新产业的方式，识别并收购拥有关键数字技术和市场份额的企业，加速了中科创达数字技术的积累和数字市场的扩张，并购后对目标企业进行整合，优化资源配置，实现协同效应。

上述内生增长核心与外延扩展手段奠定了中科创达硬件方面数字化转型的稳健基础，而组织的长期成功运营离不开软性支持性组件的协同与关键核心技术的持续创新。中科创达关注组织文化数字化培养，培养以数据为中心的企业文化，鼓励创新思维和快速迭代，提供培训和学习机会，提升员工的数字技能和创新能力；同时，公司高层领导提供清晰的转型愿景和坚定的支持，这是有效管理变革过程，确保转型策略得到顺利推行实施的关键。中科创达并不止步于通过内生增长与外延手段所掌握的数字技术，而是不断更新和升级技术，保持技术领先，并建立创新激励机制，鼓励员工参与新数字技术的研发和应用，这保障了中科创达从长远视角获得持续性转型成功。通过上述这种综合性的策略，中科创达在数字化转型的道路上实现可持续的发展。

4.2 困难与挑战

中科创达的数字化转型并非一日之功，而是一个长期积累、不断优化的过程，期间存在一系列困难和挑战，主要体现在财务、市场、员工管理以及数据安全四个方面。

第一，应收账款发生坏账。截至 2019 年末，中科创达应收账款净额 65783.70 万元，占资产总额的比例为 23.25%。应收账款已按照坏账准备计提政策提取了坏账准备。尽管公司报告期内并未出现大额坏账，但应收账款绝对金额及占总资产的相对比重仍然较高，不能排除未来出现应收账款无法收回而损害公司利益的情形。对此，公司进一步加强与客户的沟通，并通过分阶段预收款等方式控制财务风险。同时，公司注重与客户建立长期合作关系，不断为客户创造价值。另外，公司研发投入效果不及预期。作为以技术为本的操作系统厂商，中科创达十分重视研发投入。2017 年、2018 年和 2019 年公司研发投入分别为 14439.44 万元、27969.78 万元和 33901.13 万元，占同期营业收入的比重分别达到 12.42%、19.10% 和 18.56%，研发投入较高。如果中科创达研发投入未能取得预期效果，未能形成新产品和知识产权并最终取得销售收入，将对公司业绩造成不利影响。

第二，下游市场不确定性较高。智能物联网是中科创达大力拓展的战略业务。智能物联网业务具有海量的市场规模，但仍属于导入期，存在热点分散、此起彼伏的现象，不确定性较大。如果中科创达不能把握行业特点，客户拓展进度和订单数量不及预期，将对公司业绩造成不利影响。对此，中科创达组建针对不同领域的专业市场团队，加强与客户的沟通和协作，积极了解客户需求，并通过预收货款、分期采购和交付等方式进一步降低财务风险。另外，中科创达面向智能手机行业的客户主要为大型国际知名芯片厂商及终端厂商。报告期内，中科创达来自前五名客户的收入占营业收入的比重分别为 7.52%、6.68%、6.25%、4.24% 和 3.63%，客户集中度较高。对此，中科创达在不断引领和满足客户需求的同时，持续拓展新的市场和客户，努力扩大客户规模、提升自身的技术实力，为客户创造长期价值。

第三，人力资源管理风险。首先，公司最大的资产是人，而中科创达面临人才流失、人才成本越来越高等人力资源管理问题。例如，在招聘过程中人岗不匹配问题明显，数字化工具不足问题突出，传统的招聘流程长、效率低，导致公司无法及时吸引和保留关键人才。在线工具和自动化筛选系统虽然可以提高招聘效率，但忽视候选人的综合能力和潜力能力，如团队合作能力、创新思维和适应变化能力。招聘结果与组织需求存在偏差，如在高级管理职位招聘中，候选人虽简历出色，但面试表现不佳。其次，员工对数字化变革的接受度也存在显著差异，影响了数字化策略的实施效果。部分员工对新数字化工具持积极态度，但也有员工因不熟悉新技术或担忧工作地位受影响而犹豫。虽然公司采取了数字化转型的相关培训措施，但旧的培训与发展模式无法满足员工个性化发展的需求，影响了员工的职业满意度和忠诚度，尤其在培训内容的针对性和实用性方面。例如，技术开发部门需要更多关于编程语言的培训，而市场部门需要有关数字营销工具的培训，这导致资源利用低效。最后，绩效评估方法落后，过度依赖量化指标，忽略了员工软技能和团队贡献。量化指标虽便于客观评估，但无法全面反映员工在复杂问题解决、团队协作、领导力及创新能力等方面的表现，导致评估结果偏离实际工作。

第四，数据安全与隐私问题。数字化导致大量敏感数据被以电子化形态管理和存储，增加了数据泄露风险。数字化虽然提升了操作便利性和效率，但同时也要求中科创达加强数据保护措施。数据泄露可能导致法律诉讼和公司声誉损失。员工也期望提高个人数据在收集、使用和存储过程中的透明度。另外，远程工作和数字化工具普及增加了数据安全与隐私挑战。在中科创达，远程办公员工中有近30%遭遇过数据传输安全问题。中科创达需采取有效措施保护员工数据安全与隐私，维护公司信任和声誉，包括加强数据安全系统建设、提高员工数据安全意识、制定数据处理政策和流程，实现数字化转型的可持续发展。

4.3　风险管控

为了确保数字化转型的顺利进行并达到预期成效，中科创达坚持构建一个坚实的组织保障体系，以提供必要的资源和优质环境，从而有力支撑转型措施的实施，保障转型目标的顺利实现。

第一，构建支持性的领导团队。领导层不仅提供战略方向，确保转型与公司的长期目标一致，而且负责分配必要的资源，包括资金、技术和人力资源，以支持转型的各个方面。更重要的是，领导团队在促进跨部门合作、确保各部门目标和策略一致性方面发挥关键作用，这对于实现全面和协调的转型至关重要。领导团队的领导力在克服转型中的障碍方面发挥着至关重要的作用。通过有效的沟通策略，领导层能够向员工清晰地传达转型的意义和目标，激发员工的参与度和创新精神。同时，领导层在处理转型过程中的不确定性和风险方面起着关键的缓冲和引导作用，确保团队能够保持焦点、应对挑战，并在必要时进行策略调整。

为了构建一支既有远见又能深入日常运营的领导团队，中科创达采取了多方面的措施。首先，确保领导团队成员具备必要的数字化知识和技能，能够理解并领导数字化策略的实施。其次，通过定期的战略会议和工作坊，使领导团队保持对数字化趋势的敏感性，并不断调整和优化转型战略。此外，公司还鼓励领导团队成员深入了解员工的需求和期望，以及转型过程中可能面临的挑战，以确保领导决策贴近实际并能够获得员工的支持和认同。

第二，构建数字化人才队伍。数字化人才不仅对于推动和实施具体的技术解决方案至关重要，而且对于驱动创新、优化流程和提升整体业务竞争力也发挥着核心作用。中科创达采取多元化策略。首先，投入资源进行内部培训，以确保员工不仅掌握最新的技术知识，而且能够理解和适应不断变化的数字化工作环境。其次，除了内部培训，中科创达通过招聘和外部合作来引进和培养数字化人才。例如，招聘过程中重视候选人的数字技能和创新能力，同时通过与行业领先企业和教育机构的合作，不断引入新的思维和技术。最后，中科创达还强调终身学习和持续的职业发展，鼓励员工通过各种渠道保持对新技术的好奇心和学习热情，同时提供职业规划和技能发展的支持，以确保员工的成长与公司的需要相匹配。

第三，加强数字安全与隐私保护保障措施。首先，中科创达定期审查现有的安全策略和系统，将最新的加密技术、访问控制机制和数据备份策略融入所有数字化人力资源管理系统中，所有敏感信息的传输、存储与处理都必须符合严格的安全标准。其次，中科创达建立数据安全和隐私保护的内部政策，明确哪些数据可供访问、分享和使用，确保员工信息在整个生命周期都受到合理的保护。同时，为确保全体员工理解并遵循这些政策，中科创达定期开展安全意识培训，帮助员工识别潜在的网络威胁并了解最佳的安全实践。最后，中科创达建立数据泄露应急预案，包括发现、响应和补救等环节，以便在紧急情况下能够迅速做出反应，最大限度地降低损失并保护员工隐私，构筑起稳固的数据安全与隐私保护体系。

5 数字化转型成效与未来规划

5.1 数字化转型成效

在不断创新和积累中，中科创达依托高度协同的底层核心技术推动智能操作系统及技术支持智能产业布局，并取得一系列成效。

首先，总体来看，财务数据显示，作为智能操作系统平台产品的全球领军者，中科创达在数字化产业升级及全球科技变革的时代背景下，借助全球智能手机和平板电脑等智能设备渗透率提升的契机，公司营业收入从2012年的2.52亿元提升至2019年的18.27亿元，复合年均增长率达32.71%。其中，中科创达2017年营业收入为11.6亿元，净利润为0.78亿元，其客户包括华为、中兴、联想、NEC、索尼、富士通等一系列知名移动通信相关厂商。虽然传统智能设备渗透率趋于饱和，但是公司依然通过操作系统技术及人工智能技术的全球领先性，建立了"必需性""稀缺性"的优势。2023年，中科创达三大主营业务——智能软件业务、智能网联汽车业务和智能物联网业务实现营业收入38.76亿元，同比增长31.96%。其中，智能软件实现收入18.91亿元，同比增长16%，智能网联汽车实现收入17.93亿元，同比增长46%，智能物联网实现收入17.61亿元，同比增长39%，突破了智能产业发展瓶颈。

其次，智能网联汽车业务接棒移动终端成为新的增长引擎。中科创达智能网联汽车业务持续快速增长，2016~2019 年复合年均增长率高达 118.37%。汽车业务收入在公司业务收入中的占比亦逐年提升，由 2016 年的 5.45% 提升至 2019 年的 26.33%。目前，中科创达的智能汽车事业群已经发展至 700 多人的规模，汽车业务自 2013 年起每年增速均超过 100%，2017 年营收近 2 亿元，以其公司总营收 11.6 亿元计算，汽车业务占比超过 17%。

中科创达智能汽车事业群形成了以研发、平台、项目为主体结构，以 Rightware、重庆智能汽车研究院为高度协同力量的组织架构形式，与此同时，中科创达在北京、沈阳、南京等地设立的 20 多个研发中心也会为其提供技术支持。中科创达汽车业务的战略重点在于智能驾驶舱领域，目前已推出 2.0 版本，打造了智能驾驶舱解决方案。目前，中科创达在智能座舱操作系统领域处于领先地位，产品已形成良好的口碑和稳定的客户群体，智能网联汽车业务已成为公司新一代核心业务。

最后，中科创达数字化转型对内部人员管理也产生了显著影响。员工普遍认为数字化转型在人力资源管理规划方面取得了积极的成效。例如，公司利用数字化技术为员工提供了更多培训资源，提升了员工培训的效率和有效性，如通过在线学习平台，员工能够更方便地接受培训，并及时更新自己的知识和技能。又如，数字化技术改变了员工的工作流程和沟通方式。行政管理部和运营管理部的员工表示，数字化工具使日常工作更加高效。同时，数字化转型为员工提供了更多机会来发展新技能和新的职业发展途径。随着公司越来越多地采用数字技术，员工发现需要学习新技能以适应这些变化。例如，HR 经理强调了数字化技术在改进招聘和培训流程中的作用，如利用数据分析来预测人才需求和制订更有效的培训计划。

相比之下，虽然数字化通信工具改善了沟通，但对其减少面对面沟通，影响团队凝聚力和企业文化的担忧仍然存在，原因可能包括员工接受度不一和管理层维护沟通平衡的挑战。在采用数字化工具时需要谨慎平衡以保持团队的紧密联系和共享文化。薪酬福利管理通过数字化系统实现高效、透明管理，但数据安全和隐私保护问题需解决，确保员工信息得到充分保护，以增强员工信任。同时，也需要注意一些绩效管理的潜在风险，尤其是过度依赖量化指标可能带来的问题。另外，数字化转型提高了招聘效率，扩大了人才吸引范围。然而，同时也需要注意，随着数字化工具的广泛应用，如何保证招聘过程中对候选人进行全面评价，避免忽视重要非技术特质，是中科创达在未来数字化转型过程中需要继续关注和优化的方面。

5.2 未来战略规划

(1)成为整车操作系统的领军者。目前，中科创达已形成"软件定义汽车"的共识，汽车电子电气架构也经历着由分布式走向域集中，进而走向中央计算单元的融合创新的过程，并将最终走向高度集成的"中央计算+区域控制"的中央集中式架构。业内认为，一辆智能汽车的软件代码行数将会从过去的数万行增加到现在的 2 亿~3 亿行，未来再逐步增加到超过 10 亿行，这就意味着汽车软件的复杂度会快速提升。因此，一方面，中科创达将"滴水 OS"整车操作系统作为软件架构的核心，建立面向中央计算，支持多域跨域融合，融合端侧智能、基础软件、容器虚拟化、SDV 中间件等技术能力，构建的可伸缩、高算力的整车操作系统平台。另一方面，中科创达将构建面向中央计算的单 SOC 舱驾融合域控制解决方案，整合操作系统、芯片、感知、智能制造及算法等产业链战略资源，支持跨越不同芯片平台的软硬件一体化产品。中科创达充分抓住中央计算趋势带来的新一代整车操作系统新机遇，坚定战略投入，致力于成为中央计算领军者。

(2)成为端侧智能的全球赋能者。计算和通信历经过去几十年的发展变化，在交互、连接、计算和传感四个方面正经历着全新的变革。2023 年以来席卷全球的新一代智能化浪潮，不仅开启了人工智能重新定义一切的计算革命，而且推动"操作系统+端侧智能"的价值提升到前所未有的高度。混合 AI 和端侧智能的发展是大势所趋，人工智能和操作系统深入结合，必定会使边侧芯片的推理效率、推理性能和边侧的数据知识结合达到最优。

面对波澜壮阔的智能化计算革命的最新趋势，中科创达将发力于第二增长曲线(现有业务+端侧智能)以及第三增长曲线(端侧智能+创新业务)，沿着全球化布局、数字驱动、提供领先智能操作系统及端侧智能产品和技术的公司目标不断奋斗前行。例如，中科创达在移动互联网时代完成的全球领先的操作系统产品和技术公司的积累，随着混合 AI 和端侧智能的技术发展，又受益于技术革命所带来的巨大历史机遇。中科创达将充分发挥操作系统和端侧智能的全栈技术优势，一方面，将既有的产品、技术、开发等要素和端侧智能结合，另一方面，将端侧智能技术赋能于机器人、汽车、企业大脑、边缘和端侧原生设备等领域，以端侧智能为第一生产力，驱动产品、技术、组织、人才等全方位智能化变革，最终成为全球领先的端侧智能的产品、技术和应用厂商。

6 结论

在智能产业的宏观背景下，结合政策导向与行业发展态势，我们可以清晰地预见到，边缘计算、融合智能、汽车高性能计算等技术革新已成为不可逆转的趋势。中科创达通过"产业链一体化+AI融合"内生增长，结合"外延式合作+关键性并购"外延扩展，同时以组织文化支持和持续技术优化为辅助，高效整合各方优质数字资源，与合作伙伴进行协同创新及战略整合。中科创达正积极推动智能产业的布局与长远发展，为人工智能时代的计算机变革做出了杰出的贡献。这种嵌入生态、构建生态的数字化转型模式，对北京市制造业的数字化转型具有重要的启示意义，为北京市当前强调的企业数字化转型提供了有力的借鉴和参考。

参考文献

[1]田秀娟，李睿. 数字技术赋能实体经济转型发展：基于熊彼特内生增长理论的分析框架[J]. 管理世界，2022，38（5）：56-74.

[2]谢小云，左玉涵，胡琼晶. 数字化时代的人力资源管理：基于人与技术交互的视角[J]. 管理世界，2021，37（1）：200-216+13.

[3]曾德麟，蔡家玮，欧阳桃花. 数字化转型研究：整合框架与未来展望[J]. 外国经济与管理，2021，43（5）：63-76.

[4]宋立丰，郭海，杨主恩. 数字化情景下的传统管理理论变革——数据基础观话语体系的构建[J]. 科技管理研究，2020，40（8）：228-236.

[5]李立威，黄艺涵. 数字化与组织变革组态如何破解中小企业数字化转型悖论[J/OL]. 科技进步与对策，2024.

[6]王永贵，汪淋淋，李霞. 从数字化搜寻到数字化生态的迭代转型研究——基于施耐德电气数字化转型的案例分析[J]. 管理世界，2023，39（8）：91-114.

[7]张志菲，罗瑾琏，李树文，钟竞. 基于技术范式转变的后发数字企业能力建构与追赶效应研究[J/OL]. 南开管理评论，2024（网络首发）.

[8]王莉静，徐梦杰，徐莹莹，王微微. 企业数字化转型对服务化价值共创绩效的影响研究：基于合作网络视角[J]. 中国软科学，2024（6）：165-176.

[9]宋建，王怡静. 企业数字化转型是就业机遇还是替代危机：来自中国

上市公司文本分析的证据[J]. 中国软科学, 2024(4): 131-143.

[10]赵晨, 周锦来, 林晨, 高中华. 数字领头雁: 数字化共享愿景对企业数字化转型的影响机制[J]. 中国软科学, 2024(3): 129-138.

[11]王宏起, 赵天一, 李玥. 产业创新生态系统数字化转型的政策组合研究[J]. 中国软科学, 2023(10): 119-131.

[12]邱煜, 伍勇强, 唐曼萍. 数字化转型与企业供应链依赖[J]. 中国软科学, 2023(10): 215-224.

[13] Tian G N, Li B, Cheng Y. Does Digital Transformation Matter for Corporate Risk-taking? [J]. Finance Research Letters, 2022(49).

[14]Niu Y H, Wen W, Li S F. Breaking Barriers to Innovation: The Power of Digital Transformation[J]. Finance Research Letters, 2023(51).

[15] Correani A, De Massis A, Natalicchio A. Implementing a Digital Strategy: Learning from the Experience of Three Digital Transformation Projects[J]. California Management Review, 2020, 62(4): 37-56.

[16]Guo X C, Li M M, Mardani A. Does Digital Transformation Improve the Firm's Performance? From the Perspective of Digitalization Paradox and Managerial Myopia[J]. Journal of Business Research, 2023(163).

[17]Li H L, Wu Y, Wang Y C. Organizational Mindfulness towards Digital Transformation as a Prerequisite of Information Processing Capability to Achieve Market Agility[J]. Journal of Business Research, 2021(122): 700-712.

[18] Bansal A, Panchal T, Singh G. A Study of Human Resource Digital Transformation (HRDT): A Phenomenon of Innovation Capability Led by Digital and Individual Factors[J]. Journal of Business Research, 2023: 157.

竞业达智慧教育数字化生态系统转型

黄凌灵　王学成　王志亮

案 | 例 | 摘 | 要

　　大数据、人工智能、信息技术与教育深度融合，推动智慧教育行业发展已是大势所趋。本文以智慧教育行业领先企业竞业达为案例样本，系统梳理其智慧教育数字化生态系统转型的背景和前期准备，深度分析其转型过程中的关键步骤和实施方法、困难和挑战、取得的成效和未来规划。研究得出，智慧教育数字化生态系统的构建提升了竞业达的资源整合能力，有利于为客户提供高质量、一体化系统解决方案，在夯实竞业达自身核心竞争力的同时，为智慧教育行业发展做出了贡献。

0　引言

　　2023 年，中共中央、国务院印发的《数字中国建设整体布局规划》中提出，大力实施国家教育数字化战略行动，利用大数据、信息技术与教育深度融合推动智慧教育行业发展已是大势所趋。2024 年 2 月 28 日，北京市经济和信息化局印发的《北京市制造业数字化转型实施方案》中指出，发挥产业园区集群优势，鼓励产业园区提升园区数字化服务能力。在此背景下，竞业达作为业内具有先发优势的龙头企业，开始以怀来教育科技产业园为依托布局主导实施智慧教育数字化生态系统战略转型，一方面，围绕产业链上游、中游和下游构建合作伙伴生态圈，不断丰富智慧教育产品供给，提升生态圈服务能力；另一方面，利用具有自主知识产权的核心技术，对生态圈优质资源进行整合，以提升系统集成能力，为客户提供一体化解决方案，在夯实自身核心竞争力的同时，为智慧教育行业发展做出突出贡献。

1　企业简介

北京竞业达数码科技股份有限公司(以下简称"竞业达")成立于 1997 年,注册资本 14840 万元,并于 2020 年 9 月 22 日在深圳证券交易所挂牌上市,股票代码 003005。公司位于北京市海淀区中关村环保科技园内,是一家以服务科教兴国、人才强国战略为愿景,以数智化创新助力行业高质量发展为使命,依托自有核心技术,为智慧教育、智慧轨道行业提供具有自主知识产权、自主品牌的技术、产品和整体解决方案的科技公司。

1.1　发展历程

竞业达经过近 30 年的不断探索和开拓创新,已经由一家视频技术服务公司发展成为数智化赋能,为智慧教学与校园、智慧招考、产教融合、智慧轨道提供全方位整体解决方案的高科技公司。其发展历程可以分为三个阶段,如图 1 所示。

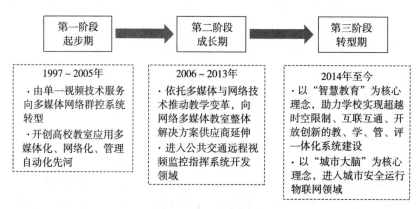

图 1　竞业达发展历程

资料来源:根据竞业达提供的资料整理。

第一阶段(1997~2005 年):起步期。竞业达的前身为 1997 年成立的北京竞业达视频技术有限公司,1998 年推出桃李 9000 闭路双控系统,开创教室多媒体交互教学先河,2001 年推出 D 时代全数字多网合一教学系统,2003 年推出录播系统,从而实现高校教室应用多媒体化、网络化和管理自动化,并在对外经济贸易大学、中央民族大学、北京理工大学等数百家高校得到应用推广。竞业达开始在业内崭露头角,并逐步成为国内网络多媒体教室建设的领军企业。

第二阶段(2006～2013 年)：成长期。围绕前期构建的先发优势和自有核心技术，竞业达从两个方向继续发力：一方面，依托多媒体和网络技术持续推动课堂教学变革，由教学系统供应商向课堂交互教学、教学资源录制、课堂教学评估、教室自动化管理、标准化考点建设等整体解决方案供应商延伸；另一方面，充分发挥自身视频核心技术优势，开始步入公共交通远程视频监控指挥系统开发领域，并取得不俗成绩，如承建国庆 60 周年阅兵村与长安街远程视频监控指挥系统，承建北京地铁大兴线、9 号线 CCTV 视频指挥系统等。

第三阶段(2014 年至今)：转型期。竞业达抓住大数据、5G、物联网等新兴技术发展契机，向智慧生态系统服务商转型升级：一方面，以"智慧教育"为核心理念构建生态系统，助力学校实现超越时空限制、互联互通、开放创新的教、学、管、评智慧教室建设，并承建北京中医药大学新校区智慧教室建设项目，带动高校智慧教室建设热潮；另一方面，以"城市大脑"为核心理念，向智慧城市领域拓展，并承建海淀"城市大脑"建设项目中的智慧海淀城市安全运行物联网项目。2018 年，竞业达工程技术研究院成立，成功研发一体化智能传感器技术。2022 年，数时代大数据研究院、产教融合研究院、竞业达科教融汇有限公司成立，研究院的核心任务是基于大数据和学科专业建设，围绕产城教融合、产科教融合，聚焦新经济、新产业、新人才培育，助力高校教育高质量发展及个性化人才培养。2023 年，竞业达怀来教育科技产业园落成，进一步引领公司实现"产教融合引领，数智化赋能人才培养全过程"战略升级。

1.2 业务板块及相关产品

围绕服务科教兴国、人才强国战略愿景和数智化创新助力行业高质量发展使命，立足用户根本需求和企业核心竞争力，竞业达已经形成"智慧教学与校园、智慧招考、产教融合、智慧轨道"四大业务板块，各业务板块在技术底座、数据资源、功能对接和客户服务等方面高度协同，为公司智慧生态系统建设奠定了扎实基础。各业务板块及相关产品如图 2 所示。

智慧教学与校园业务是以教学大数据为核心的感知、采集、监测、挖掘和分析体系，其中包括以 AI 赋能智能硬件为基础的多形态智慧教学环境，以教学数据、教学 AI、校园物联、流媒体及算力为中台的共享中心，以人才培养

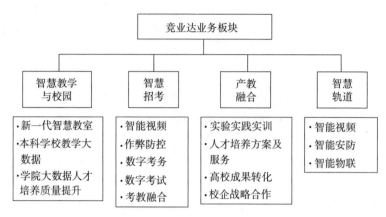

图2 竞业达四大业务板块及相关产品

资料来源：根据竞业达提供的资料整理。

方案管理、达成度数据诊断分析平台、教学大数据监测、大数据画像、专业建设认证管理系统为核心的人才培养质量服务中心等。竞业达的该业务板块已取得先发优势，打造出北京航空航天大学智慧教室、中国科学院大学智慧教室、北京物资学院智慧物联网校园、北京中医药大学模拟医院实训教学等一系列标杆项目，以其优质的产品和服务树立起公司品牌地位。

智慧招考业务基于自主研发的AI国家教育考试综合管理平台，构建智能视频、作弊防控、数字考务、数字考试、考教融合五位一体的智慧招考新生态。随着人工智能、大数据分析等新技术的发展和应用，结合招考场景及业务流程的视频智能分析、智慧考务、智慧运维、辅助决策、远程评测、智能评测市场需求快速攀升，竞业达作为最早从事国家教育考试信息化建设的企业之一，凭借行业龙头地位和先发优势，参与完成了十余个省（区、市）的教育考试综合管理平台建设。竞业达通过迭代开发不断丰富、完善智慧招考产品，拓宽智慧招考服务边界，并取得丰硕成果，如推出"云考场解决方案"、成功开发网上巡查信创和国密产品线、发布"理化生实验操作考试管理系统"等。

产教融合业务面向高等院校、职业院校提供产、学、研、用、资等一系列战略合作，具体包括实验实践实训、人才培养方案及服务、高校成果转化、校企战略合作等产品。该业务发展潜力巨大，目前已经与北京市高等教育学会、北京交通大学、北京联合大学、北京电子科技职业学院、北京交通运输职业技术学院等机构和院校建立战略合作关系；与北京交通运输职业技术学院合作共建"智慧城市产业学院";成立产教融合研究院,成功研发"智能制造、智慧城市、智慧网联、工业物联"等系列实验、实训产品。

智慧轨道业务以助力轨道行业数字化转型为责任与使命,依托竞业达智能视频、智慧安防、智慧物联等自有技术和核心产品,构建城市轨道交通智慧客运综合管理平台,以高度集成化、自动化、智能化、数字化系统为轨道交通运营企业提供乘客服务、站务管理、智慧运维、公共安全管理新工具。智慧轨道板块是竞业达传统优势产业,目前通过持续加大 AI、大数据、物联网、云计算等技术投入对产品进行迭代和赋能,取得显著效果,其中,AI 中台+应用业务平台架构已经扎实落地;AI 场景分析应用方案一期已成功上线,并荣获山东轨道交通科学技术二等奖。

经过近 30 年的开拓创新和砥砺前行,竞业达获得一系列荣誉和重量级奖项,如 2013 年被评为国家火炬计划重点高新技术企业、其智慧教育产品荣获 2021 年度教育行业产品创新突破奖、参与省报的"超大城市交通视觉大数据高校表达与运行决策关键技术与应用"项目荣获 2023 年北京市科学技术进步二等奖等。

2 智慧教育数字化生态系统转型背景

2.1 政策背景分析

近年来,随着大数据、人工智能、5G 等新兴技术的快速发展,教育信息化和智慧教育受到社会各界高度关注,相关政府部门围绕教育信息化、大数据和人工智能技术赋能教育行业、产教融合等方面制定、颁布了一系列政策文件。

2017 年 7 月,国务院发布的《新一代人工智能发展规划》中提出,"利用智能技术加快推动人才培养模式、教学方法改革,构建包含智能学习、交互式学习的新型教育体系。开展智能校园建设,推动人工智能在教学、管理、资源建设等全流程应用。开发立体综合教学场、基于大数据智能的在线学习教育平台"。

2018 年 4 月,教育部发布的《教育信息化 2.0 行动计划》中指出,"持续推动信息技术与教育深度融合","构建一体化的'互联网+教育'大平台"。

2019 年 2 月,中共中央办公厅、国务院办公厅颁布的《加快推进教育现代化实施方案(2018-2022 年)》中进一步指出,"创新信息时代教育治理新模式，开展大数据支撑下的教育治理能力优化行动，推动以互联网等信息化手段服务教育教学全过程。加快推进智慧教育创新发展，设立'智慧教育示范区'"。

2022年9月，教育部发布《关于教育领域扩大投资工作有关事项的通知》，将学校数字化建设列为教育部专项贷款重点扶持范围，具体包括校园网络及信息管理系统提档升级、信息中心建设、智慧校园、智慧教室、数据中心的国产代替以及实验实训等。

2023年2月，中共中央、国务院发布的《数字中国建设整体布局规划》中提出，"推动数字技术和实体经济深度融合"，其中，实施教育数字化上升为国家战略行动。

2023年6月，国家发展改革委、教育部、工业和信息化部、财政部、人力资源和社会保障部、自然资源部、中国人民银行、国务院国有资产监督管理委员会联合发布的《职业教育产教融合赋能提升行动实施方案（2023-2025年）》中提出，"通过'十四五'教育强国推进工程，安排中央预算内投资支持一批产教融合实训基地建设，提升职业院校产教融合实训水平"；"引导企业深度参与职业院校专业规划、教材开发、教学设计、课程设置、实习实训，实行校企联合招生、开展委托培养、订单培养和学徒制培养，促进企业需求融入人才培养各环节"。

由此可见，在《数字中国建设整体布局规划》大背景下，大数据、信息技术与教育行业深度融合已是大势所趋，国家教育数字化战略行动将带动各方力量共同参与智慧教育行业投资与建设，智慧教育行业在面临较好政策环境的同时，行业竞争态势也将进一步加剧。

2.2 行业背景分析

智慧教育是指将现代信息技术全面深入地运用于教育领域[①]，以促进教育变革与发展的过程。智慧教育通过数字化方式，将教、学、评、练、研、训、维、考等环节信息化，并依托信息技术对传统教育教学进行流程再造，一方面，优化传统教育教学中的无效、低效环节，提高学生、教师和教学管理时效和教学质量；另一方面，获取教育教学全过程数据，从而关注人才培养全过程，以确保专业设置、课程内容设计、人才培养目标与市场需求紧密结合，为

---

① 教育领域包含教育管理、教育教学和教育科研。

我国社会主义现代化建设提供各层次合格人才。与此同时，智慧教育以其数字化、网络化、智能化和多媒体化技术特征，可以构建开放、共享、交互、协作的平台，吸引各界人士共建共享，最大限度避免重复建设，提高智慧教育行业投资效率。目前，我国智慧教育行业发展主要有以下三方面特征：

第一，智慧教育行业市场空间和发展潜力巨大，财政性支出稳步增长。根据教育部《2022年全国教育事业发展基本情况》数据，截至2022年底，全国共有各级各类学校5185万所；各级各类学历教育在校生2.93亿人，比上年增长0.69%；专任教师1880.36万人，比上年增长35.99万人，同比增长1.95%。国内庞大的教育规模、层次丰富的各类各级学校、数量众多的教师和学生将催生出大量智慧教育需求，为智慧教育行业提供广阔发展空间。

智慧教育开放、共享、交互、协作的特点对于教育现代化、教育公平具有巨大推动作用。国家相继出台一系列文件，如《中国教育现代化2035》《加快推进教育现代化实施方案（2018-2022）年》《教育信息化2.0行动计划》等，以确保财政资金对教育信息化的投资力度，并带动社会资本积极参与对智慧教育行业的投资。教育部发布的《教育信息化十年发展规划（2011-2020年）》中明确要求，教育信息化列支比例不得低于教育经费的8%。表1所示为2016～2022年我国财政性教育经费情况。由表1可知，我国财政性教育经费呈逐年稳步增长趋势，据此可以推测我国财政性教育信息化支出也在稳步增长。由于智慧教育在优质教育资源共享，进一步推动教育公平化等方面存在巨大潜能，因此未来财政性支出在购置智慧教育类产品方面将呈现大幅增长态势。

表1　2016～2022年我国财政性教育经费情况

年份	2016	2017	2018	2019	2020	2021	2022
全国财政性教育经费(亿元)	31396	34207	36995	40046	42891	45835	48478

资料来源：全国财政性教育经费来自教育部，财政性教育信息化支出根据全国财政性教育经费乘以8%计算得出。

第二，智慧教育行业已经进入全新发展阶段，数字化赋能、教育智能化成为这一发展阶段的主要特征。国家教育数字化战略行动作为当前我国教育改革的核心和重大工程，引领着各级各类学校教育数字化转型和智能升级。一方面，通过国家智慧教育公共服务平台创新数字资源供给模式，吸引各方参与共建智慧教室和智慧课堂，如通过可视化数据对教育行业进行流程再造，从而改进教学模式、学生学习和评价方式，为学生个性化学习提供途径，进一步提高人才培养与市场需求之间的适配度，拓展人才培养质量提升空间；另一方面，利用大数据、云计算、5G、物联网等新兴技术，构建基于数据的教育治理新模式，优化国家教育治理公共服务、综合管理和协同监管职能。

由此可见，我国教育信息化已经由信息化设备与教学应用、信息化支撑与教育赋能过渡到信息化引领教育变革阶段，这一阶段的核心任务是以数字生态系统建设为核心重塑教育形态，探索更为有效、智能、公平的教育教学环境，为我国人才强国战略奠定扎实基础。

第三，智慧教育在高素质技能人才培养领域迅速推广，政府积极鼓励社会各界优质教育教学资源通力合作、协同育人，群策群力提高职业技能人才培养质量。培养高素质技能人才是我国产业升级的核心环节和重要举措之一。习近平总书记在党的二十大报告中明确指出，要"统筹职业教育、高等教育、继续教育协同创新，推进职普融通、产教融合、科教融汇，优化职业教育类型定位"。智慧教育是实现职普融通、产教融合、科教融汇的有效手段之一，如通过数字平台促进校企合作，将产业端资源与教育端资源高效融合；利用信息技术构建智能化实习实训基地，助力各级各类院校共享优质实训资源，促进产业需求与职业人才培养深度融合等。由此可见，智慧教育在高素质职业技能人才培养方面将大有可为，通过数字化、人工智能等新兴技术实现学校与企业优质资源的链接，从而促进技能人才培养与产业需求的深度融合是智慧教育的重要发展方向。

3 智慧教育数字化生态系统转型的前期准备

智慧教育行业可分为智慧教学与校园、智慧招考、产教融合三个细分市场。竞业达的业务架构中，各个细分业务相互独立，但在技术支持、资源共享等方面高度协同，以便形成合力，参与市场竞争。在智慧教育数字化生态系统转型之前，需要对其细分行业竞争情况展开分析。

3.1 行业竞争分析

3.1.1 智慧教学与校园行业竞争分析

目前，我国智慧教学与校园行业仍存在较大市场空间和发展潜力。以高等院校为例，2020年，中国高等教育学会教育信息化分会对1171所高校的信息化情况展开调查并发布《中国高校信息化发展报告（2020）》，调查数据显示，一流大学建设高校的智慧教室覆盖率为17%，一流学科建设高校的智慧教室覆盖率为12%，其他普通高校的智慧教室覆盖率为7%，高职院校的智慧教室覆盖率仅为6%。随着教育信息化向数字化、智慧化深度推进，智慧教室将在各级各类学校得到推广和普及，因此智慧教学与校园行业面临较大发展潜力。

教育信息化市场主要由各学校自行主导建设，定制化要求较多，缺乏统一的标准规范。市场参与者多数是围绕学校传统教学环境提供通用设备、单一产品和同质化方案，因此准入门槛低，许多硬件产品生产商、系统集成商及互联网企业参与其中，市场处于低水平充分竞争阶段。进入智慧教学与校园建设阶段后，学校开始要求厂商具备软件开发、硬件开发、系统整合、顶层设计、运营维护等综合能力，因此市场进入门槛较高，并逐步向具有自主知识产权、自主研发能力、深入了解教育业务的专业服务商聚集。

目前，竞业达在智慧教学与校园行业的主要竞争对手为科大讯飞股份有限公司（以下简称"科大讯飞"）、拓维信息系统股份有限公司（以下简称"拓维信息"）。其中，科大讯飞成立于1999年12月，该公司深耕教育领域多年，已经形成智考、智学、智课、智校等一系列智慧教育产品；拓维信息成立于1996年5月，其主营业务包括软件云服务、自主品牌服务器及PC业务，产品涵盖政企数字化、智能计算、鸿蒙生态等，在数字政府运营商、智慧考试、智能交通、AI制造、智慧教育等行业已服务客户1500余家，为客户提供全栈国产数字化解决方案和一站式全生命周期综合服务。

3.1.2 智慧招考行业竞争分析

智慧招考行业是智慧教育的重要细分市场。我国于2007年开始启动第一轮标准化考点建设工作。2017年，随着《国家教育考试综合管理平台建设指南》《国家教育考试网上巡查系统视频标准技术规范（2017版）》出台，第二轮标准化考点建设工作正式开始。根据2021年教育部办公厅发布的《教育部办公厅关于全面开展国家教育考试综合管理平台建设工作的通知》要求，"到2025年，基本建成国家、省市、考区、考点、考场五级应用的国家教育考试管理与服务信息化支持平台，以实质性整合各类业务系统，实现对教育考试的全局统一指挥、全城分级管理、全城实时监控，实现考生、试卷两大数据流的动态管理，实现各类考试管理指挥的一体化、可视化和即时化"。根据教育部数据，2023 年全国高考报名人数为 1291 万人，比 2022 年增加 98 万人，2023 年研究生报考人数为 474 万人，考试人群庞大且保持增长态势，现有智慧考场规模、完善程度与需求之间存在较大差距，还需要投入大量人力、物力和财力，标准化智慧考场建设市场规模将不断增长。

目前，竞业达在智慧招考行业的主要竞争对手为成都佳发安泰教育科技股份有限公司（以下简称"佳发教育"）、杭州恒生数字设备科技有限公司（以下简称"杭州恒生"）等。其中，佳发教育成立于 2002 年 10 月，其主营业务为具有自主知识产权和自主品牌的教育数智化产品，涵盖智慧考试和智慧教育两大系列；杭州恒生成立于 2002 年 12 月，公司主营业务是为公共安防、交通、教育等行业提供数字监控产品和行业解决方案，其智慧招考产品涵盖教育考试网上巡查系统和全自动录播系统等。

3.1.3　产教融合行业竞争分析

2023 年 6 月，国家发展改革委、教育部、工业和信息化部、财政部、人力资源社会保障部、自然资源部、中国人民银行、国务院国有资产管理委员会等部门出台《职业教育产教融合赋能提升行动实施方案（2023—2025 年）》，提出建设产教融合实训基地、深化产教融合校企合作、健全激励扶持组合举措等重点任务，统筹推动教育与产业协同发展。各级院校逐步重视对标企业现实需求开展人才培育，实践教学在人才培育中的重要作用愈加凸显。在此背景下，各级各类学校对实践教学信息化、系统化解决方案的需求迅速增加。目前，该行业尚处于发展初期，具备垄断地位的行业龙头企业尚未出现。

3.2　战略规划

在未来不确定的宏观环境中，数字化、智慧化是教育行业确定的发展方向，人才强国是我国确定的国家战略。竞业达以服务科教兴国、人才强国国家战略为愿景，以数智化创新助力行业高质量发展为使命，为智慧教育行业用户提供数智化产品与服务，引领行业创新发展。

竞业达将以使命愿景为驱动，从用户根本需求出发，以场景定位产品推动研发实现，充分发挥公司底座+技术场景融合能力+垂直行业应用优势，以数智化创新赋能行业数字化转型升级；充分发挥公司教育属性和产业优势，以智慧城市产业学院为模式，赋能学校课程建设、专业建设、学科学院建设，拓展产教融合场景，构建智慧教育数字化生态系统，引领智慧教育行业创新发展。

3.3 研发组织架构

聚焦"科技创新+助力产业升级+赋能行业高质量发展"，竞业达需要在核心技术上获取领先地位，不断研发具有自主知识产权的核心技术。在此背景下，围绕智慧教学与校园、智慧招考、产教融合、智慧轨道四大业务板块，竞业达建立了以研究院为依托的开放式研发组织架构，吸引行业专家与公司核心研发骨干精诚合作，共同赋能智慧教育与智慧轨道行业高质量发展。竞业达研发组织架构如图3所示。

图3 竞业达研发组织架构

资料来源：公司内部资料。

目前，竞业达已经成立了智慧教学与校园研究院、智慧招考研究院、轨道交通研究院、工程技术研究院、数时代大数据研究院和 AI 中心六个研发机构，聚集了大量行业专家、业内知名人士，组建研究团队，承担智慧教育领域 AI 算法、云计算、大数据和物联网等核心技术研发任务。

4 智慧教育数字化生态系统转型过程

4.1 关键步骤和实施方法

4.1.1 搭建中台

智慧教育需要突破信息孤岛，充分发挥大数据和人工智能在教育教学全业务流程中的核心作用，构建开放、共享、协同的教育教学场景和一体化解决方案。竞业达作为业内具有先发优势的企业，充分发挥具有自主知识产权的中台技术特长，以中台战略为核心，促使平台、中台与前端硬件协同发展，为客户提供全角色、全业务、全场景的系统解决方案。以智慧教学与校园产品为例，竞业达围绕用户需求搭建基础层、中台层、平台层、业务层和用户层架构，具体如图 4 所示。

用户层	校长/院长	教务处	任课教师	学生	信息中心
业务层	教学听课巡课 教学能力&教学成果监控 教学整体运行状态监控 专业成果	听课巡课/巡考监考 教学过程常态化监控 督导/本科审核评估 教师发展/学生成长	线上线下授课 教学过程管理 课堂设备使用 评教/评学	课堂学习 线上学习复习 线上线下考试 评教/评学	运维巡检 远程管控 保修工单 资产管理
平台层	课堂教学质量监控与评估 平台			教学 中心	运维 平台
中台层	教学数据 中台	知识 中台	教学AI 中台	物联 中台	流媒体 中台	算力 中台
基础层	录播	高清录像机	超清中控	智慧互联黑板	智能桌面	触控大屏
	AI边缘计算网关	电子班牌	环境管控终端	智能物联网关	智能门锁

图 4 竞业达智慧教学与校园架构

资料来源：竞业达 2023 年年报。

由图 4 可知，基础层为具体的操作场景，也是智慧教学与校园数据的主要来源；中台层是对基础层数据的标准化处理与整合，具体包含教学数据中台、知识中台、教学 AI 中台、物联中台、流媒体中台、算力中台；平台层包括课堂教学质量监控与评估平台、教学中心、运维平台，是围绕具体应用场景的解决方案，通过对中台数据的整合和优化计算，支撑业务层各类业务处理及应用；用户层可以基于用户身份开放其所涉及的业务处理权限。

从图 4 可见，竞业达以数智化赋能硬件和应用平台，以中台为核心提升竞争维度。其中台架构一方面有利于夯实自身核心竞争力，为客户量身定做一体化、个性化的系统解决方案；另一方面有利于围绕用户需求，构建开放、合作、共享的业务生态系统，吸引生态圈伙伴共同参与智慧教育行业建设，从而实现优势互补、合作共赢。目前，竞业达已经与百度文心一言签署生态合作伙伴协议，将通过百度智能云接入文心一言 AI 功能，以人工智能赋能智慧教育行业发展。

4.1.2　合作共建

　　竞业达智慧教育数字化生态系统的构建离不开合作伙伴的参与和支持，围绕产业链上游、中游和下游搭建生态系统，结合各自优势和特长，从硬件、软件、解决方案和技术研发等方面精诚合作、优势互补，为客户提供高质量的产品和服务。智慧教育行业产业链构成如图5所示。

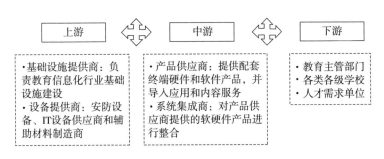

图5　智慧教育行业产业链构成

资料来源：作者根据竞业达提供的资料整理。

　　智慧教育行业产业链上游为信息化基础设施提供商和设备提供商。其中，基础设施提供商负责教育信息化行业基础设施建设，服务商包括中国移动、中国联通、中国电信等电信运营商和华为、中兴等网络设施服务提供商，目前该领域已经形成高度垄断的寡头竞争格局；设备提供商包括安防设备、IT设备供应商和辅助材料制造商等，具体产品涵盖前端数据和视频采集设备、传输设备、控制设备、显示设备、存储设备、网络设备以及网线、机柜等辅助设备，目前该领域供应商较为庞杂，产品更新迭代快，市场竞争充分。相对于产业链上游基础设施提供商而言，竞业达的议价能力并不强，但由于相关产品服务和市场价格比较透明，且存在比较强有力的竞争对手，因此竞业达能够获得较为稳定的上游配套支持。规模庞大的设备供应商作为竞业达智慧教育生态系统中的上游合作伙伴，为系统解决方案提供安防、IT设备和辅助材料，充分保障解决方案的顺利实施和运行。

　　智慧教育行业产业链中游为产品供应商和系统集成商。其中，产品供应商负责提供配套终端的硬件和软件产品，并导入相关应用和内容服务，其产品既包括交互智能平板、电子白板、录播设备等硬件，又包括考试系统、阅卷系统、英文自动纠音等软件；系统集成商主要负责对产品供应商提供的软件和硬件进行整合和系统集成，以服务客户不同场景需求。目前，由于产品供应商规模庞杂、产品类型多样且各具特色，因此需要系统集成商对不同产品进行整合并作为接洽方参与下游客户招标，向客户提供一揽子解决方案。竞业达作为产业链中游的核心企业，拥有较强的资源整合和系统集成能力，具备建立智慧教育数字化生态系统的必要条件。

智慧教育行业产业链下游主要为教育主管部门、各类各级学校和人才需求单位。由于相关市场需求主要由财政资金投资驱动，且教育信息化已经被纳入国家整体发展战略，因此该领域在资金和政策上均处于良好发展态势。目前，竞业达采用与国内优秀院校、教育协会战略合作方式，夯实数字化生态系统框架，共同探讨智慧教育行业发展方向和应用场景，如与北京工业大学共建北京教育信息化协同创新研究中心，并联合组建北京教育信息化协同发展联盟；与北京联合大学联合成立教育教学质量提升大数据协同创新中心和智慧城市产教融合创新中心；与北京电子科技职业学院联合成立智慧教育协同育人创新中心；与陈经纶教育集团联合成立智慧教育协同创新中心；与北京交通运输职业学院共同打造智慧城市产业学院；与昌平职业学校联合成立竞业达科教产城融合工程师学院；与北京交通大学、对外经贸大学、北京物资学院等学校达成战略合作；与全国中医药教育发展中心、北京市高等教育学会、北京高教保卫学会建立战略合作关系；独家冠名第 27 届高教博览会等。

合作共建是竞业达智慧教育数字化生态系统构建的主要方式。由于智慧教育行业属于新兴行业，产品架构和业务模式尚处于研发创新、各方磨合阶段，合作共建可以集合各方优势力量共同参与开发，在集约化使用有效资源的同时，增加智慧教育产品与市场需求之间的契合度。

4.1.3　资金支持

智慧教育行业目前正处于成长期，行业竞争不断加剧。竞业达在教育信息化领域深耕多年，积累了丰富的经验和核心技术，凝聚了一批高水平研发团队和优秀人才，构建了比较完整的合作伙伴生态圈，为智慧教育数字化转型奠定扎实基础，但还需要不断提升产品和解决方案的市场竞争力，以核心技术为依托拓展更大市场空间，因此存在持续投入需求。

2023 年，竞业达发布公告宣布，向不超过 35 名（含）特定投资者进行定向增发，发行数量不超过本次向特定对象发行前公司总股本的 30%（即不超过4452 万股），募集金额不超过 46817.9 万元，用于智慧教育行业产品开发和产教融合共建项目，具体如表 2 所示。

表2　竞业达2023年定向增发资金用途　　　　　　单位：万元

序号	项目名称	项目总投资金额	拟使用募集资金金额
1	基于产教融合的实验实践教学产品研发和产业化项目	18527.90	18527.90
2	多模态教育大数据产品研发及产业化项目	13979.00	13979.00
3	面向行业应用的新一代人工智能技术研发中心建设项目	9311.00	9311.00
4	补充流动资金	5000.00	5000.00
	合计	46817.90	46817.90

资料来源：竞业达《2023年度向特定对象发行A股股票募集说明书》。

由表2可知，定增资金将以项目为依托，以大数据、人工智能技术为核心，构建更为完善的智慧教育数字化生态系统，从而全面提升竞业达的技术水平、研发能力和行业地位。

4.2　困难和挑战

竞业达智慧教育数字化生态系统的构建并非一日之功，而是一个长期积累、不断优化的过程，其在构建过程中存在一系列困难和挑战，主要体现在以下两方面：

第一，基于微观教学数据的智慧教育业务闭环难度较大，尚需大量基础数据、优化算法支撑。智慧教育业务的底层逻辑是围绕市场需求确定人才培养目标，利用大数据、人工智能、5G、物联网等新兴技术，结合社会优质教学资源搭建符合人才培养目标的各类教学场景和教学评价反馈体系，为高质量人才培养奠定扎实基础。由此可见，大数据和人工智能赋能是智慧教育的内核，一方面需要数据化的教学资源(如内容资源、平台资源等)搭建个性化教学场景，以符合新时代学生的学习习惯，并利用5G、互联网技术扩大优质教学资源的传播面，促进优质教学资源共享和教育公平；另一方面利用教师教学、学生学习过程中形成的数据轨迹，通过优化算法评价和衡量人才需求、人才培养目标与人才培养质量之间的适配度，并根据评价结果对教育全过程进行迭代升级。因此，基础数据和优化算法是智慧教育行业发展的核心，涉及对传统教学模式的重构和颠覆性创新，如按照知识图谱对学科知识点进行系统梳理和逻辑重构，并通过平台数字化形式呈现，以达到开放、资源共享目的；采用"线上+线下"、翻转课堂、数字化实验实训等形式丰富教学模式，吸引学生兴趣，将课程学习由教师填鸭式教转变为学生带着兴趣自主学。

教学微观基础数据(尤其是学生个体的个性化学习数据)的获取难度较大，涉及对大量课程知识点、教学方法、教学模式、教学评价体系和教学行为展现形式的整合与重构，并需要得到各类各级学校教务处、广大师生的认可和推广，因此对原有教学习惯的颠覆性变革有可能遇到一定阻力。与此同时，优化算法(如人才需求与人才培养适配度)缺乏教学过程微观个体数据支撑，其分析深度和分析结果的精确度难以保障，AI算法模型优化迭代有效性也将降低。

第二，智慧教育数字化生态系统各参与方和利益相关方责任分担、利益共享机制构建尚需磨合和优化。智慧教育数字化生态系统构建参与者众多，包括教育管理部门、各类各级学校等需求方，以及基础设施、硬件设备、软件开发、系统集成、解决方案等供应商。其中，各类各级学校作为基础数据提供者，通常深度参与数字化教学资源、数字化课程开发设计，以智慧教育产品使用者和内容供应方双重身份出现；教育管理部门既是智慧教育管理系统的需求方，又是行业发展方向的引导者、政策制定者和监督者；硬件设备、软件开发、系统集成、解决方案供应商存在前向一体化和后向一体化的可能性。由此可见，智慧教育行业各参与方、利益相关方存在比较明显的身份重叠、利益交叉现象，其责任分担、利益共享机制更趋复杂，需要不断磨合与优化。

5 智慧教育数字化生态系统成效与未来规划

5.1 取得的成效

在不断创新和积累中，竞业达依托高度协同的底层核心技术推动智慧教育产业布局，并取得一系列成效。

第一，智慧教育产品不断丰富，聚焦垂直细分市场的一体化综合服务能力不断提升。竞业达一直坚持技术创新引领发展战略定位，与生态圈合作伙伴一起推动教育信息化、数字化和智能化转型。一方面，不断丰富智慧教育类产品，增加智慧教育资源供给，如以知识图谱、AI、大数据、优化模型为依托构建的新一代智慧教室、课程平台、教学数据中台、物联中台和知识中台，以数智化理念构建的新一代智慧实验室、实验教学与管理平台，基于知识图谱技术的图库、组卷、制卡、考务、在线考试、阅卷、归档、大数据分析等考试与评价系统，以大数据模型构建的服务状态数据采集与分析平台、教学质量常态监控与评价平台、本科教育教学审核评估平台、专业建设认证与管理系统等，围绕标准化考场建设的智能巡查系统、考试终端系统、无线作弊防控系统、可视化应急指挥系统、智能保密系统、试卷跟踪系统、云考场等。另一方面，基于数字化产品供给为客户提供一体化、综合解决方案能力不断提升，智慧教育行业的竞争态势正在由产品竞争转化为生态系统竞争。依托自有核心技术和平台能力，与高校等生态伙伴紧密合作，快速构建基于应用场景的业务平台和产品服务矩阵，为客户提供高品质一站式交付服务已经成为竞业达的核心竞争优势。

第二，数据资源不断夯实，数据价值不断显现，为客户提供高价值服务能力不断提升。数据是智慧教育行业的关键生产要素，只有对真实场景数据进行开发利用才能实现数据价值。目前，竞业达在全国各地已经拥有近 40 万间智慧教室，面向本科学校和二级学院推出大量大数据产品（如本科高校大数据产品 1.0 版、基于 OBE 理念的二级学院产品 1.0 版等），具备在教、学、管、评、测业务流中挖掘数据，实施大数据开发应用的基础，能够为客户提供高价值数据服务。

第三，公司已经具备行业先发优势，用户黏性增加，品牌价值不断凸显。智慧教育行业属于先发优势较为明显的行业，业内经验是取得用户信任的关键因素之一。经过近 30 年的潜心发展和不断创新，竞业达已经具备比较明显的先发优势，其智慧招考产品和解决方案覆盖 29 个省级区域，在众多国家教育考试实践中得到各级教育考试机构的高度认可；智慧教学与校园产品累计服务数百所高校、职业院校和数千所中小学校，始终保持技术领先地位。公司品牌价值不断提升，并获得 2021 年度教育行业产品创新突破奖。

5.2　未来规划

未来，竞业达将持续坚持"数智化赋能"和"产教融合"两大发展方向深耕智慧教育领域。在数智化赋能方面，将持续提升视频 AI、语音 AI、语义 AI 等技术开发和综合应用能力，基于智慧教室、智慧教学平台形成的教学数据，智能分析学生学习过程中的薄弱知识点，为学生自动推送个性化学习资源（如课堂视频片段、测验题、作业等），构建智教、智学、智练体系；基于多模态、多维度教学数据，利用 AI 技术针对每个学生提供个性化学习计划，构建虚拟智能导师和智能助教；基于大数据形成的知识图谱和学生对知识点的掌握情况，以数智导师形式生成教学视频，构建千人千面的个性化教学模式，以 AI 赋能提高人才培养质量。在产教融合方面，将聚焦智能网联、智能制造、智慧城市、工业物联、轨道交通、信创产品、应急安全和新能源八大方向，构建新一代电子信息信创安全人才培养基地、智能硬件安装调测实践基地、新能源方向人才培养培训基地、智能网联车路协同实践基地；持续推动与高等院校、职业院校及电子信息、新能源行业头部企业合作，打造仿真实验平台，为学生量身定做实验实训课程。

6 结论

从宏观经济环境、政策导向和行业发展态势可知，大数据、云计算、AI技术赋能教育行业已是大势所趋，智慧教育将重构各类各级学校人才培育模式，为我国人才强国战略奠定扎实基础。竞业达依托具有自主知识产权的核心技术和行业竞争优势，围绕智慧教育行业产业链上游、中游和下游搭建数字化生态系统，一方面可以有效整合各方优质资源，鼓励各参与方各尽所长，丰富智慧教育产品供给，共同将智慧教育行业做大做强，并在一定程度上避免资源重复建设和行业无序竞争；另一方面可以进一步夯实自身资源整合能力，快速提升智慧教育产品系统化、集成化服务水平，为客户提供高质量、一体化、系统性智慧教育解决方案。

参考文献

［1］陈剑，黄朔，刘运辉. 从赋能到使能——数字化环境下的企业运营管理［J］. 管理世界，2020（2）：117-127.

［2］李树文，罗瑾琏，胡文安. 从价值交易走向价值共创：创新型企业的价值转型过程研究［J］. 管理世界，2022（3）：125-144.

［3］刘海兵，刘洋，黄天蔚. 数字技术驱动高端颠覆性创新的过程机理：探索性案例研究［J］. 管理世界，2023（7）：63-99.

［4］陶锋，王欣然，徐扬，朱盼. 数字化转型、产业链供应链韧性与企业生产率［J］. 中国工业经济，2023（5）：118-136.

［5］赵宸宇，王文春，李雪松. 数字化转型如何影响企业全要素生产率［J］. 财贸经济，2021（7）：114-129.

［6］杨金玉，彭秋萍，葛震霆. 数字化转型的客户传染效应——供应商创新视角［J］. 中国工业经济，2022（8）：156-174.

［7］王永贵，汪淋淋，李霞. 从数字化搜寻到数字化生态的迭代转型研究——基于施耐德电气数字化转型的案例分析［J］. 管理世界，2023（8）：

91-114.

[8]杨汝岱, 李艳, 孟珊珊. 企业数字化发展、全要素生产率与产业链溢出效应[J]. 经济研究, 2023(11): 44-60.

[9]徐翔, 赵墨非, 李涛, 李帅臻. 数据要素与企业创新: 基于研发竞争的视角[J]. 经济研究, 2023(2): 39-56.

[10]Gu M, L. Yang, B. Huo. The Impact of Information Technology Usage on Supply Chain Resilience and Performance: An Ambidexterous View [J]. International Journal of Production Economics, 2021(232): 107956.

[11] Goldfarb A, C. Tucker. Digital Economics [J]. Journal of Economic Literature, 2019, 57(1): 3-43.

[12]Verhoef P C, T. Broekhuizen, Y. Bart, A. Bhattacharya, J. Q. Dong, N. Fabian, M. Haenleinc. Digital Transformation: A Multidisciplinary Reflection and Research Agenda [J]. Journal of Business Research, 2021(122): 889-901.

数字经济背景下时代光华的数字化转型过程、成效与经验

张淑谦　吴　丹　谢朝阳

案｜例｜摘｜要

数字技术是企业数字化转型发生的基础，具有重要的战略价值。构建有效的数字化平台是企业数字化转型的主要实现方式。时代光华作为我国教育服务业排名数一数二的企业，在数字技术的支持下，通过 IT 架构的持续升级，构建有效的数字化平台，基于数据驱动，提升了企业数字化产品与服务的适用性，打造数字化产品的实施交付和服务优势。时代光华基于自主研发的 E-learning 系统及其平台的构建，不断推进 E-learning 平台的生态化、行业化、价值化和混合化，以顺应数字化发展的时代趋势，实现了快速推进企业数字化架构体系的升级目标，并基于公司 20 多年的数据积累和行业经验，以消费端数据全面推动企业数字化产品的开发，将数字技术融入企业业务全过程，有效提升了与客户的深度合作，不断实现企业的数字化转型升级，构建了数字经济背景下时代光华的核心竞争优势，为我国企业的数字化人才培训提供了有效支撑。

0　引言

习近平总书记在党的二十大报告中强调，加快发展数字经济，促进数字经济和实体经济深度融合。加快建设数字中国，推动互联网、大数据、人工智能与实体经济的深度融合，构建数字驱动的产业新生态。数字技术对于企业的生产方式、组织形态等都具有颠覆性的影响（Nambisan 等，2017），当今社会进入数字经济时代，以人工智能、云计算、大数据等为代表的新兴信息技术的发展促使企业不断探索转型路线，从而在面对更多机遇和挑战时获取新的竞争

优势。

数字技术与实体经济不断融合，企业数字化转型为我国经济社会高质量发展注入了新动能，带来了企业各方效用的改善，极大地提高了企业的资源配置效率，释放了传统企业的创新潜力。目前，我国企业数字化转型处于深入探索阶段，成功率仍相对较低。如何提高企业数字化转型的成功率，是现阶段企业管理研究的重要课题之一。我国企业已深刻意识到实体经济与数字技术的融合是形成企业核心竞争力的关键，纷纷在生产、研发、制造、管理等领域加快了数字化转型步伐。与制造业相比，服务业的产出一般不具备实物形态，缺少规模经济性，生产率相对较低，但由于我国数字化转型发端于服务业，因此总体来看，我国服务业的数字化渗透率最高，其数字化转型具备天然的优势。鉴于我国教育服务业的高速增长期尚未结束，其对经济的稳定增长具有较大的拉动作用，时代光华作为一家从事教育服务业的企业，揭示其数字化转型特征，可以为我国同类企业提供可借鉴、可复制的数字化转型模式，对我国服务业的数字化转型和我国制造业企业的员工数字化培训都有一定的理论和实践意义。同时，面对新形势新任务，充分释放数字技术对企业转型升级的赋能作用是推动中国经济高质量发展的首要目标。

1 企业简介

"旦复旦兮，日月光华。"时代光华（Times Bright Cre-Success，TBC）的前身是 2000 年成立的北京时代超越，2002 年更名为时代光华，示意让时代之光创造成功、成就卓越。在 508 位时代光华人的眼里，知识可以改变命运，学习可以成就未来。"让学习成就卓越"是时代光华矢志不渝的使命，历经 23 年的沉淀，时代光华已经成为了一家由多个成员公司组成的综合性教育集团，主要业务范畴涉及技术开发与服务、数字内容制作服务、企业管理咨询等。目前，时代光华 SaaS 学习平台覆盖的企业数已超过 1333 万家，累计服务 10 万家企业和组织，拥有自有版权的课程超 5000 门，高频使用课程 3000 余门，客户覆盖我国东北、华北、华南、华东、华中、西部大区等区域。公司以"E-learning+"混培项目为核心业务，近三年平均营收规模约 1.5 亿元，处于行业领先地位。

历经 20 多年，时代光华进行了多次战略调整，从最初的学习资源提供商成为组织线上线下解决方案的综合服务商，目前正朝着个人和组织价值双提升的数字化方案服务提供商的目标努力。2023 年，时代光华在巩固自身企业用户优势地位的基础上，开始向消费者市场全面发力，打造集团新业态，并致力于将最新的 AI 技术运用到课程讲授中。未来，时代光华将通过多维度战略布局，在线下实体用户领域谋求更大的突破，构建一个具有创新力和影响力的业务生态体系，成为多赛道并行发展的企业，以充分发挥企业承载的教育强国使命。

1.1 业务架构

时代光华基于业务细分领域，设置了多元化的业务架构，如图 1 所示。顶层设计以各个专业公司及核心业务公司为主，上游为提供产品的专业公司，采取一个公司多种制度的形式；中游为共享业务机构，充分发挥资源共享优势，实现与客户的深度协同发展；下游为负责运营的专业公司，实现了产品和服务直达用户，快速响应客户的培训需求和客户自我业务发展的要求，通过对客户企业的有效培训，赋能客户企业自身的培训拓展，形成与时代光华双向奔赴的培训业务循环，进一步丰富了时代光华的培训服务产品。

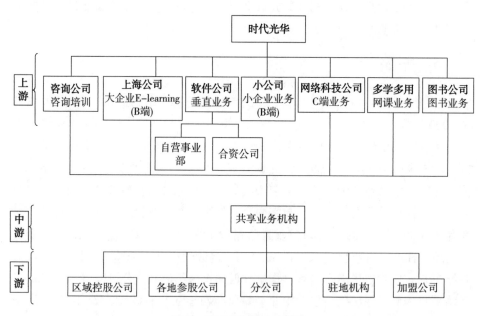

图 1 时代光华的业务架构

资料来源：企业自身资料。

1.2 发展历程

随着数字技术的快速发展和我国新兴教育服务数字化企业的不断涌现，遵循传统思维和逻辑的时代光华，无论是产品还是服务方式都遇到了严峻的挑战，发展空间被日益挤压，甚至一度步履维艰，原因如下：新兴的教育服务企业在机会识别方面并不是从需求预测和供给组合的角度发现新机会，而是从客户行为数据中发现新机会；在资源开发方面，数字企业颠覆了资源不可再生的假设，基于数字技术的可再生性，数字企业在开发数字资源、满足客户需求的过程中，能够生成新的数字资源；在企业发展团队方面，数字企业的团队已经不局限于人与人的组合，基于数字技术的可供性，以虚拟偶像为代表的数字企业的发展团队还包括人与机器的组合。显然，企业的微观困境和我国数字经济发展的宏观层面更凸显了时代光华面临的挑战，因此数字化转型是时代光华可持续发展的必然之路。

时代光华作为国内一流的在线学习平台提供商，其产品立足于最新的学习技术和理念进行建设，解决方案除了对基于网络的在线培训提供支持，也支持面授培训及混合式培训，通过对内容、课程、项目、流程、评估等的综合管理，帮助企业实现对学员培训的高效管理。除此之外，时代光华基于自我开发的 E-learning 系统和多年在 E-learning 行业的实施经验，积累了大量有效的学习功能与管理流程，为未来用户培训及管理提供了强大而有力的功能保障。目前，时代光华的 E-learning 平台（ELP 在线学习平台）在扩展性、稳定性、前沿性等方面都拥有巨大优势，也为未来数字化转型的实施带来极大的便利。

时代光华的发展经历了三个阶段，每个阶段的业务发展模式不同，如图 2 所示。在第一阶段，时代光华刚刚成立，光盘图书是其核心业务。围绕卓越讲师的授课，时代光华将名师名课制作成光盘，遍布机场、火车站的书店，成功构建了当时的网络商学院、移动商学院，并借助卫星（技术）设施，把自身的公开课、图书资料、课程包通过标准化复制进行工业化推广，服务于自己的目标客户。

2005 年，PC 时代的时代光华顺应时代发展要求，开启第二阶段的发展，随后，公司借助 SaaS 模式，以内容为魂、服务为本，借助平台的力量，通过"通用 PGC+定制 UGC"的模式，实现了提升客户消费体验的目标。由于 SaaS 模式具有可重复使用、降低企业成本、更快地提供解决方案、灵活的收费方

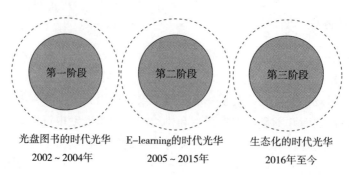

光盘图书的时代光华　　E-learning的时代光华　　生态化的时代光华
2002～2004年　　　　　2005～2015年　　　　2016年至今

图2　时代光华发展历程

资料来源：作者根据企业资料整理。

式、可扩展性和集成性、开箱即用、缩减部署时间的优势，且安全高效、能够避免盗版，因此公司发展迅猛，尤其是 SaaS 的可重复使用意味着公司可以向客户提供具有高度可复制性的标准化的解决方案，从而提升了公司的品牌价值。

随着人工智能与大数据时代的到来，2016 年公司开始着力布局自己的生态系统，进入第三阶段，即 E-learning 的新阶段。随着客户需求和产品需求的不断迭代，在 21 年不断积累的基础上，时代光华拥有了标准的培训服务流程，成为全国首屈一指的 SaaS 平台提供商。在这个阶段，时代光华将"成为世界前列的企业级学习产业互联网服务平台"作为公司的愿景，将"让学习成就卓越"作为公司的使命；将"成就客户，心想事成"——客户负责"心想"、时代光华负责"事成"作为公司的经营理念；将"相互成就，成就客户，持续创新，开放共赢"作为公司秉承的价值观，不断推动公司业务发展，借助信息技术，为企业学习提供了更加丰富的内容和更加多元的支持。目前，时代光华的 E-learning 平台已经拥有了千万级的付费用户，满足了上万家企业的员工学习、管理及赋能需求。在国内 500 强企业中，已有一半以上的企业选择了时代光华的产品与服务。时代光华已经成为向企业、政府、组织机构提供综合、高效、全方位学习解决方案的公司，建立了 36 个城市网点，为全国客户提供实时响应服务。

1.3　业务特征

数字技术可以将自然界运行和人类社会活动的因素进行逻辑归纳并转换为数据，因此在数字经济时代，数据成为所有企业发展最为关键的生产要素，在经济社会中发挥着至关重要的作用。一方面，数据流可以实现对劳动流、资本流、资源流和技术流的引流，同时通过驱动其他生产要素，实现企业发展的协调化、网络化和共享化，有力地推动了企业的创新，提升了企业的产出效率。另一方面，数据自身具有重要的价值。企业通过差异化的 IT 架构，有利于自身进行相关数据的收集、存储，并基于对数据的分析和配备，形成企业强大的数据资产，为企业的管理决策和业务运营提供了支撑。显然，数字化转型和企业数字技术的基础构建，是企业在数字经济时代发展的重要基础。

时代光华依据自身条件，进行了个性化、差异化的 IT 业务架构。这与时代光华的数字化基础设施紧密相关，也直接反映了时代光华的数字化程度。时代光华的数字化基础设施覆盖了三个层级系统——底层系统、中间层系统和高层系统，这个层级系统为时代光华核心竞争优势的形成提供了重要支撑。底层系统即物理层，包括重新进行功能提升的存储系统、网络系统、传感系统，以及其他硬件设备，主要用于信息和数据的收集、感知和传送；中间层系统又称为平台层，由数据存储系统、数据处理系统、数据分析系统等构成，主要负责对用户企业信息和数据的存储、计算、分析等；高层系统就是所谓的数字层，其核心任务是将物理层和平台层收集、传输、处理过的数据生成为对企业有价值和意义的数据，如不同企业客户在使用时代光华的培训产品的过程中产生的一系列过程数据和结果数据都将会在数字层呈现。

为了实现员工对企业数字化转型的理解和配合，时代光华采取员工培训和内部讨论等方式，提升员工对未来数字经济发展的认知水平，并强化员工的数字化能力，促进了企业数字化转型战略的实施，有力地推动了企业数字化转型战略目标的实现。2023 年，公司以"企业学习一站式解决方案服务商"为战略目标，将数字技术融入企业业务，围绕企业的核心价值主张，构建"平台+内容+运营"一站式解决方案，用最短的时间和最低的成本最广泛地覆盖和实现企业对所需人才的培养，以学习交付价值化、学习过程项目化、学习资源生态化、岗位学习证书化、学习系统智能化来构建时代光华的差异化竞争壁垒。时代光华针对企业业务场景的数字化模拟，进行课程的定制、萃取及微课的开发，并融入了直播培训师的内容。同时，时代光华采用大量第三方课件和直播、小鱼、简课、时光倾听等第三方工具及图书馆，进行了一系列数字化转型实施，有效地提升了企业产品和服务的覆盖率及影响力。

2　时代光华数字化转型过程

企业数字化转型需要考虑实用性、经济性、安全性和普惠性。因此，企业数字化转型需要具备一定的基础，技术基础、资金条件等都影响着企业数字化转型的成功与否。时代光华经过 20 多年的发展，已经具有了一定的数字化基础。2023 年，企业进一步着手进行了 IT 架构的调整，在一定程度上夯实了企业数字化转型的技术基础。同时，借助企业初期的数据驱动积累和平台化的尝试，时代光华进一步采取了夯实 IT 基础、构建并不断强化自身 E-learning 平台的数字化转型模式，推进公司 E-learning 新阶段。经过第二阶段的积累，时代光华在已有资源的基础上，选择了借助数字平台赋能来缓解企业数字化转型中面临的技术、资金、人才、资源不足的问题，通过强化 E-learning 平台，有效实现了生态化、价值化、行业化和混合化的数字化转型目标（见图 3）。

图 3　时代光华的 E-learning 新阶段

资料来源：企业自身资料。

2.1　充分发挥非正式学习价值

为了有效推进企业的数字化转型，时代光华以 E-learning 平台为核心，立足最新的信息技术和学习理念，不断进行数字产品创新，为客户提供了丰富的基于网络的在线培训支持，同时实现了对线下面授培训及混合式培训的支持，通过对培训内容、培训课程、培训项目、培训流程、培训评估等的综合管理，帮助企业实现了对员工培训的高效管理。同时，基于多年在 E-learning 平台实施经验的积累，在综合大量有效的学习功能与管理流程的基础上，时代光华的培训系统为未来用户培训及培训管理提供了强大而有力的功能保障。

基于自身 E-learning 平台的构建和不断完善，时代光华的培训系统实现了让学习者不再被限制在电脑桌前，而是可以自由自在、随时随地进行不同目的、不同方式的学习。企业员工可以将资源下载到手机端进行离线学习，当系统检测到互联网时，学习记录会自动同步到学习门户。同时，培训系统充分发挥了非正式学习的价值，增加了问答、微博、社区、知识库等非正式学习功能模块，从而实现有效提升组织绩效，提高组织应变力、学习力等培训目标，将被动学习转变为主动学习，加强员工与企业的互动。卓越的视觉体验和人性化操作、细心打造的精致画面、强烈的视觉冲击，并将游戏元素引入学习过程，提升了员工的兴趣，调动了员工的积极性，为员工学习带来愉悦的体验感。

2.2 提升平台开放性功能

时代光华构建了真正的开放式学习平台，提供了灵活的应用商店和 Open API，实现资源共享。在企业内部系统，如公司网站、OA、e-HR 等可建立快速入口，也可将第三方系统进行集成，还可以自主开发应用。另外，E-learning 也是一个功能不断丰富的平台，基于 PaaS 架构和开发 API 使客户可充分参与个性化开发，基于应用及内容商店的扩展将帮助企业得到市场上海量的优质资源。

目前，时代光华的 E-learning 平台可支持 SaaS 租用模式，灵活的解决方案能够充分帮助企业规避项目实施风险，达到项目绩效最优，使企业的 E-learning 培养成效最大化成为可能。随着互联网技术的发展，从学习到绩效、从管理到运营，加上深入的场景化学习，时代光华不断为培训行业注入新的活力，引领了我国教育培训服务行业的数字化转型发展。

2.3 构建混合式学习项目

混合式学习项目的构建可以形成巨大的影响力，不仅能够扩大时代光华的业务，同时也可以带动 E-learning 平台的人气和发展。时代光华通过构建"时光易培"项目，完成了混合式学习项目的建设和布局，实现了对 E-learning 平台的反哺，并通过不断实施的行业垂直 E-learning 平台的建设，为银行业、汽车业、房地产业提供了可靠的培训服务。同时，由于创新性地实施了课程向交付项目的转变，时代光华实现了与客户的价值共创，实现了行业化的发展。周而复始的良性循环，使时代光华实现了 E-learning 平台与其他平台参与企业的共同发展，从而推进了 E-learning 平台的价值创造，实现了平台的价值增长。总体来看，时代光华以平台构建实现企业数字化转型，为广大中小微企业提供了数字化转型的重要参考。数字平台让中小企业规避了数字化转型过程中面临的资金、技术、人才和能力等问题，促进了企业在数字经济时代的顺利转型和未来的可持续发展。

新的"时光易学"是时代光华当下最具代表性的混合式学习项目。为了提升公司产品的数字化功能，该项目的设计以 ISO10015 国际培训标准为指导，以"时光易学"10 余年的实施经验为依据，形成了新的"时光易学"的整体设计思路，满足了企业全流程的培训需求，包括需求、计划、实施、评估整个过程，并辅以多个通用工具，包括资讯管理、消息管理、审核管理等。

新的"时光易学"在设计和开发时充分考虑了培训场景各业务层次、各学习环节管理中数据处理的便利性和可行性，把满足用户体验作为第一要素考虑，提供以学习者为中心的学习环境，便于学习者自主选择学习内容，自主进行知识建构，从而实现了多元化的教学场景，全方位提高了教学质量和学员的学习体验，为客户提供了科学的、可落地的培训运营指导。由于使用了平台化的开发方式，因此新的"时光易学"操作非常方便，并保证了界面风格的一致性，整个界面美观大方，全部界面操作不仅充分考虑了不同使用者的实际需要，使系统操作方便、维护简单、易学易用，而且提供了相应的功能导航等快捷工具，菜单、报表等界面元素与国人习惯更加契合，同时还增加了消息中心、资料中心、数据看板、学习地图等功能，实现了客户与企业的实时对接，不仅有助于客户及时了解自身培训成果，而且为时代光华积累了丰富的培训数据，对未来培训产品的完善和研发提供了及时有效的数据支撑。新的"时光易学"打破了时间与空间的限制，随时随地可以使用，将行业及组织的优质学习资源全部集成到统一的 PaaS 平台，实现了在一个平台集成所有功能，无论企业在未来是扩展新功能还是缩小业务范围都能轻松实现，非常灵活，同时有效地降低了开发成本，也进一步激发了客户的使用意愿。

2.4 构建数字化学习生态业务体系

2022 年，时代光华提出了"构建全面的数字化学习生态矩阵业务体系"的战略目标，不断进行企业 IT 平台的升级，在自身卓越的数字技术的支持下，不断将企业的数字化转型推向新的阶段，实现了系统的开放性、技术的兼容性和产品服务的共享性。在系统架构与技术平台的选择过程中，时代光华充分考虑了自身系统的开放性，遵循共同技术标准，构成了一个开放的、易扩充的、统一标准的平台，全面支持系统扩充和优化时的平滑过渡；同时，基于框架的组件化设计，可以随时增加新的功能模块和业务组件，提供了二次开发平台，支持纯 HTML 技术，提供元数据，使培训组织平台管理人员容易理解数据结构和系统的维护；另外，实现了技术的兼容性，时代光华的平台具有足够的兼容性和扩展性，实现了用户访问和使用的便捷。

时代光华的学习平台既注重系统基础数据及课件的互联互通和数据共享，提供完整、统一和准确的数据支持，又保证了各个业务系统、服务平台、通信通道和终端的整合，实现了各级跨层次、跨地区数据资源共享和开发利用，为组织培训工作提供及时可靠的信息服务，建立学习资料管理的共享机制，为组织提供科学、可落地的运营指导，提高了用户访问的响应速度，提升了用户体验。在时代光华的 E-learning 平台，参与的客户作为有一定自主能力的企业，可以与时代光华的任何项目实现无缝对接，从而进一步重构了时代光华教育服务的产业架构，参与其中的每个企业都可以实现所需的培训赋能目标。目前的时代光华，其业务范围覆盖了我国东北、华北、华南、华东、华中、西部大区等区域，实现了以"E-learning+混培项目"为核心的业务增长目标，近三年平均营收规模约 1.5 亿元，远超行业竞争对手云学堂和知学云，居我国教育培训服务行业首位，由此建立的影响力不仅推动了时代光华的业务发展，同时也带动了 E-learning 平台的人气，从而实现了对原生态平台的反哺，更进一步推进了原生态平台的价值创造，实现了平台价值的持续增长。

3 时代光华数字化转型成效

成功的数字化转型使时代光华实现了为企业、政府、组织机构提供综合、高效、全方位学习的解决方案，拥有千万级付费用户，满足了上万家企业的员工学习、管理及赋能需求，为我国数字化人才培训提供了有效支撑。时代光华的 E-learning 平台的建设已经将学习平台与企业人才发展战略、组织绩效目标、知识管理战略及学习型组织的建设相结合，从而使 E-learning 平台发挥出了更大的战略价值。

3.1 行业领先优势

时代光华在多年服务客户的基础上，积累了丰富的运营经验，根据学习平台实际应用成熟度模型，帮助客户进行培训需求的分析，制订精确、详细的平台战略规划，通过目标规划确定组织中学习平台的短期目标、长期目标及愿景和使命。时代光华的时光易学网院平台汇聚国内外超过 10000 门优质课程资源，帮助企业快速建立岗位学习资源库。其"平台+内容+运营"三位一体的模式，可以一站式解决企业学习难题，以高效率、低成本、广覆盖的方式，助力数字经济时代企业对员工的赋能。除此之外，时代光华旗下还有很多学习工具，可以满足企业在线培训的各类需求。20 年的培训行业服务经验，使时代光华拥有了成熟、标准的服务流程，尤其对于学习平台软件的应用和实施更具有领先整个行业的经验和优势。

3.2 平台集成优势

时代光华从成熟的 PaaS 服务平台为基础，实现了提供单点登录、人员组织架构同步、学习数据同步到第三方、课程接入第三方、第三方平台接入、第三方平台账号校验 6 项对接服务。平台可以全面提供已实现的接口，无须对学习平台的对接服务基本接口进行重复设计，客户可以缩短设计周期，避免重复的基础接口功能的编制，让系统建设直接从满足用户单位特定需求的部分开始定制，使开发时间大为节省。由于成熟的平台经过千万级用户、数万家企业实际使用验证，在系统的整合和测试只是针对定制部分，因此大大缩短了开发周期。同时，时代光华始终坚持以客户为中心，满足客户的个性化定制服务需求，如根据客户实际需要提供个性化的接口开发、个性化功能及界面定制、个性化 App 定制开发等个性化定制服务。

3.3 产品持续升级优势

为了确保用户的投资能够可持续地增值和发展，时代光华学习平台自诞生之日起就坚持走产品化升级的道路，及时将新技术融入企业产品开发，实现了企业产品系统的升级迭代，在不影响客户使用的基础上，逐步完善功能和服务。产品始终围绕企业培训场景，以易用性为目标，为企业组织数字化学习升级提供稳定可靠的支持。一是系统易用性优势。大量的用户应用证明，时代光华 E-learning 产品的易用性设计使用户单位系统应用推广的风险几乎为零，无须学习的应用客户端深受用户欢迎。二是系统稳定性优势。时代光华基于雄厚的技术底层支撑，建立了"两层三面"的体系化架构，实现多地调度、分权运维、高性能、高可用、高防御能力。同时，时代光华是国内互联网培训行业中第一家获得三级等级保护认证的企业。在六年多的安全实战保护中，时代光华创造了两千多日稳定运维的记录。其中，服务器的可用性达到了 99.9%，数据库的可用性达到了 99.999%。三是实施服务优势。时代光华拥有成熟、标准的实施流程，尤其对于学习平台软件的应用，培训运营有其独特心得，覆盖全行业知名企业和先行者。经过多年积累，时代光华已经打造出国内企业在线学习服务领域一流的交付实施和落地水平。

4 时代光华数字化转型经验

当前，我国数字经济蓬勃发展，中国信息通信研究院发布的《中国数字经济发展白皮书(2023)》显示：2022 年，中国数字经济的规模达到 9.2 万亿元，在新一轮科技革命和产业变革的历史机遇下，企业的数字化转型已经成为当前中国经济高质量发展的重要推动力。然而，对于企业应如何进行数字化转型、如何选择有效的数字化转型模式等问题，相关文献仍相对较少。埃森哲发布的一份报告指出，有67%的中国企业认识到了产业数字化改造的重要性，但仅有9%取得较好的成效，一个重要原因在于缺乏可借鉴、可复制的数字化转型的典型模式。企业在数字技术的支持下，创造数字化产品，构建数字化平台，使其成为支撑与推动数字化转型的重要起点。

4.1 数字技术的基础支撑作用

数字技术是企业数字化转型的基础，具有战略性价值。时代光华经过 20 多年的发展，尤其是经过第二阶段的积累，已经具有了一定的数字化基础。2023 年，企业进一步着手进行了 IT 架构的调整，在一定程度上夯实了企业数字化转型的技术基础。同时，借助企业初期的数据驱动积累和平台化的尝试，时代光华进一步采取了平台依附的数字化转型模式。采取这种模式，既解决了时代光华在数字化转型过程中面临的资金、人才、技术障碍，又顺利实现了企业的数字化转型目标。

基于面向服务的架构(SOA)的分布可用架构和微服务架构是时代光华 E-learning 产品的典型系统架构。时代光华在自主研发的 SOA 平台架构上部署 E-learning 平台，可以根据客户需求，通过网络对松散耦合的粗粒度应用组件进行分布式部署、组合和使用，实现了对系统中与软件代理交互的人为依赖性的有效控制，并借助现有的应用组合产生新服务的敏捷方式，向用户企业提供了更强的灵活性来构建应用程序和业务流程。基于这个架构，时代光华实现了对系统的横向细分和扩展，按不同的业务功能模块对整个系统进行分割，同时实现了各个服务之间的连通。由此，时代光华实现了去中心化和微服务化，在提高了系统安全系数和处理能力的同时，大大降低了系统的扩展和运营维护成本，构建了真正的数字技术优势。

总之，时代光华自 2005 年开始布局自身 E-learning 学习平台的建设，形成了用局域网架设的 E-learning1.0 版本，推出国内首家 SaaS 模式的网络商学院，产品投放市场后得到了客户的一致认可。2010 年，公司开发基于 PaaS 架构的新平台；2012 年又完成了基于云架构的 PaaS 平台 E-learning4.0；2015 年进行了产品理念的转型，秉承"从管理到运营"的产品开发理念，开发了 E-learning5.0；2016 年，为了激活企业学习生态，开发了 E-learning6.0 版；2022 年，构建了全面的数字化学习生态矩阵业务体系。这一切，都源于时代光华卓越的数字技术基础。

4.2　构建有效的数字化平台

平台模式是企业进行数字化转型和落地的主要实现方式。2016 年，时代光华意识到人工智能与大数据将给企业发展带来巨大挑战，开始着手升级自身的 E-learning 平台。由于已经具备了一定的数字化基础，且拥有较为雄厚的实力和较强的技术创新能力，时代光华借助新兴技术对自身 IT 架构不断升级，并以不断积累的数据引导自身产品开发，实现了数据驱动的新产品开发，及时满足了客户的培训需求，获得客户的高度认可。同时，时代光华基于构建的 E-learnig 平台，不断进行自身技术升级，极大地丰富了产品类型，吸引了更广泛的客户，实现了平台的生态化功能，成为全国首屈一指的 SaaS 平台提供商。

时代光华借助自身的技术架构和技术研发，不断分析不同企业的需求场景，结合不同类型企业的业务发展需求，进行培训产品的研发，并结合不同付费项目下产品设计平台用户可能的付费决策机制，在有效识别免费用户和付费用户差异化服务边界的基础上，规划了时代光华的增值商业模式及其不同细分市场的最佳差异化服务策略，实现了"以消费者为导向"在各种产品和服务功能设置中的战略性权衡，不仅平衡了客户的消费价值与公平性感知，而且在提升用户体验的同时增加了企业营收，提升了时代光华 E-learning 平台更好地维持现有用户、吸引潜在用户、扩大培训服务业务的能力，并为时代光华在未来战略决策中权衡新产品的开发与平台的改进和扩展方面提供了坚实的依据。

4.3 积极构建数字化产品与服务的适用性优势

企业数字化转型是数字经济时代所有企业面临的重要挑战，也是企业未来生存与发展要经历的重要环节。伴随着企业的发展，企业战略指导下的学习型组织建设决定了在线学习平台的目标与方向。时代光华从学习平台上的众多标杆案例中总结和积累出大量行业经验，在提供服务的过程中会不断根据这些项目实例与推广经验并结合自身平台内容给予客户专业的建议，指导客户项目的落地及上线使用。企业学习平台选型没有最好只有适合，适合的就是最好的，适合企业的才是最好的方案。

4.4 打造数字化产品的实施交付和服务优势

时代光华以客户为中心，以专业的项目管理为主线，以咨询实施服务为项目保障并作为公司开展全面培训业务的抓手。时代光华的实施方法论是指导整个项目实施的框架体系，从企业学习平台项目目标出发，确保客户学习平台在上线规划、宣传推广、课程上传、账号及权限初始化、个性化场景、技术接口对接等方面目标的实现。通过自身学习平台对众多标杆案例的积累，时代光华不断总结行业发展经验，在实施和服务过程中，根据既有项目实例与推广经验，结合自身平台内容，为客户提供更加专业的建议，指导客户项目的落地及上线使用。在具体项目的实施过程中，时代光华会根据不同项目匹配适合的实施路线，分阶段、分步骤地推进项目实施，保障项目有序、风险可控、目标可见，最终达到为客户创造实施价值的目的。同时，通过全生命周期的项目管理，围绕时间、成本、质量三个维度管理项目，遵循PDCA 循环，做到事前计划、事中执行、结果反馈，从而帮助客户降低项目的实施风险，提高项目交付质量及客户满意度。在为客户提供完善平台功能的同时，时代光华非常重视为客户提供优质服务，通过覆盖全国 32 个主要城市的网状服务体系，实现了随时为客户提供综合、高效、全方位的学习解决方案和实时响应服务。从人员保障上看，时代光华的服务支持人员是一支具备专业素质和优良服务意识的专业化团队，每一个服务人员都始终站在客户的角度进行思考，想客户所思、急客户所用，把"将心注入、交付价值"的理念落实到日常的运营服务中，使运营服务反馈中的客户满意率始终保持在行业高水平上。

5　总结

建设数字中国是我国"十四五"规划纲要的重要思想。数字科技越来越成为引领未来经济的重要动力。当前，我国经济正在由高速增长转向高质量发展，企业不再仅仅追求规模，而是更看重有价值、可持续的增长。在危与机并存的数字经济时代，数字化转型已经成为我国众多企业的共识。如何在大趋势下把握发展机遇，顺利推进企业的数字化转型，从而达到企业转型升级的目标，是我国企业在数字经济时代面临的重要问题。

将数字技术融入企业价值网络与业务流程，触发了企业的业务模式、管理模式和商业模式的数字化转型，成功的数字化转型必然有助于企业在数字经济时代培养新的发展路径和发展优势。2015 年，我国开启了以数字技术应用为基础的第四次工业革命，服务业作为我国数字化渗透率最高的行业，其数字化转型更具有优势，但如何将数字技术更深入地融入企业业务流程，是服务业企业数字化转型成功面临的关键问题。时代光华作为我国教育服务业的排头兵，借助企业 IT 架构的持续升级，依托自我开发的 E-learning 平台，采用数据驱动的方式，有效实现了时代光华产品的生态化、行业化、价值化和混合化，不断顺应数字化发展的时代趋势，实现了快速推进企业数字化架构体系升级目标，并基于公司 20 多年的数据积累和行业经验，以消费端数据全面推动企业数字化产品的开发，将数字技术不断融入企业业务全过程，持续完善自身的E-learning 平台，不断实现企业的数字化转型升级，构建了数字经济背景下时代光华发展的核心竞争优势。时代光华的数字化转型特征，可以为我国同类企业提供可借鉴、可复制的数字化转型经验，对我国服务业的数字化转型和我国制造业企业的数字化人才培训都具有一定的理论和实践意义。

参考文献

[1]康岩慧. 华为中国生态大会 2021：全量全要素打造能力型生态[EB/OL].（2021-05-20)[2023-09-11]. https：//www. sohu. com/a/467612835_615309.

[2]2021 中国工业数字化转型领航企业 50 强[EB/OL].（2022-07-29)[2023-09-11]. https：//m. e-works. net. cn/report/202203industry/industry. html.

[3]孙早，王乐，张希. 数字化赋能产业转型升级：机遇、挑战与实现路径[J]. 西安交通大学学报(社会科学版)，2023，55(2)：51-63.

[4]洪银兴，任保平. 数字经济与实体经济深度融合的内涵和途径[J]. 中国工业经济，2023(2)：5-16.

[5]严子淳，李欣，王伟楠. 数字化转型研究：演化和未来展望[J]. 科研管理，2021，42(4)：21-34.

[6]郭克莎，杨倜龙. 制造业与服务业数字化改造的不同模式[J]. 经济科学，2023(4)：62.

[7]Nambisan S., Lyytinen K., Majchrzak A., et al. Digital Innovation Management: Reinventing Innovation Management Research in a Digital World[J]. MIS Quarterly，2017(41)：223-238.

让租赁物创造数据价值：鑫联享以物联网技术实现租赁物管理数字化

杨 汀 刘 颖 杨兆义

案｜例｜摘｜要

作为世界第二租赁大国，中国的融资租赁业在交易规模方面发展迅速，但在交易模式方面却存在单一滞后、创新不足等问题，导致这些问题的一个主要原因是租赁物没有发挥出风险保障作用。融资租赁机构的风险控制仍以事前筛选为主，重点审核承租人的资产、现金流等信用指标，而没有将租赁物作为风险控制手段。在融资租赁业同质化竞争日益激烈的背景下，传统融资租赁企业由"单纯提供资金"向"提供资金+资产管理"转型是大势所趋。在租赁物管理领域，如何将日益成熟的物联网技术应用于租赁物管理，是理论界和企业界共同关注的焦点。本文选取的北京鑫联享设备租赁有限公司就是一家从传统的融资租赁企业成功转型为租赁物管理的数字科技型企业。在成立之初，企业主要从事出租人和承租人之间的中介业务。在市场竞争日益激烈的压力下，企业结合自身资源禀赋，决定以研发租赁物管理平台为目标进行数字化转型，选择了与融资租赁业务模式高度契合的物联网技术。经历了从外购到自主研发软硬件的过程后，企业成功上线了"设备物联网SaaS系统"。该系统不仅提升了企业的经济效益，还在设备维护、保值增值等方面为客户创造了新价值。作为产融结合的必要金融工具，融资租赁在制造业产品的促销环节具备独特优势，是制造业产业链的有机组成部分。鑫联享数字化转型的成功，既体现了物联网平台赋能传统金融企业的转型优势，也体现了产业链驱动下金融业和传统制造业高度协同的转型合力。本文一方面丰富了关于融资租赁风险管理的研究，另一方面也为数字经济背景下传统金融企业进行数字化转型、挖掘应用场景提供了参考和借鉴。

0 引言

融资租赁交易中，租赁物的所有权和使用权分离所引发的委托代理问题是融资租赁出现风险的核心原因。租赁物的所有权属于出租人，但是使用权却在承租人手中。承租人可能过度使用造成设备折损减值，甚至可能未经出租人同意而私自再抵押、出售租赁物，导致出租人承担风险。因此，尽管在交易模式上，租赁物可以起到风险保障作用，但在现实层面其风险保障功能受到诸多限制。提升租赁物风险保障能力主要有两条思路：一条是优化融资租赁业的外部法律制度环境，如建立融资租赁物登记公示系统、为对抗善意第三人提供法律保障；另一条是从融资租赁交易内部出发，利用现代科技手段完善租赁物的风险保障职能。本文选取的北京鑫联享设备租赁有限公司（以下简称"鑫联享"）就是应用物联网技术提升租赁物的风险控制能力的典型案例。在市场同质化竞争压力下，该企业从传统的金融中介向金融科技企业进行数字化转型，并自主研发了"设备物联网 SaaS 系统"（以下简称"SaaS 系统"）。该系统通过传感器采集租赁物数据，所采集的数据可帮助融资租赁机构判断租赁物的地理位置、运行状态等，进而预估风险。除了风险控制以外，企业还为该系统配置了租赁物估值、二手市场流转等多个创新型应用场景。比如，将租赁物使用率数据和二手估值进行挂钩，通过使用率来估算折旧程度和残值，进而为租赁物回收和变现提供量化估值模型。

在数字化转型过程中，企业面临客户接受度和资金方信任度的双重挑战，也经历了从外购软硬件到自主研发的蜕变。数字化转型不仅显著提升了企业的经济效益，推动收入和资产收益率稳步增长，也让其客户和资金方认同了数字化对传统业务的价值增值作用。本文丰富了关于融资租赁风险管理的研究，为物联网技术应用于租赁物风险控制提供了新路径，对数字经济背景下传统金融企业进行数字化转型、挖掘应用场景也有参考价值。

《北京市制造业数字化转型实施方案（2024-2026 年）》提出，构建北京市制造业数字化转型"三转、两选、两示范"体系，以平台、产业链、园区推动数字化转型。融资租赁是制造业产品销售环节的必要金融工具，在产业链协同方面可以为制造业数字化转型提供金融助力。鑫联享通过物联网平台赋能和产业链协同两条路径成功实现了数字化转型，对制造业数字化转型背景下的产融结合路径构建也有启发意义。

1 企业简介

鑫联享是一家创业型公司，已经成立将近六年。公司为工业和信息化部中国中小企业融资服务联盟单位，已获得洞见资本、磁云数字等机构的投资。起初，公司的业务模式是向金融机构推荐有融资租赁需求的客户，促成线下交易，相当于金融机构和实体经济的纽带。随着公司发展，为了提升自身的核心竞争力和价值，公司开始运用物联网技术对租赁资产进行管理——自主研发了SaaS系统。该系统通过传感器与设备互联，从高端性、通用性、可控性、可处置性四大维度出发，选取139项设备相关指标进行评价，实现风险控制、资产估值、二手流通等功能。例如，通过传感器检测设备的使用情况，进一步判断承租人的设备运行状态和还款能力。如果承租人24小时都在使用设备，那还款能力应该没问题，但设备如果经常闲置，可能就会出现问题，这时金融机构就会及时采取干预措施。目前，SaaS系统已经具备设备资产属性专项风控模型、设备物联网智能管理系统、设备量化估值模型三大核心技术，通过独特创新的设备融资与租赁解决方案，与美国、日本、德国、中国主流设备厂家合作，服务于终端客户及金融机构。

公司设有技术开发部、平台运营部、资产管理部、合规风控部、财务资金部、业务部和人事行政部7个部门。技术开发部负责系统软硬件开发及维护，平台运营部负责SaaS系统运营，资产管理部负责设备全生命周期管理，合规风控部负责业务风险控制，财务资金部负责财务资金管理，业务部负责业务开拓、协助管理设备，人事行政部负责人事行政管理。

2 数字化转型的背景

在发展之初，鑫联享从事传统的线下撮合交易，即向金融机构推荐有融资租赁需求的客户，促成双方交易。在市场化竞争中，这种传统交易模式的服务效率和服务质量比较低，没有竞争力。为了提高效率、降低成本，企业决定依托物联网技术进行转型。

在数字化转型前期，企业面临着来自市场、技术和平台管理方面的重重挑战。首先，在市场方面，数字化转型一定有自身的价值，但如何在众多产业中结合市场需求找到合适的应用场景？其次，在技术方面，传感器怎么安装？检测什么指标？如何得到数据？如何赋予数据价值？最后，在平台管理方面，如何实现异地租赁物的 24 小时监管？如何保障硬件的实时在线能力？如何让承租人配合采集信息？

另外，产业链的需求驱动也是鑫联享进行数字化转型的动力。融资租赁是制造业产品促销的必要金融工具，制造企业是鑫联享的重要合作伙伴。而在促销过程中，如何获取租赁物运行状态、准确评估租赁物价值是厂商的关注焦点。这也促使鑫联享萌生了自主建立租赁物数字化管理平台的想法。

3　数字化转型的前期准备

企业转型的数字化目标是通过物联网技术实现租赁物的全生命周期管理，创造公司业务的新价值，进而提升竞争力。该目标与企业整体发展战略非常契合。企业的使命是"让设备流动起来，享受融资与租赁的便利与自由"，数字化转型不仅有助于租赁物在二手市场的流动，更可以实现租赁物衍生数据的流动。另外，数字化转型也和企业"全心全意为客户服务"的文化相符。企业创始人杨兆义在创立鑫联享之前，曾在多家融资租赁公司担任高管。在先前的管理生涯中，杨兆义发现承租人对于出租人的租赁物管理措施持抗拒态度。比如，在工程车租赁业务中，出租人出于风险控制的目的，需要在租赁物上安装传感器，但是承租人往往不予配合，会拆除工程车上的传感器。杨兆义认为，承租人的抗拒心理和金融机构"服务于客户"的目标相违背。而数字化转型的成果——SaaS 系统则可以让客户配合安装传感器，原因在于鑫联享会向客户免费赠送物联网管理系统，并将采集的数据用于租赁物的保值增值维护和设备风险预警，进而提升客户的租赁物使用体验，节约租赁物使用成本。在"全心全意为客户服务"的企业文化下，鑫联享定下了"三不"原则，即不抵押、不担保、不诉讼。其中的"不诉讼"指发生风险时不诉讼客户。但是，承租人出现风险后，在不诉讼客户的前提下，如何让金融机构降低损失呢？答案就在于SaaS 系统可以实现租赁物的保值增值及二手市场处置，帮助金融机构找到处置渠道并以较高价值变现。

企业数字化转型战略的制定过程也受到了内外部因素的影响。在内部，企业自身有产业背景，企业内部员工、股东等具备精密仪器领域的工作及管理经验。创始人结合自身的海外工作经验，认为构建租赁物的退出机制是一项值得投入的"蓝海"业务。在外部，融资租赁行业的同质化竞争日益激烈，而承租人对租赁物的租后管理又不愿配合。如何让租后管理不仅有利于出租人，也能为承租人创造价值就变得尤为重要。最终，在上述因素的共同影响下，企业选择了最能发挥自身资源禀赋优势的转型方向——研发基于精密仪器类租赁物的物联网管理平台。

在确保数字化转型战略有效沟通和执行层面，企业制定了"目标—协同"两步走方案。首先，公司所有部门形成了共同目标：服务于终端客户。在这个共同目标的指导下，各部门执行自己的转型方案。其次，各部门之间要加强协同，特别是 SaaS 系统部门和租赁业务部门要紧密沟通，做到"搞开发的要懂业务，搞业务的要懂开发"。在共同目标的牵引和各部门的协同配合下，数字化转型得以推行。

4 数字化转型的过程

企业的数字化转型整体战略是利用物联网技术构建租赁物的全生命周期管理平台，实现"事先资产评估、事中在线监控、事后资产流转"的功能。在具体转型过程中，企业采取了"外购—自主研发—开放式"的三步走战略。在初始阶段，企业从市场上采购成熟的硬件和软件系统，实现初始的数字化。在第二阶段，企业开始自主研发软件、定制硬件。在第三阶段，企业计划将 SaaS 系统开放化，将内部系统打造成供需方都可以交易的规模化平台。目前，第二阶段已经实现，第三阶段仍在筹建中。

搭建模型是企业数字化转型的关键步骤。在搭建模型的过程中，企业完成了"三件大事"。一是基于 100 多项指标完成模型筛选；二是基于数据验证，搭建物联网在线监管平台，真正实施物联网技术应用；三是客户出现风险后实现资产变现，即搭建面向全国的二手市场资源平台。在数字化转型的技术选择方面，企业一直有明确的方向：物联网技术。融资租赁本身是产融结合的金融产品，物联网技术可以实现将租赁物进行数字化管理。因此，企业在转型之初，就决定采用物联网技术。

数字化转型过程的实质是"线下业务线上化"，要求企业将全部线下资源嵌入线上系统。在转型过程中，企业员工对转型持积极配合的态度，原因是数字化系统提升了工作效率，"大家都觉得用系统更方便一些"。同时，配合数字化转型的需要，企业在组织架构上也做了一些调整，研发部门新增了 SaaS 系统的资产管理部门，工作人员也相应增加、调配。

不过，数字化转型过程并非一帆风顺。在转型过程中，企业主要遇到了两个挑战。首先是客户对租赁物管理系统的接受程度。对客户来说，在租赁物上安装物联网传感器的短期效益较低，客户在当下享受不到好处，因此最初客户的配合度较低。其次，企业的资金方也对转型效果存在不信任的问题。在投资建立了 SaaS 系统后，资金方短期内没有得到可观的投资收益。另外，资金方也担心客户未来出现风险后，租赁物无法变现。解决上面两个问题没有捷径，只能持续深耕市场，保证 SaaS 系统的高质量运营。在此过程中，让客户体会到物联网的好处至关重要。比如，一些中小企业无法从其他渠道获取资金，而借助 SaaS 系统成功获取了资金，这就会让企业认同物联网平台的价值。后续通过展示成功处置租赁物的案例，也让资金方看到了物联网平台的价值，逐渐建立信任。

为了应对数字化转型过程中的风险，企业先要把风险源头厘清，然后进行风险预判和识别；在风险出现后，对风险进行过程管理，并配合处置方案。只有提前布局，才能控制风险。具体到 SaaS 系统的搭建过程中，企业采用过程控制和迭代升级的双重方法来控制风险。在积累了历史数据后，平台需要不断升级来降低数字化转型的失败概率，控制风险也是企业逐步提升服务能力的过程。

5　数字化转型的成效与未来规划

在最初的传统交易模式下，企业更多充当了中介角色。在数字化转型后，企业从中介转型成为融资租赁交易的资产管理者，并获得了明显的经济效益。特别是自主研发的 SaaS 系统为企业带来稳定增长的收入与利润。SaaS 系统投入使用后，企业第一年收入为 540 万元，资产回报率（ROA）为 6%；第二年收入为 780 万元，ROA 为 8%，较前一年的收入增长 44%，ROA 增长 33%；第三年收入为 1244 万元，ROA 为 12%，较前一年的收入增长 59%，ROA 增长 50%。目前，企业 SaaS 系统的研发投入已经回收，原始投资回收期为 18 个月，随着企业业务的扩大和需求的增加，还需要持续升级和投入。

鑫联享数字化转型的成功，不仅体现在企业自身经济效益的提升，还体现在为客户创造的价值方面。鑫联享在服务某苏州客户的过程中，租赁物管理系统的电压预警功能对仪器设备起到了保护作用。该客户实验室一直没有安装稳压器装置，与鑫联享合作后，引入鑫联享物联网资产监管系统实时监测仪器设备的电流、电压、功率，该系统有指标报警功能。有一天，系统报警提示仪器设备电压过高，而电压过高会对精密仪器造成损坏、缩短寿命。鑫联享建议客户增加稳压器，客户随后进行了安装，对实验室所有仪器设备进行了保护。在另一起案例中，租赁物管理系统通过数据积累和二手市场优势，实现了设备保值。客户为上海某租赁公司，该公司因承租人坏账，需处置仪器回笼资金，租赁物为赛默飞气质联用仪等一批仪器，其资产管理部门自行询价为40万元。鑫联享专业化平台对该批仪器管理了一段时间，有数据积累，又有大量的合作渠道，最终以97万元的价格成功处置，避免了变现损失。

在未来，鑫联享对数字化转型有着更高的期望：在科学仪器的应用场景下，实现业务的规模化复制，未来争取达到几十亿乃至几百亿的规模。如果能够实现快速的规模化复制，企业的效率会更高，成本也会更低。

实际上，数字化转型不仅影响鑫联享一家企业，更将重塑整个融资租赁行业的商业模式，特别是对租赁物的量化估值和流通有重要影响。在租赁物估值领域，数字化技术远胜人工。数字化技术可以在数据积累基础上，将经验数据嵌入模型并进行优化，这是人工经验很难实现的。另外，在租赁物流通领域，中国的大部分融资租赁业务还停留在"融资"领域，没有实现"允许客户退租"。退租业务蕴含很大风险，而数字化转型技术可以有效化解风险，进而让租赁物真正流动起来。

6　数字化转型的经验总结

如何协助制造业完成高质量的数字化转型是金融业需要思考的重要问题。鑫联享从平台赋能和产业链驱动两个角度为传统金融企业的数字化转型提供了思路。在平台赋能方面，鑫联享结合业务需求选择物联网技术构建租赁物管理平台，进而从风险控制、租赁物估值、二手市场处置等多个应用场景为制造企业提供解决方案。在产业链驱动方面，鑫联享敏锐捕捉到制造企业的市场需求，以需求为导向设计转型方案，进而实现了与制造业的高度协同。

鑫联享在数字化转型的过程中，经验和教训可以归结为三个关键词：认知、坚持和应用场景。首先，要对数字化转型的好处有充分认知，意识到数字化转型在提升效率、降低成本、价值增值方面带来的好处。其次，对数字化转型要持坚定态度，坚持转型。转型不是一朝一夕能够完成的，比如在数据积累方面，只有常年累积才能形成有价值的数据库。最后，要为数字化转型找到有价值的应用场景，应用场景可以是消除风险、提高效率、降低成本或释放新质生产力。只有找到合适的应用场景，才能实现数字化转型的价值。

基于上述分析，本文认为，对于其他正在进行或准备进行数字化转型的传统企业，特别是融资租赁企业，可以借鉴鑫联享的经验，采取"找需求—选技术—建平台"的三步走模式。第一步，根据产业链现状，找准上下游客户的需求，以需求为突破口制定转型战略。第二步，根据转型战略选择合适的技术，即能够满足客户需求的金融科技手段，如鑫联享结合租赁物管理的需要，选择了物联网技术。第三步，基于市场需求和金融科技手段，自主研发互联网平台，并以平台为中心构造业务生态链，进而成功实现转型。在转型过程中，企业一定要分析当前的短板，在此基础上找到提升竞争力的方向；接下来，和数字化技术结合，找到转型方法，特别是从提高效率、降低成本、提升质量等方面找到合适的转型路径；然后就要坚定、坚持执行数字化转型战略。

参考文献

［1］Eisfeldt A，Rampini A. Leasing，Ability to Repossess，and Debt Capacity ［J］. Review of Financial Studies，2009，22(4)：1621-1657.

［2］杨汀，史燕平. 金融基础设施有助于提升融资租赁的债务治理效应吗？——基于中登网实施前后的实证检验［J］. 金融发展研究，2022(6)：13-21.

［3］杨汀，史燕平，朝鲁. 物联网技术在融资租赁业的应用——基于闭环动产管理平台构建思路［J］. 中国流通经济，2019，33(3)：112-120.

精准定位目标用户：姿美堂全域数字化运营体系

刘燕君　纪雪洪　蒋贵凰

案｜例｜摘｜要

姿美堂科技集团成立于2009年，现已发展成为大健康领域的佼佼者，成为备受瞩目的国民品牌。本文聚焦姿美堂多年来精心构建的全域数字化运营体系，深入探讨其如何通过先进的数字化技术驱动产品研发、数字运营、数字营销及数字平台建设等，精准把握并满足消费者需求。姿美堂巧妙结合数字化技术与多样化的线上运营渠道，持续创新业务模式，有效整合私域与公域流量，为用户提供个性化解决方案和产品推荐。这一系列措施不仅改善了用户体验和服务质量，还显著降低了企业运营成本，提升了组织运营效率和组织效能，为我国大健康产业乃至其他产业的企业提供借鉴。

0　引言

2016年10月，中共中央、国务院对外发布《"健康中国2030"规划纲要》，指出未来要建立起体系完整、结构优化的健康产业体系，形成一批具有较强创新能力和国际竞争力的大型企业，成为国民经济支柱性产业。截至2023年，我国大健康产业规模达到14.48万亿元，预计到2025年升至17.4万亿元，到2030年达到29.1万亿元。大健康产业作为"健康中国"的重要组成部分，俨然已上升为国家战略，迎来快速发展的机遇期。在过去几年里，我国大健康产业正以前所未有的速度向数字化、智能化迈进，数字化成为当下及未来健康管理发展的核心驱动力。随着大健康进入全民需求时代，数字化技术将持续深化"健康中国"战略的实施，呈现出更为深远的发展态势。

时代在变，客户在变，企业想要基业长青，运营方式与思路也要顺势而变。姿美堂科技集团(以下简称"姿美堂")审时度势，极力推动企业数字化转型，把握大健康产业战略机遇，秉持"真正科技、真材实料、真诚服务、真实美丽"的"四真"理念，不断探索产品体系与健康管理服务模式创新，多措并举提升产品品质、布局数字化全域运营，打造中国女性健康品牌标杆，在大健康领域赢得了盛誉。姿美堂在数字化创新转型之路上一直阔步前行，但其如何通过对数字技术应用的创新与实践帮助集团不断巩固客户资源，推动企业实现跨越式发展，令人好奇。下面让我们一起揭开这一神秘面纱……

1 企业简介

2009 年 10 月，姿美堂集团成立于北京，总部位于中关村石景山高新技术园区，是一家数字化经营的健康产业互联网公司，也是首都精神文明单位和国家级高新技术企业。姿美堂整合了生物技术研发、生产制造、品牌营销、电商运营与信息技术等方面资源，拥有数字洞察、整合营销、新零售、电子商务与数字健康服务等能力，主营产品或服务包括体重管理、口服美容、口腔健康、肠胃调节、睡眠改善、营养保健、健康滋补、美妆护肤与健康服务等。姿美堂凭借"胶原蛋白肽系列产品的关键技术创新及其产业化"项目荣获中国食品工业协会科学技术奖一等奖，研发总监宫建辉被授予"科技创新杰出人才"称号；曾获得"2021 年度 TBI 最具数字力品牌奖"、数央网主办国际科创节"2021 年度数字经济引领者"特别奖、消费日报社"2021 年度大健康数字先锋企业"称号等多个荣誉奖项，现已发展成为行业标杆、大健康领域的领先者。

目前公司员工将近 1000 人，月销售额 2 亿~3 亿元，年销售额将近 20 亿元。集团已将"姿美堂品牌"打造成为专注于功能性健康消费品的国民品牌，以 20+/30+/40+ 岁的女性为核心目标人群，提供多种多样的健康优质消费品。姿美堂实施多品牌经营战略，旗下拥有四大品牌：姿美堂、一家专研所、修芝堂、卡芙尼诗(C. E. C)美妆品牌，如图 1 所示。在集团创始人徐熙明先生的带领下，姿美堂团队从小做到大，不断深耕数字化大健康领域，建立了日臻成熟的全域数字化运营体系，广泛、专业、高效、深入链接广大消费者，以具有国际品质的产品及真诚的服务满足了成千上万名用户健康与美丽的需求。

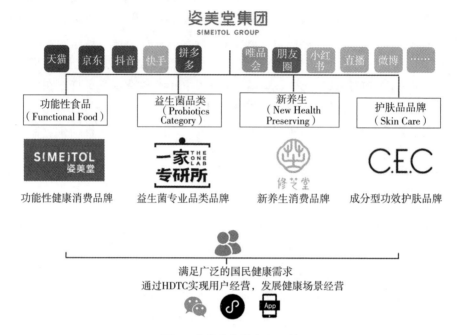

图 1　姿美堂集团主要品牌

资料来源：姿美堂内部资料。

2　功不唐捐：企业发展源于创始人的坚持

姿美堂在竞争激烈的市场里，没有融资、没有银行贷款、没有依靠政府的扶持政策，从 6000 元白手起家，一步步拼杀出来。姿美堂作为一个国民级的消费品牌，历经 15 年的起伏发展，虽然过程充满各种艰辛，但结果却令人欣喜。2005 年末，已经在计算机互联网行业从事五年软件开发工作的徐熙明，与当年在北京化工大学求学时认识的一位老师相遇，这位老师动员徐熙明加入他的创业团队。徐熙明曾学习过生物技术相关的专业课，听到这位老师拥有小分子胶原蛋白肽的专利并可以将其产业化后激动不已，认为这是一个大有可为的行业，便毅然决然地开启他的第一段创业之旅。

很快，新公司在北京亦庄成立，经过三年时间，公司已经创建自己的工厂，第一批小分子胶原蛋白肽在国内领先上市。好景不长，2008 年公司内部爆发尖锐矛盾，虽然徐熙明作为公司创始人之一占有公司一定的股份，却也没有扛得住这场利益风暴，最终不得已从公司净身出户。"失之东隅，收之桑榆"，机遇也总是让人捉摸不定。徐熙明为打发无聊时间，在天涯社区的娱乐八卦版块随意发了一个有关"胶原蛋白"的科普帖，不曾想竟然火了！当月该科普帖的点击量过百万，在那个互联网刚刚崛起的年代，百万级点击量实属罕见，很多网友还催促他赶快更新科普帖，就这样，胶原蛋白科普成为当年的年度热帖。这一举动不仅使胶原蛋白得以广泛普及，还揽收了大量的胶原蛋白潜在消费者。

以往的创业经历让徐熙明嗅到其中蕴藏的巨大商机。趁着这股"东风"，经过再三缜密的思索，徐熙明于 2009 年 10 月注册了"姿美堂"品牌并开了淘宝店，第一桶蓝罐胶原蛋白上市。无疑，淘宝店生意非常红火，第一个月的收入就超过 10 万元，三个月后迅速发展成为全网专业第一。公司员工虽然还不到20 名，但 2010 年的销售额达到 1000 万元，2011 年销售额已突破 3000 万元。创业并不总会一帆风顺，随着胶原蛋白市场的迅速发展，消费者对胶原蛋白的有效性产生怀疑，随即相关负面报道也铺天盖地，致使公司人心涣散，员工纷纷离职，业绩不断下滑。从 2013 年 7 月开始，公司连续亏损 14 个月，庆幸的是，在调整期间公司大部分核心业务骨干并没有离开，而是选择继续坚守阵地。正当大家焦灼无奈、一筹莫展的时候，姿美堂成功研制并推出六角形酵素产品，该款爆品至今行业领先，而且从当年 8 月份，公司开始扭亏为盈，每年都有所突破。

姿美堂从开淘宝店起家，为用户提供真诚服务，而且在电子商务领域一直都非常活跃，几乎赶上了每一个新型营销的浪潮。2012 年，姿美堂淘宝商城（天猫）"双十一"期间交易额破千万，建立了呼叫中心，为用户提供全方位健康管理服务。2014 年，公司大力发展粉丝经济，开展私域数字化营销和服务。2015 年，公司发展 IT 支撑企业数字化建设，徐熙明敏锐洞察到直播带货作为一种新型的商业模式，在未来将会有"井喷式"发展，肯定能为姿美堂的产品销售助力，为集团带来不可估量的影响，于是向当时一家正在经营在线直播的技术服务公司投资 1000 万元，直接控股视秀科技公司。2017 年，姿美堂开创直播业务并成为类目直播领先者，而且也进军微商领域，从网络开发到经营模式的创立，至少投入了 5000 万元自主研发出一套系统并用以支撑微商的运行。2018 年，姿美堂收获抖音直播的第一波红利，自此集团业绩飙升，现也已形成北京市特色直播电商基地。2020 年，姿美堂发展成为天猫数字舰长单位，获天猫健康超级大奖牌等。虽然姿美堂在 2020～2022 年也受到全球公共卫生事件的影响，业绩下跌 50%，但姿美堂并没有一蹶不振，而是继续寻找新的发展机遇，加快企业数字化转型，推动企业高质量发展。

3　数字化：姿美堂产品研发的助推器

3.1　姿美堂产品的市场定位

　　当前，姿美堂产品体系主要分为口服美容、身材管理、睡眠改善、益生菌、营养保健、国潮新养生、美妆护肤系列、一家专研所品牌、修芝堂品牌等，包括胶原蛋白固体饮料、大麦若叶青汁固体饮料、褪黑素维生素 B6 片、复合益生菌、枸杞原浆和红豆薏苡仁红参液态饮等产品。姿美堂不仅独立研发产品，还积极与外部科研团队发展产学研合作，结合市场产品差异化需求，与清华大学、北京大学、中国农业大学和中国食品发酵工业研究院等高校及科研院所进行合作，共同进行新产品研发，后续再将相关科技成果进行商业转化。此外，姿美堂也注重上下游企业以及客户在产品研发中的作用，使产品更贴合消费者的需求。

　　姿美堂通过构筑"品牌—品类—产品"的金字塔结构，不再只专注于单一产品市场，而是实行品牌多元化战略让其产品更加精细化，这与姿美堂通过数字化手段对消费者消费习惯与需求的敏锐洞察分不开。以早期关注的胶原蛋白为例，公司通过不断进行技术创新和产品更迭，相继研发出燕窝肽胶原饮果味饮品、蓁弹胶原蛋白肽果味饮品、透明质酸钠胶原蛋白果味饮品、蓁美弹性蛋白胶原低聚肽固体饮料、蓁润Ⅱ型胶原蛋白饮品等系列产品，满足了用户多元化、多层次、多维度的健康与美丽需求。

　　姿美堂在横向上不断建构多元胶原蛋白系列产品体系，在纵向上又对经典蓝罐胶原蛋白系列产品进行不断提升，比如为增强客户的口感体验，对胶原蛋白蔓越莓固体饮料进行升级，配料改为海洋鱼低聚肽粉(40%)、胶原蛋白肽粉(40%)和蔓越莓粉，使口感变得酸甜，客户愉悦感和满足感都得以满足。正是不断对产品进行创新，姿美堂逐渐向市场传递出以"热爱"为核心的品牌精神，主张女性应当爱我所爱、展现真我，并为 20+/30+/40+岁不同年龄段用户提供精准化的产品和个性化的健康服务，成为国民健康消费品中亲切自然的"小姐妹"。

3.2　姿美堂数字化产品研发

　　姿美堂作为一家高新技术企业，拥有较强的研发实力，产品研发团队约

110 人，研发团队人员大多具有化工、生物及食品工艺等专业背景。姿美堂的产品研发模式主要分为两种：公域产品研发和私域产品研发。前者是以市场流行趋势、竞品分析为主导，包括精品分析、市场调研、可行性功能分析、工业化生产、新品推送等流程；而后者是以消费者需求为主导，私域高端客户有意愿做定制化产品，公司在进一步了解客户需求和沟通后再进行产品研发，进而能够满足客户的个性化需求。

有研究表明，数字化赋能能够帮助企业解决数字化转型过程中遇到的两难问题，促进新产品研发。姿美堂产品从开发到成熟上市一般约三个月，这使姿美堂能够快速迎合客户需求。在姿美堂产品研发过程中，数字化手段的运用无疑是功不可没的关键因素。姿美堂结合自身行业属性聚焦"客户经营"，围绕健康、美丽等客户诉求，依靠集团专业团队进行系统研发、算法构建，打造高效的数字工具，不断建设符合自身发展需要的数字化产品体系，促进姿美堂的快速发展。此外，姿美堂作为大健康领域标杆企业，在研发设计、生产制造和产品服务等环节带动上下游各主体实现数字化转型，促进中国食品工业的转型升级。

姿美堂数据平台主要包括两个方面：一是面向客户的数据终端，二是企业数据中台（见图2）。面向客户终端的产品包括针对私域的姿美健康 App 和针对公域的微信小程序、姿美堂天猫旗舰店等销售终端、小红书等社交渠道等。数

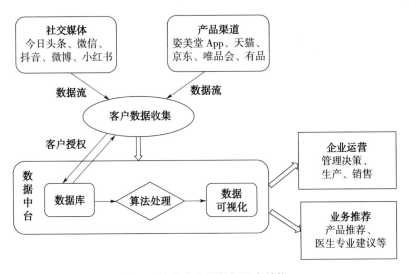

图 2　姿美堂集团数据平台结构

资料来源：作者根据姿美资料整理。

据中台是数字化运行的"大脑",包括数据库、算法处理、数据可视化呈现三个部分。在客户授权的情况下,集团通过姿美健康 App、微信小程序、小红书、淘宝和京东等渠道触达消费者终端处收集数据并存入数据库,然后用设计的算法对数据进行加工处理,将处理的数据结果可视化呈现,为公司的决策、生产和销售等提供数据支撑,同时可以根据消费者情况进行产品推荐及提供医生的专业化建议。

姿美堂结合集团发展战略,依托自建的数字智能中心团队,精心构建数据中台,整合生物技术研发、生产制造、品牌营销、电商运营等方面资源,拥有强大的数字化自有研发力量。姿美堂秉持"以客户为中心,以数据为驱动"的原则,将数字化应用贯穿整个业务流程。通过对各场景数据的整合与聚合,姿美堂成功实现公域与私域流量的有效互通,打破了流量壁垒。在此基础上,公司进一步利用数据技术进行用户画像的精准构建,从而提供个性化的服务,实施精准的营销策略,深入挖掘用户的潜在价值并满足其需求。而且,姿美堂还注重用户留存与裂变,通过精细化运营,实现用户的全生命周期转化,持续推动业务增长。此外,姿美堂凭借其卓越的前端数据收集能力与后端数据处理技术,不仅能深入洞察并理解客户的真实需求,更能据此为客户量身打造一系列有价值的服务。通过这些举措,姿美堂能够更为精准、高效地与潜在客户建立联系,从而全面提升客户的使用体验和服务质量,增强客户对品牌的满意度和忠诚度,更为姿美堂在激烈的市场竞争中构筑独特的品牌优势。

4 精准营销:打造新零售数字化运营体系

姿美堂以数字化为核心驱动力,秉承健康产业互联网的前瞻性思维,精心打造了一个覆盖全渠道、全域市场、全人群需求、全品类产品及产业全链条的数字化运营体系,如图 3 所示。这一体系的建立,不仅显著提升了企业的运营效率,更致力于精准满足每一位客户的个性化需求,实现健康产业的数字化升级与服务创新。下面我们具体分析姿美堂是如何实现精准营销并牢牢抓住目标客户的。

4.1 客户数字化经营

在客户经营策略上,姿美堂摒弃传统电商以商品和平台为主导的模式,转而采取一种以消费需求为驱动、客户为核心的新型服务策略。通过深度运用数字客户系统,姿美堂精准分析客户的订单记录、沟通互动等数据,从而绘制出详细的客户画像,这不仅帮助姿美堂更准确地理解客户需求,还引导其系统为

图3　姿美堂集团全域数字化运营体系

资料来源：姿美堂内部资料。

客户提供定制化的产品和服务推荐，促进了客户购买决策的效率和满意度。创立初期，姿美堂以产品售卖为导向，随后发展成为健康1V1管理，又逐渐发展成为全方位健康管理。姿美堂围绕客户本人及其家庭，提供一站式、精细化、全方位的健康解决方案和个性化服务，实现客户定制精准对接，实现从公域到私域的客户经营，客户愉悦感与价值感显著提升。

姿美堂近些年蓬勃发展，能够实现新零售模式的全面升级，得益于自主研发的新零售社交管理系统——神X系统。该系统无缝连接了姿美堂的电商生态与微信平台，不仅构建起一个闭环式的新零售体系，还提升了用户黏性并建立起持续稳定的客户关系。神X系统包括神灯、神眼、神助三个部分，三者协同工作，共同推动姿美堂新零售战略的深入实施。

（1）神灯系统：作为业绩与管理的智慧之眼，实时展现团队、小组乃至个人业绩的排行，不仅强化了企业内部竞争与合作机制，还通过精细化的顾问人员与微信账号管理、客户画像构建及标签分类、成交数据的深度统计分析，为姿美堂提供了精准的市场洞察与决策支持。

（2）神眼系统：能够帮助解决客户数据安全问题，涵盖微信及数据安全、客户信息的高级加密与隐藏、敏感功能的有效屏障、粉丝互动与聊天记录的全面监控、敏感操作行为的即时警报及先进的语义识别监控，确保每一位客户的数据安然无虞，同时提升客户服务的精准度与品质。

（3）神助客服：作为一款 PC 端的多开系统，能够同时登录多个微信号，如图 4 所示。借助用户画像标签技术，客服人员能够迅速掌握客户的性别、年龄、购买历史及偏好等关键信息，为客户提供更加个性化、贴心的服务体验。此外，内置的客户待办系统还能智能提醒跟进事项，确保每位客户都能得到及时、专业的关注，无一遗漏。

神 X 系统的投入和使用，不仅为姿美堂的新零售之路夯实了基础，还帮助集团有效经营客户，帮助客户解决问题，建立起客户对姿美堂的信任，将客户转化为姿美堂的深度消费者与主动传播者。此外，从神 X 系统获得的客户服务、客户转化、会员分层和客户留存等精细化数据也为姿美堂运营提供了支撑，帮助企业有效应对市场和环境的变化。

4.2　产品数字化营销

随着移动互联网技术的快速发展，各行各业开始转变营销模式，数字化营销成为当下主流的营销模式，尤其备受快消品行业的关注。在营销领域，姿美堂一直致力于推动信息数据的一体化和平台化建设，通过不断优化，已经逐步实现全域的协同运作和信息共享，这不仅增强了组织内部沟通与协作的效率，还显著提升了整体组织效能，为公司发展注入新动力。姿美堂通过数字化系统，可实时监测库存并依此及时调整生产计划和销售策略；结合销售数据和用户反馈分析，可了解产品的销售情况，进而及时调整产品设计和营销策略；此外，还通过社交媒体、搜索引擎等渠道与消费者进行互动沟通，不断提升与消费者的对话质量，快速响应客户需求。通过以上措施，姿美堂整合技术与资源优势，对市场环境、竞争品牌、产品消费者画像及技术转化率等数据进行动态监测，实时追踪用户反馈与营销效果，实现数字化管理与业务运营的深度融合，不仅提高了企业的运营效率和市场响应速度，还能够更好地满足客户需求和市场变化。

当前，姿美堂在数字化营销方面已逐渐形成独特优势，利用多元化渠道进行品牌推广和产品营销，如明星代言、网红直播、短视频营销和社交媒体推广等，如图 4 所示。以网红直播为例，除网红达人直播带货外，姿美堂早期已投入大量资金搭建自己的直播间，通过"专业化+精细化+场景化"运营，成功打造了独具特色的直播电商基地，极大地优化客户购物体验并提升销售表现，开辟了品牌发展之路。正是通过多元化营销渠道，姿美堂产品覆盖了更广泛的目标群体，产品销售额和品牌知名度均得以迅速提升。与此同时，姿美堂需要投入较多资源和精力维护合作关系，科学管理多元渠道，避免不同渠道之间产生冲突，进而对产品营销效果和品牌声誉带来不良影响。

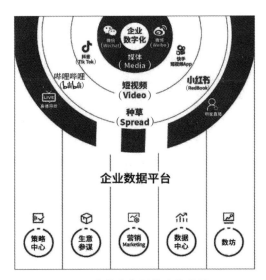

图 4　姿美堂集团数字化营销

资料来源：姿美堂官网。

4.3　数字化运营渠道

目前，姿美堂运营渠道主要在线上，包括天猫、京东和唯品会等主流电商平台。与此同时，姿美堂积极布局私域电商，通过微信生态进行客户运营和产品销售，通过小红书、哔哩哔哩和微博等众多自媒体平台进行数字"种草"。此外，姿美堂还开展直播电商业务，利用抖音、快手等直播平台进行产品推广和销售。除了线上运营渠道，姿美堂也不断拓展线下渠道，如与美容院、健身房等合作，为消费者提供全面的健康美丽解决方案。

不同的营销渠道各有优劣。首先，主流电商平台流量大，购物流程成熟，用户信任度高，转化率也较高，而且电商平台的数据分析工具可以帮助企业更好地了解消费者行为，从而进行精准营销。但是，主流电商平台竞争激烈，企业需要投入大量人力、物力等资源进行店铺推介、产品详情页制作、促销活动策划等，以提高店铺排名和曝光率。其次，相比电商平台，微信、微博等社交媒体平台用户黏性高，能够实现与用户的沟通和互动，精准推送消息，而且有利于品牌口碑建设与传播。当然，由于社交媒体平台算法经常发生变化，对推送信息质量要求较高，因此需要企业不断推出高质量的内容信息。最后，抖音、快手等直播电商用户参与度高，能够与客户实时互动，提高转化率，此外，还可借助网红或明星的影响力促进产品销售和品牌宣传，但直播电商也需要投入大量资源策划和执行直播活动，需要解决物流、售后服务等问题。

姿美堂在运营渠道上采取了多元化策略进行品牌推广和产品营销，包括明星代言、网红直播、短视频营销、社交媒体推广等，但这些渠道并不是割裂的。姿美堂董事长徐熙明先生之前接受采访时说道："姿美堂的销售得益于神X系统的支撑，该系统会把姿美堂在传统电商平台的客户转化为微信通讯录中的朋友关系，然后专业团队通过贴标签、沟通提示、内部服务评级等标准化流程对客户进行分组维护，通过健康管理方式让客户留存，增加客户与姿美堂的黏性，进而促进客户复购，提升销售业绩。"在营销过程中，姿美堂结合不同渠道的优势选择或调整营销策略，并可在不同渠道之间进行转换，以便能够实现最佳运营效果。

4.4 数字化平台建设

2022 年，姿美堂致力于深化信息数据平台化发展，上线"姿美健康"App，打造平台化服务模式，帮助集团实现更为精准的数字化营销。这款 App 能够根据不同年龄层和生活场景的消费者需求，为每位用户构建个性化数字健康档案。更重要的是，它还能够根据用户对健康与美丽的个性化追求，与多种内外部资源进行有效链接，智能推荐合适的健康服务解决方案并提供详尽的个性化解答，帮助用户精准获取所需内容，全方位满足消费者多元化、多层次和多角度的需求。此外，姿美堂提供的在线问诊、健康管理等服务，为用户带来了更加便捷和高效的服务体验。

姿美堂在数字化平台建设上采用了多项先进技术，涵盖自主研发的应用系统、精细算法、高效工具等。这些技术不仅广泛应用于客户管理、营销策略、运营推广、数字服务质量提升、数字供应链管理等多元化领域，还助力姿美堂成功构建了一套完整的企业数字组织运作体系，包括企业微信、自动办公（OA）、E-HR、业财系统、质量监控系统、货物和供应链系统等，帮助姿美堂从上至下培养数字化业务思维，进而实现企业整体的数字化转型。同时，姿美堂还借助数字化技术持续进行产品创新和健康服务升级，以确保能够精准捕捉并满足消费者不断变化的需求。

姿美堂在数字化运营方面的深入实践充分证明数字化技术对企业发展至关重要。借助数字化运营，企业能够更精准地把握客户需求和市场动态，降低运营成本，提升基本业务活动的运营效率，进而激发企业高质量发展的动力和活力。随着数字技术的不断发展和应用场景的不断扩大，姿美堂将继续加强数字化运营的应用与创新，致力于为客户提供更高品质的产品和服务。同时，姿美堂以消费者需求为驱动力，在数字技术的支持下，不断完善全域数字化运营体系，洞察市场变化并迅速做出响应，为广大消费者提供优质产品和健康服务，积极贯彻落实"用数字，链接美好与健康"的集团使命。

5 数字化运营成效及未来规划

5.1 数字化运营成效

数字化转型是近年来学界和业界共同关注的重要话题。多数调研结果均证实，数字化能力对于企业的绩效具有显著的正向推动作用，主要是因为数字化能力较强的企业会高度重视数字资源与传统资源的有机融合，而且会持续致力于利用前沿的数字技术来优化生产流程、市场营销等关键环节。姿美堂正是通过全方位数字化视角构建和优化企业运营体系，一方面，精准对接消费者需求，满足客户个性化需求；另一方面，敏锐捕捉前沿生物科技，连接产品研发与行业动态，不断实现产品品牌的迭代升级，助推姿美堂集团的高速发展。

伴随"她经济"的快速崛起，姿美堂作为中国女性健康品牌标杆，敏锐捕捉行业趋势，快速响应消费升级，通过数字化技术构建女性消费者画像，为女性提供高品质消费和个性化服务，不仅推动品牌产品符合消费者期待，切实满足用户对健康和美丽的双重需求，还能够提升营销效率和客户服务体验，与消费者共同创建美好生活。

在运营效率和成本方面，姿美堂借助数字化技术逐渐实现自动化、智能化运营，提高了生产、管理、销售等各个环节的效率，而且积极推动流程创新，以此增强组织的灵活性和敏捷性，从而帮助组织快速适应日新月异、变幻莫测的市场环境。姿美堂通过数字化技术实现精细化管理，降低集团运营成本。比如，姿美堂通过数据分析和预测可优化生产计划和降低库存管理，减少浪费和库存成本；此外，数字化技术助力集团实现远程办公和在线协作，进而降低人力成本、沟通成本、办公成本等。

在用户体验方面，姿美堂不断推动信息一体化、平台化建设，通过数字化平台收集和分析消费者数据，深入了解消费者需求和行为，再通过进一步的数据分析，可以精准定位目标客户，为客户提供个性化产品和服务，提高客户满意度和忠诚度。此外，姿美堂还通过数字化手段提供在线咨询、智能客服等服务，满足消费者对健康管理的需求并为消费者提供更加便捷、高效、智能的服务，不断优化用户体验，提高用户黏性和满意度。

在商业模式方面，数字化技术助力姿美堂创建"产品+服务"双效结合的商业模式，引导大健康行业规范化和全面化发展。姿美堂通过客户数字化经营，跳出传统电商的货和场为先的模式，以消费者需求为导向更新服务模式。姿美堂通过数字化技术进行产品创新和健康服务，满足消费者对健康管理的需求。此外，姿美堂还积极探索数字化营销、社交电商等新型业务模式，不仅使品牌知名度和销售额均显著提升，夯实了行业品牌地位，而且带来效率和场景化变革，推动行业共创共享，促进整个商业业态的重构。

5.2 姿美堂数字化未来发展方向

姿美堂作为一家在大健康产业领域具有影响力的企业，紧跟数字化发展趋势，不断优化企业运营和产品营销策略。基于当前市场状况和行业发展趋势，姿美堂对未来的数字化运营和产品有如下规划：

在数字化运营方面，随着大众健康意识的日益提升，健康产业逐渐成为消费者关注的焦点，而数字化健康管理更是成为新的消费热点。面对这一趋势，新技术如人工智能（AI）、大数据、物联网等在医疗行业的深度融合与应用，为大健康产业带来前所未有的发展机遇。姿美堂紧跟时代步伐，积极利用大数据分析技术，以精准的数据洞察来定位目标客户群体，通过社交媒体平台、内容营销等多种策略，提升品牌的市场影响力和用户的忠诚度。

同时，姿美堂借助数据分析工具不断优化服务流程，确保为用户提供更加贴心和高效的体验服务；另外，引入人工智能客服系统，实现 24 小时在线服务，确保每一位客户的需求都能得到及时响应和满足。个性化和社交化是未来消费品牌的重要趋势，姿美堂会进一步结合数字经济、大健康经济、元宇宙等区域优势完善直播生态系统，通过有特色的直播内容向消费者传递健康和美好生活方式的理念。

在产品研发方面，姿美堂积极拥抱人工智能与大数据技术，致力于为消费者提供精准且个性化的产品推荐和量身定制服务，以此满足客户日益多样化的需求。姿美堂将持续投入研发资源，不断开拓创新，融合前沿技术研发引领市场的产品，如智能健康监测设备等，以满足消费者对健康与美丽的追求。同时，姿美堂将严格把控产品质量，确保每一款产品都达到安全可靠的标准，而且会密切关注市场反馈，持续优化产品性能和用户体验，力求为消费者带来更加卓越的使用感受。

产业数字化方兴未艾。作为数字营销的领军品牌，姿美堂将继续乘着数字化的东风，利用数字化技术洞察用户需求，为客户创造更多有价值的服务，同时也将借助这些技术更精准、更有效地链接潜在客户，更全面地提升产品的客户体验和质量，从而形成独特的品牌竞争优势。

6 姿美堂数字化转型经验总结

姿美堂以"点燃千家万户的健康愉悦"为愿景，以当代女性对健康与美丽的追求为发展靶向，争做数字健康创新者。姿美堂作为一家跻身大健康产业多年的责任型健康企业，经过多年的市场沉淀与积累，目前已经构建了结构完整且品类丰富的产品体系，涵盖体重管理、口服美容、睡眠改善、养生滋补、美妆护肤等细分类目，以优质产品及真诚服务满足成千上万"她与她家庭"的健康需求，打造出全新的产品使用场景，与消费者共创健康美好生活。在大健康产业中，数字化运营和产品研发的紧密结合是姿美堂取得成功的关键，更是其在当今激烈的竞争环境中取得持续优势的核心战略。姿美堂的数字化转型经验具体如下：

一是深化数字化布局。姿美堂与多个电商平台和直播平台建立合作关系，成功打造明星爆款，实现技术与业务的有机融合。通过移动互联网的技术优势和大数据信息，姿美堂不断洞察市场，了解消费者需求，整合现有产品并拓宽渠道资源，实现产研销一体化管理，打造出一条从供应链、物流到营销的全链条体系。

二是持续创新。姿美堂集团不断对产品进行迭代升级并及时创造和传递产品价值，加深企业与用户的链接，构建密切的交互关系，夯实行业品牌领先地位。通过数字化创新变革，姿美堂推动健康消费品行业共创共享，重构相关企业的商业模式。

三是构建全域数字化运营体系。姿美堂结合集团发展战略，以客户需求为中心，依托自建的数字智能中心团队，通过整合生物技术研发、生产制造、品牌营销、电商运营等方面的资源，具备了强大的数字化自主研发能力。姿美堂具备全域数字洞察、跨平台数据整合与使用、传播效能数据监控、推广效果数字化追踪等能力，能实时监控追踪传播效果，打破信息壁垒。

四是强化客户经营。姿美堂的数字化转型以客户为中心，通过数字化手段精准洞察客户的消费习惯与行业动态，推出更前卫、健康的产品与更精细化的平台运营模式，从而提升客户服务体验和营销效率。例如，"姿美健康" App能够为用户建立专属数字健康档案，结合个人对健康与美丽的需求，链接更多内外部不同资源，智能推荐健康方案与健康知识。

通过深度挖掘姿美堂案例，我们可以了解到数字技术如何助推企业实现高质量发展。在不断变革的商业环境中，企业需要适应数字化浪潮，善用先进技术，实现数字化运营的全面升级；与此同时，紧密关注市场变化，灵活调整产品研发策略，以创新为驱动，满足消费者不断升级的需求。未来，我们期待看到更多企业能够借鉴姿美堂的成功经验，勇于拥抱数字化转型，将数字化运营与产品研发有机结合，实现更为卓越的业绩。数字化时代为大健康产业带来前所未有的机遇，唯有不断创新、善于变革，方能在这个充满活力的市场中取得更加辉煌的成就。

参考文献

［1］中共中央　国务院印发《"健康中国 2030"规划纲要》［EB/OL］.（2016-10-25）. https：//www. gov. cn/zhengce/202203/content_ 3635233. htm.

［2］培育大健康产业生态　产学研携手打通科技成果转化"最后一公里"［EB/OL］.（2024-04-11）. http：//finance. people. com. cn/n1/2024/0411/c1004-40214289. html.

［3］池毛毛, 叶丁菱, 王俊晶, 翟姗姗. 我国中小制造企业如何提升新产品开发绩效——基于数字化赋能的视角［J］. 南开管理评论, 2020, 23（3）：63-75.

［4］胡宇辰, 胡勇浩, 李劼. 企业数字化能力：研究述评与展望［J］. 外国经济与管理, 2023, 45（12）：34-51.

［5］王强, 王超, 刘玉奇. 数字化能力和价值创造能力视角下零售数字化转型机制［J］. 研究与发展管理, 2020, 32（6）：50-65.

［6］马鸿佳, 王春蕾. 数字化能力总是有益的吗？数字化能力与企业绩效关系的元分析［J/OL］. 南开管理评论, 2024（网络首发）：1-17.

数字启新 场景互联：
兆讯传媒的数字化转型

李 垚 郑强国

案｜例｜摘｜要

数字化转型理念和数字技术已经深入渗透到各个行业，并带来了广泛而深远的影响。除了传统生产制造型企业，已经掌握和应用数字技术的传媒、广告等行业，因其特定的业务模式和需求，更容易受到数字化转型的影响和推动。即使是头部企业，在数字化转型过程中面临机遇的同时，也不可避免地面临着挑战，需要根据自身实际情况进行决策和规划。兆讯传媒的数字化转型不同于传统生产型、制造型企业，除了数字技术的应用，管理者的数字化思维、对细分市场前瞻性的预测、未雨绸缪的产品布局等都显得更加至关重要，转型过程中员工的抵触情绪低、配合度高也颇具互联网类企业的扁平化典型性特点，这对其他广告、传媒等企业的数字化转型、平滑升级也具有很强的现实参考价值和借鉴意义。

0 引言

北京王府井步行街，人来人往，熙熙攘攘，一头憨态可掬的熊猫跃然于地标北京百货大楼 LED 大屏幕之上，在鲜花丛中呈现各种悠然自得的姿态。突然，它竟然将头探出了屏外，又有几只小小的熊猫长着翅膀像小蜜蜂一样，从画面中飞出与大家互动……这就是户外裸眼 3D 呈现的视觉效果。温暖治愈又呆萌可爱的它们吸引了很多行人驻足观看，拍照分享。

兆讯传媒广告股份有限公司(以下简称"兆讯传媒")自 2007 年成立以来，始终在铁路媒体领域深耕和挖掘，基于中国高铁网格状的布局，自建覆盖全国的高铁数字媒体网络，并以此为依托从事高铁数字媒体资源的开发、运营和广告发布业务。2022 年 3 月，兆讯传媒成功登陆 A 股资本市场，成为中国高铁传媒第一股，同时开启商圈 LED 业务①。目前，以北京为总部，在"百城千屏"政策驱动下，兆讯传媒赋能都市生活场景数智化建设，开启数字户外商圈 LED 大屏业务，提供一站式营销伙伴服务，持续驱动客户品牌价值升级。上文提到的熊猫，就是其自主研发设计的数字媒体作品之一——《猫猫虫》。

1 栉风沐雨，弦歌不辍

1.1 敏锐的商业洞察和业务模式创新，切入高铁广告发布业务

兆讯传媒基于广告主和投资人的视角，通过对中国高铁未来发展趋势的前瞻性商业判断，在综合对比机场媒体、铁路客运站媒体、加油站媒体和医院媒体后，同时受当时分众传媒等新兴媒体崛起的市场影响，最终选择专注于深耕铁路媒体领域。能够精准地切入高铁广告发布业务，是由于兆讯传媒敏锐地洞察到了铁路媒体的以下优势：

一是铁路覆盖客流量大、触达率高。媒体的广告价值大小体现在其覆盖人群的数量和质量方面。铁路覆盖的客流量数倍于机场媒体，候车室候车时间较长、具有封闭性，广告触达率远高于加油站媒体、医院媒体。尽管绿皮车时期的旅客消费能力较弱，出行人群中具有高消费能力的商旅人群占比较低，但仍能够满足快速消费品等广告主的推广需求。

二是铁路的产业升级。2004 年，《中长期铁路网规划》首次提出建设"四纵四横"的客运专线，并在高铁装备和电气化等技术上进行创新。考虑到中国的人口密度和城镇化空间，参考国外经验，预测中国较大可能会沿着日本新干线模式完成从普通铁路到高铁的产业升级；升级后，铁路媒体环境将一改以前的"脏乱差"，向机场环境靠拢。随着出行人群中高消费能力的商旅人群占比逐渐提高，媒体传播价值上升，必然要求广告要能够满足地产、汽车、珠宝、中高端消费品等大型广告主的品牌传播需求。

2008 年，兆讯传媒凭借在媒体形式、合作模式、规模化运营等业务模式方面的创新，成功进入铁路媒体领域。它的表现可圈可点，是传统媒体到数字媒体转型的见证者，更是各个阶段的实际参与者。兆讯传媒内部组织结构如图 1 所示。

---

① 资料来源：《2024 年兆讯传媒推介》。

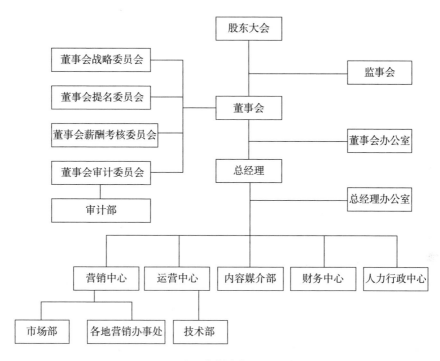

图1　兆讯传媒内部组织结构

资料来源：兆讯传媒《招股说明书》。

早期的数字化转型主要受行业新科技及竞争对手导向的影响。媒体形式创新方面，兆讯传媒成立之初的火车站媒体类型以灯箱、海报、吊旗、立柱等静态媒体为主，公司参考分众传媒的模式，用电子显示屏发布广告，新颖的媒体形式改善了铁路站点的候车环境，获得了各铁路局的认可和支持。合作模式创新方面，由于广告公司一般为轻资产运营模式，资金实力相对较弱，自建媒体存在较大的资金压力，因此铁路媒体以前的合作模式以代理模式为主，而兆讯传媒依靠强大的资金实力，自建了媒体网络，这也为后期的数字化升级、一站式营销服务打下了坚实的基础。规模化运营创新方面，兆讯传媒进入铁路媒体领域前，铁路媒体资源分散在各铁路局及下属的站点或广告传媒公司，规模化运营需要公司拥有强大的地推能力，且铁路局要求支付高比例的预付款，轻资产的广告公司资金压力较大。兆讯传媒依靠自建媒体网络优势，快速完成了全国媒体资源布局，通过铁通的专网将全国火车站的数字媒体播放器连通起来，并通过信息系统平台远程管控，实现了一键换刊。

1.2 机遇与挑战并存

兆讯传媒的主营业务属于广告业,广告行业整体的发展速度和水平很大程度上依赖于国家和地区的宏观经济发展速度和水平,与宏观经济的波动呈现正相关性。一般来说,当经济周期处于稳定发展期时,通常消费者的购买力较强,有助于提升生产企业的经营业绩,生产企业因此会加大其在品牌传播中的预算投入,进而促进广告行业的发展速度和盈利水平提升;当经济增长停滞或发生衰退时,消费者购买力下降,生产企业经营业绩不佳,通常减少品牌传播预算投入,进而导致广告行业整体发展速度和收益水平下滑。

此外,VUCA①时代来临,消费市场正在向易变、不确定、复杂、模糊的方向转变,消费者需求日益多元化,这导致传统市场调研中抽样的科学性和代表性不断被削弱。过去粗放型、单一型的传统广告策略越来越难以精确捕捉目标消费者,无法满足广告主及消费者的需求。市场对精准化传播、细分化管理、针对性强、转化率高的媒体广告需求不断加大,这给媒体广告行业带来了新的问题与挑战。

并且,高铁媒体站点建设投入资金巨大。高铁媒体广告行业依托高铁客运站媒体资源而存在,高铁数字媒体网点的建设是这个行业市场运行的先决条件,而在建设高铁媒体网点的过程中,需要巨大的资金支持。首先,广告媒介需要通过与铁路局集团签订媒体资源使用协议,预付媒体资源使用费;其次,需要进行广告播放设备的采购、投放及安装;最后,网点投入使用以后,需要专人进行维护管理。高铁媒体站点建设过程中所需的巨额资金,往往也成为企业发展的瓶颈。

在这样的宏观环境和市场背景下,数字化转型的动因已然从外部推动转为企业自主行为。兆讯传媒未雨绸缪,意识到应将当时新兴的数字化媒体与高铁行业深度融合,更快和更好地响应客户需求,适应消费信息传播方式的转变、营销方式的升级,推动传统广告发布业务与数字媒体、计算机信息技术等新兴产业有效融合。对于新的 5G 网络技术环境、新的媒体设备,兆讯传媒需要不

---

① VUCA 是 Volatility(易变性,指变化的本质和动力,也是由变化驱使和催化产生的)、Uncertainty(不确定性,指缺少预见性,缺乏对意外的预期)、Complexity(复杂性,指企业为各种力量、各种因素、各种事情所困扰)、Ambiguity(模糊性,指对现实的模糊,是误解的根源,各种条件和因果关系的混杂)四个单词的缩写。这些因素描述了企业展望当前和未来状态的情景,表明企业在制定政策或计划时的边缘性。

断更新软硬件，适应数字媒体不断变化的经营环境，保持领先的技术水平和高质量的媒体网络体系，具备以信息系统平台保障高效刊播流程的能力。如果公司在技术创新方面决策失误，或未能及时跟上 5G 的发展速度，没有及时跟进市场变化特点，就很有可能被削弱市场竞争优势，进而影响公司的持续发展。

正是因为拥有这样的大局观和全局意识，兆讯传媒得以不断进取、获得佳绩。兆讯传媒早在上市前，就已与国内 18 家铁路局集团中的 17 家签署了媒体资源使用协议，截至 2023 年底，签约铁路客运站点 561 个，媒体点位 5346 块，逐步建成了一张覆盖全国 96% 的省级行政区、年触达高质量商旅人群超过 20 亿人次的自有高铁数字媒体网络①，成为高铁数字媒体广告行业中媒体资源覆盖最广泛的运营商之一。

2　功不唐捐，玉汝于成

2.1　专注高铁数字媒体广告行业细分领域

随着高铁旅客数量的不断增加及设施条件的改善，高铁媒体广告宣传优势日益明显，由此带动相关媒体行业的快速发展。根据资源载体和广告播放场景的不同，高铁媒体行业主要分为高铁列车媒体和高铁站媒体两大类，兆讯传媒属于高铁站媒体中的高铁数字媒体，市场细分如图 2 所示。

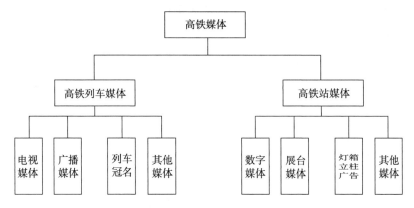

图 2　兆讯传媒高铁数字媒体广告业务的市场细分

资料来源：作者根据公司细分市场情况整理。

---

① 资料来源：兆讯传媒广告股份有限公司官网（www.zhaoxunmedia.com）。

高铁数字媒体广告行业是数字化媒体与高铁行业融合而成的新兴细分领域。高铁数字媒体依托高铁客运站媒体资源平台，利用数码刷屏机、电视视频机和 LED 大屏幕等设备作为媒介载体，有针对性地向目标受众传播信息，利用高铁站特有场景、受众规模庞大等优势，帮助广告主实现品牌打造、宣传。得益于我国高铁行业及数字技术的快速发展，作为新兴的广告媒体形式，高铁数字媒体广告行业进入快速发展阶段。

兆讯传媒选择投身于高铁数字媒体广告行业这个细分领域，主要取决于高铁数字媒体广告相较于其他广告形式所具有的四大优势：高速增长、触达率高、定位清晰和网络化。

2.1.1 高速增长：高铁里程快速增长，覆盖人数快速增加

2008 年，国务院发布《中长期铁路网规划》，规划 2020 年形成"四纵四横"城际客运网。2017 年 7 月，宝兰高铁开通运营，标志着我国《中长期铁路网规划》中"四纵四横"铁路网提前建设完成。2017 年 11 月，《铁路"十三五"发展规划》出台，规划推进"八纵八横"主通道建设。从"四纵四横"到"八纵八横"，随着客运量的快速增长，高铁时代已经到来。

《铁路"十三五"发展规划》提出，到 2020 年，全国高速铁路营业里程达到 3 万公里，高速铁路网覆盖 80%以上的大城市。截至 2019 年末，中国高铁营业里程从 2008 年的 672 公里增至 3.5 万公里，年复合增长率为 43.24%，提前完成《铁路"十三五"发展规划》高铁营业里程规划目标。庞大的旅客群体和较快的增长速度，为高铁媒体提供了庞大的受众人群基数。

2.1.2 触达率高：高铁场景配合多样化资源，为传播创新提供想象力

环境因素直接决定受众的关注状态和注意力焦点。随着我国《中长期铁路网规划》的不断调整和落地实施，高铁站点区域环境，一改传统火车站的拥挤和杂乱，逐渐与机场环境媲美，其站点区域内的媒介传播环境也更加优质，受众对高铁站点内媒体传播的内容也更加关注和接受。

根据兆讯传媒内部研究报告中提供的数据，高铁旅客平均候车区停留时间为 36.3 分钟，远远高于公交、地铁、楼宇、电梯的等候时长，传播时间充足、接触机会大、干扰少、信息影响力强，是封闭空间最具价值的传播平台，触达率高于其他媒体形式。高铁全国性的高覆盖与区域性的强渗透，形成了良好覆盖与规模优势，配合高契合度人群与精准传播，从信息传达、体验、互动交流到购买转化，实现一步到位，且功能全面，能够更好地满足品牌的价值与诉

求，如图 3 所示。

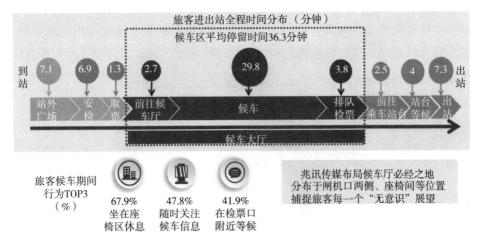

图3　兆讯传媒的高效触达示意图

资料来源：兆讯传媒内部研究报告。

2.1.3　定位清晰：高铁覆盖受众为商旅人群，媒体传播价值较高

相比高速公路和民航，高铁受天气影响较小，其准时性、舒适性的优势得以凸显，受到商务人士及旅行人员的青睐。根据兆讯传媒内部研究数据，在高铁出行中，商务人士占 75.4%，家庭月收入 1 万元以上人群占 82.2%，商旅人群具有高学历、年轻化的特点，以企业白领、中高层管理者和学生为主，高铁站点成为高价值人群聚集区域。依托于商务往来，以及接送人群出入，高速铁路站内的媒体能够影响到更多群体，从而产生人群扩散效应。

高价值人群不仅适合各种快速消费品及日化产品的投放，同时也适宜各种耐用消费品及时尚用品的投放，这也促成高铁媒体成为全域产品投放平台，提升了高铁媒体的传播价值。

2.1.4　网络化：网格化的高铁布局，促成了高铁媒体的网络效应

高铁建设以"八纵八横"主通道为骨架、区域连接线为衔接、城际铁路为补充，其打造的高速铁路网形成网格状，覆盖全国 50 万以上人口的大中城市。伴随高铁经济发展起来的高铁传媒，也以网络化的媒体布局打造媒体价值。例如，京广主干线沿线城市 GDP 相对较高，经济活力强；华东区域作为中国的经济强区，进出口贸易多，人群消费能力强；西南区域旅游资源丰富，高铁出游便利，处于消费升级阶段。广告主可根据不同地区的区域特征制定网络化和

点位化策略，从而实现规模化和精准化的传播落地效果。

同时，站点媒体可利用高铁大容量、高速度和客运性等特点，充分发挥高铁站点区域汇聚大量人流、物流和信息流的优势，有利于快速开拓区域市场，实现跨区域联动传播；借助高铁的流动性，可加快区域渗透，较快地实现媒体在全国的大范围覆盖。

2.2 成为高铁数字媒体的先行者和引领者

现代科学技术的发展使广告业获得了技术创新带来的市场机遇。以数字媒体和计算机信息处理技术为代表的新媒介和新技术在广告行业的应用，带来了以精准化传播和差异化定制为主要特点的新媒体广告行业的发展和壮大，并使其成为未来广告业的主要发展方向之一。而程序化、基于位置服务(LBS)、增强现实(AR)等新一代信息技术的升级与成熟，将进一步推动高铁数字媒体广告行业的持续发展。

科技创新方面，兆讯传媒通过采用安全高效的网络传输技术、拥有自主知识产权的计算机信息处理技术，构建高效的信息系统平台，实现自主安装的媒体设备全国联网和数字化远程控制，通过信息系统平台数字化远程管控，对全网媒体设备远程发布指令，媒体设备自动按指令播送，大幅度提高服务水平和管理效率。

新旧产业融合方面，高铁数字媒体广告行业是基于户外广告与新兴数字化媒体形式，与高铁行业融合而成的新兴细分领域。兆讯传媒自成立以来，高度重视信息化建设与高铁媒体的融合，现有的信息系统平台已安全运行多年，并保持持续的更新换代和研发投入，积累了丰富的信息化建设基础和经验，具有较强的信息化运营的技术优势，可以做到一键换刊，保障高效的刊播流程。由于构建了高效的信息系统平台，兆讯传媒可以快速响应客户的多样性需求。

兆讯传媒高铁数字媒体网络建设流程主要包括媒体资源开发、高铁数字媒体搭建、网络和数字媒体设备管理，具体流程如图4所示。

高铁数字媒体是兆讯传媒的第一业务曲线，基于上述理念和技术，具体到产品，主要分为兆讯刷屏和兆讯视觉两大模块。兆讯刷屏具有"全国覆盖、优质网络、核心区域、超长触媒、科学布局、直达全场"的特点，通过站点媒体联播网，高效覆盖多目标市场；而兆讯视觉则力图实现"超级枢纽、重磅加持、视觉冲击、全场焦点、数字创意、互动升级"的效果，通过在场景内树立稀缺标杆媒体，依托场景辐射效应，极致塑造品牌形象。兆讯刷屏和兆讯视觉的产品展示如图5、图6所示。

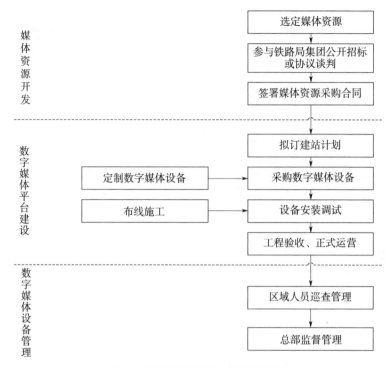

图 4 高铁数字媒体网络建设流程

资料来源：兆讯传媒《招股说明书》。

图 5 兆讯刷屏的产品展示

资料来源：兆讯传媒 2024 年公司推介。

资源示例—广州南站　　　　　西进站口直梯透明LED屏　　　　　媒体尺寸：128.8平方米

图6　兆讯视觉的产品展示

资料来源：兆讯传媒2024年公司推介。

作为最早布局高铁媒体领域和最专业的高铁数字媒体运营商之一，兆讯传媒凭借多年的安全稳定运营、良好的合作信用，与各铁路局集团建立了稳固的战略合作关系，在行业上游获得了良好的口碑；凭借十余年的经营积累和优质服务，在行业下游具有较高的品牌知名度。早在上市前，兆讯传媒就已与众多知名公司建立了良好的战略合作关系，客户群体涉及汽车、房地产、酒类、日用品、互联网、食品饮料等诸多行业，主要服务的大型知名企业有一汽大众、舍得酒业、阿里巴巴、中洲集团、娃哈哈、五粮液等，并获得"国家文化产业示范基地""2015年、2016年中国广告长城奖·广告主奖——金伙伴奖""2016中国最具传播力高铁媒体""2017年和2019年广告主盛典——年度金伙伴""2019—2020年度中国户外传播大会杰出企业"等多项荣誉。

3　踔厉奋发，砥砺前行

3.1　科技进步带来新的业务机会，数字户外不容小觑

互联网的产生和迅猛发展，改变了人们的信息接触方式，引发了媒体环境的变革。2018年，电视、互联网、户外三大广告平台的均衡局面被打破，形成了以数字媒体为主导的新格局。IPG集团旗下媒介资源整合中心MAGNA的

研究报告指出，2018 年，数字媒体销售的市场份额在中国已超过 60%，说明中国广告业的发展正在快速转换，全面进入数字广告主导的时代。并且，户外媒体已经超越电视，成为广告主预算分配的第二大重要渠道；数字户外在移动互联网技术的加持下，逐渐获得广告主更多的预算比例。广告行业的产业链如图 7 所示。

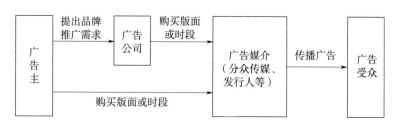

图 7 广告行业的产业链

资料来源：作者根据行业情况整理。

户外广告几乎贯穿了每个生活场景，对消费者进行着全方位的触达，并且随着消费者对场景需求和使用的转变，户外广告能借助不同场景中的特有媒介进行延展。不同于其余线下广告和网络广告穿插于资讯之中，容易被用户主动忽略，户外广告的强制性和巨大视觉冲击，在带给消费者的影响力和回忆度上占据优势。正是因为户外广告具有场景化、无限延展性和强制性三大特征，其传播价值没有在时代和需求的多番转变下消磨殆尽，反而历久弥新。

（1）场景化是指消费者在不同场景中的状态、心情、关注点各有不同，因而会更偏向于对某些类型的服务和产品拥有更深程度的需求。广告主则可以根据不同场景中消费者特性与产品的匹配度来有选择性地投放广告，与受众生活节奏的配合度较好。基于对场景化的深刻理解，2019 年，兆讯传媒的传播理念升级成"为品牌提供更直接的场景传播"。

（2）伴随时代的变化，消费者的生活习惯时刻都有产生转变的可能，进而，对某些场景的使用和依赖程度也会改变。户外广告并不受单一场景和形式的局限，而是可以随着场景需求的变动和场景类型的延展，借助各种形式的媒介而无限延展。

（3）生活节奏的加快使消费者的移动性增强，在户外停留的时间远长于从前，再加上各类广告展现量过多，消费者对许多渠道广告的主动关注度下滑。户外广告在场景中的强制展示性增加了对消费者的触达率和影响力；大面积展示形成的巨大视觉冲击也使其在带给消费者的回忆度上具有优势。

兆讯传媒总裁冯中华提到，程序化带来高效的广告投放与交易，LBS 加速广告定制化，提供个性的广告内容与推送，AR 促进广告真实化，提升广告互动性和体验性，这些都奠定了企业数字化转型的基础。

(1)程序化购买是互联网广告环境诞生的基于技术和数据进行广告的交易和投放管理模式。随着数字化对户外广告的不断渗透，未来将逐渐进入户外广告的程序化时代。户外程序化会经历三个主要阶段：一是投放平台推动阶段。这个阶段主要是完成技术搭建和概念普及的工作，由头部媒体和营销服务商凭借技术和数据优势，率先推动户外程序化平台的落地。二是广告媒介推动阶段。这个阶段主要是完成资源整合和合作规范的工作，广告媒介基于增加广告营收空间和最大化媒体资源上刊率，逐渐向头部程序化平台开放资源，并且不断寻求最佳的合作模式。三是广告主推动阶段。这个阶段主要是完成户外程序化生态闭环建成的工作，尤其是满足中小型广告主的小规模户外投放需求，基于程序化的交易模式也得以实现，进而吸引更多的广告主营销预算分配，进一步推动户外程序化的演进。

(2)LBS 是通过定位的方式获取移动端用户的位置信息，在地理信息系统的支持下，为用户提供相应服务的一种增值业务。例如，在 LBS 技术支持下的广告营销中，当消费者路过一个位置时，打开手机应用，发现推送的广告都是离自己不远的商场、餐饮娱乐场所中实时的商品服务、折扣、促销信息，这将极大地促成消费者的购买行为，广告的转化率将会得到大幅提高。虽然目前在广告媒体领域 LBS 技术还处于初步发展阶段，但是由于智能手机的普及和移动网络的升级，未来基于 LBS 技术的移动营销将大量普及。

随着户外广告数字化的应用程度不断加深，户外媒体数据资产搭建也将逐渐成熟，而场景数据和用户数据的结合，将推动户外广告在内容和推送方面实现更大程度的个性化及更加丰富的创意空间。通过采用 LBS 技术，可以及时掌握消费者所处的场景，同时与所处场景的户外广告媒体进行打通和联动，进而为消费者带来户外定制化的奇妙体验。从未来发展的可能性来看，未来会阶段性地出现三类服务，分别是基于场景数据的群体静态定制服务、基于用户数据的个体静态定制服务，以及基于场景和用户数据打通的个体动态定制服务。

（3）从市场应用角度来看，不断成熟的 AR 技术的重要商业化应用场景就是广告，AR 技术能够帮助品牌主更加真实、生动地向消费者展示商品和提供消费体验，而在所有的广告媒体中，数字户外是和 AR 广告最契合的展示场景。一方面，数字户外在屏幕展示空间大小上不受限制，能够更加匹配 AR 的视觉效果，实现趋近于真实的商品展示和消费体验；另一方面，数字户外广告自身有较强的场景属性，可以结合 AR 技术产生更为丰富的互动创意，进而实现越来越强的广告真实化效果。兆讯传媒市场服务中心负责人陈磊女士指出，在体验为王的时代，传统户外广告更多是一种展示，数字户外广告则可以提供更多的互动体验；传统户外广告作用于受众的视觉，而互动体验式的户外广告却能够满足受众的全方位感知。

户外广告具有强大的生命力，除了其自身的独有特征外，外部供需端和宏观侧的驱动力也不可忽视。从供需角度来看，线上人口红利减弱、线下流量价值的凸显使市场关注点聚焦在数字户外上；从宏观因素角度来看，户外相关政策规范产业和市场、城镇化建设助力不断开辟优质户外空间、资金方的关注和推动都让户外广告拥有了更强的生命力。

3.2　多元并蓄构建智慧户外媒介生态，裸眼 3D 登上舞台

兆讯传媒深刻洞悉科技进步与行业变化，采取了数字媒体与户外媒体相结合，本地强渗透、跨域广覆盖的策略，构建智慧户外媒介生态。城市间，兆讯传媒作为中国领先的铁路数字媒体运营商，继续通过高铁数字媒体高效链接目标市场，快速建立品牌影响力；城市内，兆讯传媒通过 LED 大屏等传播方式，助推数字内容与户外媒介的融合创新，深度渗透本地市场，制造亮点话题持续发酵以带动品牌热度。而在都市核心商圈打造地标高清大屏，也成为兆讯传媒第二业务曲线。至此，多元并蓄，兆讯传媒的两大业务曲线明晰，两者既有技术层面的深度联系，也有业务上的不同侧重。兆讯传媒城市间与城市内多元并蓄的媒介生态如图 8 所示。

户外场景媒体最为擅长的创意手段就是利用空间优势实现用户视觉侵占，达成空间沉浸，如高铁进站口、电梯、地铁车厢等。在技术的加持下，户外广告可以实现最深度的空间沉浸。借助投影、裸眼 3D 及全息等技术，数字户外媒体将会给受众带来前所未有的广告体验。作为人们生活中的一大重要场景，伴随着数字化转型的持续深入，户外媒体成为加强线上线下全域联动，争取体验式营销的重要渠道，其价值也被越来越多的广告主认同和接受。

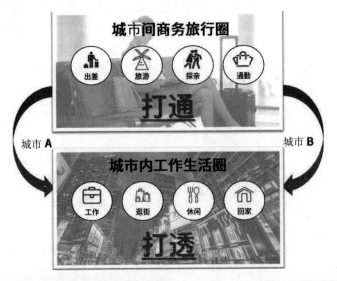

图8 兆讯传媒城市间与城市内多元并蓄的媒介生态

资料来源：兆讯传媒 2024 年公司推介。

　　兆讯传媒作为户外数字媒体的先行者，积极探索户外数字媒体发展趋势，自建了顶尖的由国内最早的裸眼 3D 项目核心团队成员构成的数字内容制作团队。目前，兆讯传媒的数字内容制作团队共有 12 人，但其生产力却相当于传统广告公司的百人团队。团队负责人陈子昂是位"90 后"，团队成员也均在这个年龄段，国内外学历背景多样化，涉及艺术、广告、金融等交叉学科。对于这样年轻的团队，当谈及保持组织稳定性的核心要素是什么时，陈子昂的答案是尊重，尊重每位成员的个体独特性。不同于传统生产型、制造型企业数字化转型过程中常出现的对新技术的抵触情绪，兆讯传媒的数字内容制作团队成员对于新技术都保持热情、积极的学习态度，但是他们更需要自己的观点被倾听、自己的才华被看见、自己的创造性被认同，呈现出典型的互联网扁平式交流和管理特点，与传统组织的垂直管理模式呈现出明显差异。

团队也不负众望，应用前沿的生成式人工智能(AIGC)、5G、AR 和光影等数字技术，挖掘媒体特点与城市景观融合表达，真正实现新锐创意巧思不断、前沿技术赋能表达。裸眼 3D《猫猫虫》是兆讯传媒为旗下王府井百货 LED 大屏全新打造的，运用了多项数字技术。数字内容制作团队资深专家马黎明介绍说，《猫猫虫》采用影视级绑定技术对熊猫进行骨骼绑定、蒙皮权重的制作；解算毛发动态曲线，驱动熊猫毛发，模拟真实的毛发效果；影视级打光，并根据屏幕最佳观看角度合成展开，达到超高清效果，大大提升了影片的质感和视觉冲击力。兆讯传媒深度钻研城市商圈场景，凭借技术实力，专注打造超级地标屏王。这类项目的建设和落地，也源于总裁冯中华对商圈场景、大屏广告市场的精准研判：

(1)国家重视裸眼 3D 行业发展，裸眼 3D 广告获得发展契机。近年来，我国相继出台多项国家产业政策，为裸眼 3D 行业发展提供了明确的规划和指导。2021 年 5 月发布的《国家重点研发计划"数学和应用研究"等"十四五"重点专项 2021 年度项目申报指南》和《国家重点研发计划"信息光子技术"等"十四五"重点专项 2021 年度项目申报指南的通知》将裸眼 3D 显示核心光学器件和共性技术与架构的关键技术研发纳入榜单之中。2022 年 1 月发布的《"百城千屏"活动实施指南》提出，到 2023 年 6 月，通过新建或引导改造国内大屏为 4K/8K 超高清大屏，加速推动超高清视音频在多方面的融合创新发展。随着政策的落地，裸眼 3D 成为市场主流 LED 屏；国家一系列的政策支持为裸眼 3D 行业快速稳定发展提供了良好的政策环境，也为裸眼 3D 广告行业的发展提供了契机。

(2)裸眼 3D 广告有助于商圈引流和二次传播。相较于传统平面广告，裸眼 3D 广告新颖且震撼的展示形式给观看者带来强烈的视觉冲击并留下深刻印象，同时裸眼 3D 广告具备较高的二次传播率，产生的宣传效果能引发人们广泛、热烈的讨论。互联网时代，热度与流量对品牌和企业本身的后续发展都有着巨大影响。例如，韩国 SM 公司大楼前的大海浪潮、国内重庆解放碑的机器狗、成都春熙路太古里的宇宙飞船等裸眼 3D 效果在互联网、短视频 App 上带来热烈反响，裸眼 3D 将成为打造新型地标媒体的展示形式。随着数字化程度加深，传统 LED 屏最终都会"裸眼"化，在裸眼 3D 技术的加持下，户外裸眼 3D 广告涨幅还会越来越大。

（3）有利于巩固现有重点城市资源优势，提升公司行业地位。兆讯传媒在省会及以上城市通过自建和代理等方式取得 15 块裸眼 3D 屏幕。通过加强在这些重点城市的媒体布局，进一步巩固公司的区域资源优势，增强户外裸眼 3D 大屏的影响力，提高对消费力较高人群的覆盖能力，充分满足广告主在重点城市的广告投放需求。王府井百货实施 653 平方米大幕裸眼 3D 项目后，直接成为"本地人常去、外地人必去"的百年金街地标屏王。位于华南第一商圈、国内文商旅融合第一圈——广州天河路商圈的壬丰大厦，1403 平方米倾城巨幕，进一步确立了其无可匹敌的高端商业地位。占据春熙路核心、享有顶奢流量红利的成都太古国金商圈，1505 平方米大屏堪称"天府之首"，也算得上"春熙之窗"，妥妥地成为时代地标屏，具体如图 9 所示。

图 9　成都太古国金商圈的 1505 平方米折角大屏

资料来源：网易新闻（发布者：潮商）。

除北京王府井、广州天河路、成都太古国金商圈，深圳罗湖万象城、贵阳喷水池、太原亲贤街等商圈都矗立着兆讯传媒的大屏。这些位于核心城市顶级商圈的大屏，呈现灵动逼真的极致视效，《进化论》打破时空结界，开启次元通道；《汽车之家空间站》聚"大屏之力"展"科技之美"……随着市场的逐步打开，新设计正在不断上映。它们成为商业中心的地标符号，直达都市主流受众，迅速渗透本地市场。兆讯传媒深谙商圈媒体核心价值：商圈是线下最大的消费流量入口，商圈周边汇聚大量的商业实体，商圈地标是城市名片和时代符号。兆讯传媒媒体资源的增加和覆盖范围的扩大，一方面可以大幅提升裸眼3D 高清大屏的网络价值，吸引客户增加全国范围内的广告投放；另一方面打开了新进入城市的本地客户市场，进一步提升了公司的行业地位。

4 道阻且长，行则将至

4.1 数字化转型中存在的风险

2016 年修编发布的《中长期铁路网规划》提出，到 2025 年，高铁营业里程达到 3.8 万公里左右；展望到 2030 年，高速铁路网基本连接省会城市和其他50 万人口以上大中城市。近年，我国高铁发展迅速，远超规划预期。党的十九大提出要在 2020~2035 年基本建成交通强国，2035~2050 年全面建成交通强国。我国铁路行业尤其是高速铁路的发展给高铁数字媒体广告行业带来了良好的发展机遇。即便如此，数字化转型过程中，兆讯传媒也一直面临源自技术和宏观环境方面的风险，具体如下：

（1）信息系统平台技术更迭的风险。兆讯传媒主营的高铁数字传媒广告发布业务需要信息系统平台的技术支撑，信息系统平台的高效性、准确性、便利性在提升公司服务质量的同时也伴生了一定的技术风险。兆讯传媒虽然一直保持持续的更新换代和研发投入，但仍存在因系统改造升级不及时、运营能力匹配不到位、管理能力不足等对业务开展产生不利影响的可能性。

（2）屏幕显示技术更迭或被替代的风险。生活场景的变迁是户外广告的发展脉络，赋予了户外广告横向拓展的方向指引，技术的应用渗透则是数字户外未来发展趋势的关键，赋予了户外广告纵向升级的突破创新。户外广告的屏幕显示技术甚至产业格局都将在技术的推动下出现不同程度的变化和创新，随着信息技术在数字户外领域的发展和 5G 时代的来临，不排除会出现应用了智慧屏、程序化和 AR 等已知或未知技术的新媒体类型，颠覆市场竞争格局，降低兆讯传媒在广告主中的吸引力。

（3）数字媒体资源流失的风险。兆讯传媒自成立以来始终专注于铁路媒体资源的开发和运营，已与国内 18 家铁路局集团中除乌鲁木齐局集团外的 17 家签署了媒体资源使用协议，自建了一张覆盖全国的高铁数字媒体网络。但随着高铁媒体的传播价值被越来越多的行业参与者重视和认可，高铁媒体资源的竞争愈加激烈，兆讯传媒也面临受铁路局集团媒体资源经营战略调整、竞争者抢夺、管理政策变化等因素影响，不能顺利实现与部分铁路局集团协议续签的风险，这将削弱其高铁数字媒体网络的竞争优势。

（4）人才流失的风险。兆讯传媒凭借专业的人才团队，在高铁数字媒体领域为客户提供广告发布服务。媒体资源的开发、广告发布服务的质量与从业人员的资源和素质密切相关，虽然兆讯传媒已经通过提供良好的薪酬待遇、合理的培训体系和晋升机制、开放的协作氛围来吸引和培养人才，但若不能持续保持良好的人才培养、激励机制，也将面临人才流失的风险。

（5）移动互联网媒体对公司业务的影响。在移动互联网快速增长的情况下，智能终端的升级使人们的生活变得极度便利，移动端不断进行媒体创新，微博、微信、直播、短视频等先后兴起，碎片化的时间也大多被手机占用，不仅电视、报纸、杂志、广播、户外等传统媒体，数字户外媒体业态也同样受到移动互联网的冲击，存在市场份额和盈利能力下降的风险。

（6）宏观经济波动的风险。目前，高铁媒体领域处于快速发展阶段，下游广告主在营销推广方面的投入对行业发展影响较大。广告主的广告支出受宏观经济及所属行业市场情况的影响，当宏观经济发生波动时，广告主会根据不同时期的经营目标调整其营销传播推广策略，行业需求亦会因此与宏观经济的波动呈现明显的正相关性。因此，如果未来经济增长放慢或出现衰退，就会对兆讯传媒的营业收入和经营业绩产生不利影响。

（7）市场竞争加剧的风险。我国广告市场参与者众多，市场处于充分竞争状态。随着互联网媒体、移动互联网媒体等新兴媒体的进一步成熟，媒体平台和广告载体的形式更加丰富多样，参与市场竞争的企业类型和数量在不断增多。部分新进入的中小广告媒体运营商为争夺客户资源，往往采用低价竞争手段，压低行业整体的利润空间，行业的市场竞争日趋激烈，也容易引起价格战。

4.2 数字化是广告业发展的强大驱动力

数字经济已成为我国经济高质量发展的核心动力。据 2024 年 3 月 11 日《经济日报》消息，十年间，我国数字经济规模从 2014 年的 16.2 万亿元，快速增长至 2023 年的约 56.1 万亿元，GDP 占比也从 25.1%升至 44%左右。可以说，数字经济作为国民经济"稳定器""加速器"的作用更加凸显。发展数字经济是实现经济可持续发展和高质量发展的重要举措，其中互联网和新媒体行业显示出较大发展潜力。而广告行业中的数字媒体快速发展，已成为行业主流。数字媒体的快速发展也为广告行业提供了强劲的驱动力。我国数字媒体发展要与数字生活、数字经济紧密联系，把握数字经济红利，提升行业竞争力，为国民经济发展赋能，为行业发展助力。

广告是消费者、媒介及品牌之间传达信息的一个桥梁。随着数字化对人们获取信息方式的改变，这个桥梁无论是形式还是效果都会发生更多的改变。从当前来看，广告媒介公司的转型升级之路主要有效率升级、利润率升级和服务力升级三种途径，而头部和长尾媒介公司则由于成本和竞争问题，形成差异化的发展方向。

以兆讯传媒为代表的头部媒介公司通过数字化转型进行效率提升，数字化布局可以帮助媒体大幅提高广告交易、投放和监测等环节的效率，通过扩张自营资源进行利润升级。独家自营的户外媒体资源不仅可以建立稳定的市场竞争壁垒，还能在资源售卖的最上游获得最大限度的利润空间。未来，整个媒体领域很可能将没有线上和线下媒体的区分，更多的是数字化和非数字化的"物种"差异。数字户外作为一种新"物种"，将与传统户外有完全不同的发展前景。

为顺应和应对数字化转型，兆讯传媒一方面努力提升数据处理能力，实现数据价值及广告精准投放；另一方面积极完善营销体系，提升营销能力。兆讯传媒在强化运营中心职能、优化 IT 系统功能的同时，大力提升大数据相关技术的应用能力，通过对运营总部的建设，实现对各运营站点媒体资源设备的实时监控；同时针对现有 IT 系统进行进一步优化升级，嵌入大数据分析、处理等新兴技术，提升各运营站点对用户画像的采集、分析能力，实现广告位资源优化布局及广告精准投放，提高数据价值和利用率。兆讯传媒对公司现有营销体系进行升级和优化，在北京总部设立营销中心，加强与品牌广告主的合作，吸引更多广告投放客户，提高对客户的服务能力；通过在上海等多个城市扩建和新建营销运营中心，优化业务布局，提升本地化服务能力，进一步提高数字媒体资源的利用率，为公司业绩增长提供强有力的渠道保障。未来，兆讯传媒还将进一步深化数字化运营，加大对终端消费者的分析，进而帮助广告主提升品牌影响力和增加销量。

4.3　总结与展望

数字化转型在任何行业都是需要数字化思维作为引领和保障的。就兆讯传媒而言，其在深刻理解和认识到广告业必然会应用数字化媒体形式从传统媒介向智慧媒介发展、城市地标具有非凡意义、城市形象可以为品牌赋能后，进行了前瞻性的布局，通过数字制作对商业作品赋能，对品牌核心价值观进行更直击心灵、更震撼回味的阐释。例如，兆讯传媒为圣象品牌倾心打造了以大象为主体，将自然与家居、力量和温柔完美融合的全新裸眼 3D 大片——*Take Home*，兆讯传媒数字内容制作团队将前沿的 AIGC、5G、AR 和光影等数字技术应用于创意和制作中。在数字技术的加持下，圣象传递出亲和敦厚、值得信赖的品牌形象，诠释了可持续发展的环保理念，彰显了企业的社会责任。从商圈到高铁的双场景跨域传播、多元触点同频共振、积极与都市消费者互动，这种媒介传播形式和市场效果会吸引更多广告主、品牌方的关注及选择，同时也更将是未来广告行业的大势所趋。

兆讯传媒在数字化转型过程中，积极"拥抱变化"。兆讯传媒市场服务中心负责人陈磊女士介绍，除了在具体广告场景、作品中应用先进的数字媒体技术，兆讯传媒也在利用数字媒体优势，活化品牌的传播表达，如根据节点、地区等差异，做灵活而区隔化的媒介策略，在排期上因势利导，更贴合品牌的传播节奏。在数字化转型过程中，最重要的不仅仅是提升数字技术，数字技术的应用场景、与现有或传统业务融合的数字化思维和管理，真正做到减员增效，才是重中之重。谈及数字化转型的经验和教训，陈磊女士曾举例元宇宙，其概念新颖、商家与消费者曾经都大力追捧，但因开发价格过于昂贵、耗资巨大、投资收益周期长、相对变现困难，所以终端转化率不高。因此结论就是，不能为了数字化而数字化，能否真正增效是企业数字化转型要考量的核心，这也很考验管理者的市场敏感性和判断力。

同时，值得思索和重视的是，数字技术也在反作用于数字化思维和管理，如通过数据驱动，实现品牌、媒介、消费者三位一体，从消费者洞察、竞品户外策略、媒介价值研究、户外生态等多角度验证和推动数字化转型的不断完善，最终形成良性发展的闭环。

厚积稳行十余载，阔步新程更可期。兆讯传媒与时俱进，持续深入进行数字化转型，内生外延广布深拓，持续开拓"高铁数字媒体""商圈媒体"两大业务版图，迎接新挑战、争夺新红利、链接新视角、挖掘新场景、重塑新共识①，将取得更骄人成绩。

---

① 资料来源：《2024 中国媒介概览·春季版》。

参考文献

［1］兆讯传媒广告股份有限公司官网［EB/OL］．www. zhaoxunmedia. com.

［2］兆讯传媒广告股份有限公司首次公开发行股票并在创业板上市招股说明书，2022 年 3 月.

［3］2024 年兆讯传媒推介．兆讯传媒市场外宣材料，2024 年 3 月修订.

［4］推动中国经济加"数"跑［EB/OL］．http：//www. cls. cn/detail/1615553.

中创时代：基于传统企业经营体验
打造数字经济赋能平台

付艳荣　吕鹏辉　蒋贵凰　张傲男

案｜例｜摘｜要

　　随着信息技术的迅猛发展，信息平台、大数据与人工智能在企业运营、政府治理及公众服务中的价值日益凸显，推动企业数字化转型已成为不可逆转的潮流。在这一时代背景下，中创时代大数据集团敏锐地捕捉到数字化转型的契机，倾力打造了数字经济赋能平台，旨在为政府、产业园区及企业提供一站式、全方位的信息服务解决方案。本案例围绕中创时代大数据集团数字化平台的建设，细致梳理了集团的发展历程，探索推动其发展的内外部因素、数字化转型过程中面临的挑战、采取的应对策略、取得的显著成效及对其未来的战略规划，最后对集团数字经济赋能平台的建设过程进行总结，旨在为其他数字化平台企业的建立和持续健康发展提供有益的参考和借鉴。

0　引言

　　企业进行数字化转型可以帮助企业实现提质、降本、增效、减存、绿色、安全发展等多种目的，是提高企业核心竞争力的关键一步，因此新形势下企业的数字化转型将从"选修课"变为"必修课"。国家倡导的"从数据大国到数据强国"的发展战略更是推动了数字化、智能化技术的提高和应用场景的深化。如何更好地利用数字化、智能化技术促进资源整合、信息标准统一是一个重要的课题。中创时代大数据集团正当其时，在探索这个重要的课题方面做了一些有益的探索。

1 企业发展历程和转型背景

中创时代大数据集团于 2020 年 6 月在北京成立。作为一家科技型中小企业及高新技术企业，公司始终致力于互联网数据服务、数据处理服务及相关技术的研发与应用。公司斥资超过 20 亿元，倾力打造 AI 大模型与中创时代招商码，实现了全国招商信息的互联互通，即"全国招商一网通、公司服务一张网"。目前，集团有多达 1 亿名全球用户，承接财政部、工业和信息化部"第一批中小公司数字化转型试点城市"的相关解决方案服务商示范项目，被全国工商联推荐为地方政府进行数字化招商的重要赋能工具。公司不仅拥有超过 2000 项知识产权，还与全国多地的政府紧密合作，共建了 238 个产业园区，为当地经济发展注入了强劲动力。

公司的使命是：建立中国首家数字经济赋能平台，助力中国数千万家中小企业实现数字化转型；建立网上园区，助力地方政府制定数字经济发展战略规划，打造数字经济发展平台和产业基地。公司的愿景是：把"物理天下"转化为"数字天下"，合理配置全球资源，连通世界，实现中国数字经济的高质量发展。

中创时代大数据集团的发展经历了以下三个阶段：

1.1 成立凯立达投资集团

2009 年 4 月，天津凯立达投资有限公司正式成立，并于 2011 年开展创新创业投资服务，2014 年 7 月，集团正式创办凯立达新型孵化器，入驻天津滨海高新区，被认定为天津首家创新型孵化器，主要业务是创投孵化器和众创空间。

2014 年 7 月，凯立达与天津市滨海高新区管委会共建"凯立达创投咖啡"；2015 年 3 月，凯立达创投咖啡—iV 创新空间、凯立达投资俱乐部成立；2015 年 11 月，科技部将凯立达创投咖啡认定为全国首批 136 家国家级众创空间之一，纳入国家级科技企业孵化器的管理服务体系；2018 年 11 月，凯立达创投咖啡获批 2018 年市级小型微型企业创业创新示范基地。

自 2015 年开始，凯立达先后与各个高校合作成立众创空间，如凯立达—中德智能众创空间（凯立达与天津中德应用技术大学共建）、凯立达—天农智能众创空间（凯立达投资集团与天津农学院共建）、凯立达勤坊—智能众创空间（凯立达与天津音乐学院共建）、凯立达—天狮智能众创空间（凯立达投资集团与天津天狮学院共建）、南开凯立达智能众创空间（凯立达与天津南开大学联合共建）等。

随后，2015 年 10 月，凯立达与自贸区中心商务区管委会共建凯立达跨境众创空间，开始涉足海外业务。2016 年 6 月，由天津市政府、市科委、市商务委联合主办，凯立达创业学院承办的"海外并购训练营"正式开班，随后每月一期全球游学移动教室，同时成立海外投资联盟。2018 年 7 月，凯立达被天津市科技局认定为天津市国际合作交流平台，举办过多次国际智能合作交流论坛。

中国的创新创业教育从 1989 年开始萌芽，2009 年开始全面推进。《2015年中央政府工作报告》中提出，要"打造大众创业、万众创新和增加公共产品、公共服务'双引擎'，推动发展调速不减势、量增质更优，实现中国经济提质增效升级"。自此，国家出台一系列政策，支持大众创业、万众创新。2017年，《国务院关于强化实施创新驱动发展战略进一步推进大众创业万众创新深入发展的意见》（国发〔2017〕37 号）中明确提出"探索将创投孵化器等新型孵化器纳入科技企业孵化器管理服务体系，并享受相应扶持政策"。凯立达投资集团进行创投孵化器和众创空间建设，正好响应了国家号召，顺应了"风口"。

随着众多创投孵化器的成立，竞争也越来越激烈。2013~2015 年，大数据迎来了发展的高潮，包括我国在内的世界各个国家纷纷布局大数据战略。以百度、阿里巴巴、腾讯为代表的国内互联网公司各显身手，纷纷推出创新性的大数据应用。2015 年 8 月 31 日，国务院印发《促进大数据发展行动纲要》，全面推进我国大数据发展和应用，进一步提升了创业创新活力和社会治理水平。2016 年以后，大数据进入大规模应用期，大数据应用渗透到各行各业，大数据价值不断凸显，数据驱动决策和社会智能化程度大幅提高，大数据产业迎来快速发展和大规模应用阶段。自此，公司进入了第二个发展阶段。

1.2　成立跨境大数据科技（天津）有限公司

2015 年 7 月 15 日，凯立达与天津滨海新区开发区管委会共建"跨境大数据人工智能孵化器"，并成立跨境大数据科技（天津）有限公司，开始涉足大数据业务。

自 2017 年起，公司开始和各地方政府共建大数据应用中心，先后与昆明市人民政府合作成立了昆明凯立达科技有限公司、与河南省民权县人民政府共建凯立达双创产业园和大数据应用中心并成立民权凯立达科技有限公司、与河北省承德县人民政府共建凯立达双创产业园和大数据应用中心并成立承德凯立达大数据科技股份有限公司、与青海省黄南州河南县人民政府共建凯立达双创产业园和大数据应用中心并成立河南县凯立达跨境大数据科技有限公司、与云南省丽江市人民政府共建凯立达双创产业园和大数据应用中心并成立丽江凯立达跨境大数据股份有限公司等。公司在全国先后与上百个地方政府合作，在国内外已建立 112 个人工智能创新中心和大数据应用中心，为全国 2000 多个地方政府建立大数据分析平台、信息发布对接中心。

2017 年 11 月，天津市发展改革委将跨境大数据科技(天津)有限公司的跨境大数据应用平台项目列入"2017 年向战略性新兴产业转型升级平台"计划。2019 年，跨境大数据科技(天津)有限公司被成功评为中小企业服务示范平台。2020 年 12 月，跨境大数据科技(天津)有限公司通过国家高新技术企业认定。

1.3　成立中创时代大数据集团

公司适应数字化和智能化发展，结合以前的积累，顺势而为，于 2020 年成立中创时代大数据集团。自此，公司进入了第三个发展阶段——平台生态系统构建阶段，主要业务如下：

(1)中创时代中国数字化转型政企智能服务平台。该平台是中创时代大数据集团历经多年研发的重要成果，涵盖了云项目、云商会、云政策、云分析、云应用等多个子平台，在大数据领域取得了多项成功案例。例如，集团为各级政府提供大数据分析平台、建立数字化发展指数体系、指数发布、大数据智能招商、数智园区等服务，为政府和企业提供一站式数字化转型服务，推动地方政府和企业的数字化转型进程。

(2)跨境大数据共享平台。积极推进全球经济一体化，建立跨境大数据共享平台，为世界各国经济发展服务。

(3)数字产业园建设。助力地方政府制定数字经济发展战略规划，打造数字经济发展平台和产业基地；通过智能算法为用户提供数据开发、信息连接和数字经济服务，帮助众多中小企业解决数字化转型的难题。

目前，集团的中创时代网、云项目、云商会、新型创业服务平台等，涵盖40 多种大数据，已覆盖全国 30 多个省(区、市)，日入驻企业 2 万家以上，日均增加用户突破 10 万户，累计用户已突破 5000 万户。

2　中创时代数字化转型的动因

中创时代大数据集团数字化平台转型的成功，得益于以下三个方面：

2.1 中小企业和地方政府的需求驱动

大数据应用的价值被越来越多的企业客户认识到。第一，可以利用大数据进行消费者画像、精准营销、产品创新。集团可以利用大数据，掌握消费者的一定信息后构建出清晰的消费者画像，这样既可以根据消费者的偏好、兴趣、收入等标签，精准定位产品和服务，也可以帮助集团了解消费者的消费习惯和需求，从而根据消费者的习惯和需求来优化自己的产品和服务。第二，可以利用大数据处理技术帮助集团做出更好的业务决策和管理决策。集团通过大数据技术对企业内部产生的数据进行统计、分析，提取更有价值的信息，能够帮助集团管理人员通过大数据进行监测和预测，从而更好地做出管理决策。

因此，随着市场竞争的加剧，中小企业对于数字化转型的需求日益迫切。中创时代集团通过数字化平台建设，为中小企业提供数据开发、信息连接和数字经济智能服务，解决企业数字化转型中的痛点和难点问题。

而且地方政府在推动数字经济发展的过程中，需要制定数字经济发展战略规划，打造数字经济发展平台和产业基地。中创时代集团通过数字化平台建设，为地方政府提供政策参考、数据分析、项目对接等服务，助力地方政府实现数字经济发展目标。

由此可见，大数据分析技术的广泛应用成为推动集团转型大数据平台、为客户提供大数据服务的动力。

2.2 国家数字化发展战略的政策支持

2013 年，大数据迎来了发展的高潮，包括我国在内的世界各个国家纷纷布局大数据战略。随着我国大数据战略谋篇布局的不断展开，国家提出了从数据大国迈向数据强国。《2018 全球大数据发展分析报告》显示，中国大数据产业发展和技术创新能力有了显著提升。

2024 年 2 月 28 日发布的《北京市制造业数字化转型实施方案（2024—2026年）》中指出，推进制造业数字化转型路径有三种：一是平台赋能数字化转型。支持汽车、电子、医药、材料、装备制造等重点行业龙头企业培育工业互联网行业型平台，按应用场景总结制造能力和经验，建立工业互联网平台解决方案资源池，汇聚多层次数字化转型优秀产品，加大成本低、周期短、见效快的场景型轻量化转型解决方案供给。二是产业链带动数字化转型。支持北京市数字化车间、智能工厂等标杆企业赋能产业链供应链上下游企业，在研发设计、采购供应、生产制造、仓储物流、产品服务等环节全面集成和高度协同，带动上下游各主体之间实现数字化达标。三是产业园区推动数字化转型。发挥产业园区集群优势，鼓励产业园区提升园区数字化服务能力，组织园区内企业开展数字化改造，聚焦主导产业持续开展工业互联网一体化进园区活动，推动制造业企业与服务商开展供需对接、产业链协同合作，建设数字化转型先进园区，促进国际创新产业园区建设。

集团在2015年开始进入大数据应用阶段，正好和国家的政策支持是同步的，也顺应了国家大数据战略，抓住数字时代发展机遇，在推动数字经济和实体经济的深度融合方面走到了行业前端。

2.3 集团创始人的推动和引领

中创时代大数据集团创始人、董事长吕鹏辉是一名"80后"，年轻时借120元路费到深圳闯荡，从基层的员工做到经理仅用了一年半。这取决于他的人格魅力：头脑灵活、踏实负责、性格豪爽、有骨气有志气、敢闯敢干，不仅掌握了专业技术和管理技术，而且结交了很多合作伙伴，积累了丰厚的人脉资源。2007年10月，吕鹏辉创立凯立达公司，开始第一次创业，并获得第一桶金。2012年，他创建中国首家文化超市——凯立达文博文化超市，总投资6000万元，投资3D《精卫填海》立体电影、北塘古镇运营等，但因为跨行业经营不熟悉及创业成功带来的膨胀心理，最终投资失败。但他并不气馁，而是总结经验教训，凭借永不言败的性格，2013年东山再起，先后创建"凯立达创投咖啡""凯立达国际创新中心""跨境大数据应用中心""中创时代大数据分析平台"。

从集团创始人吕鹏辉的创业经历可以看出，他既具有对行业发展的敏锐感知、客户导向、勤奋、诚信、勇于变革、从不言败的个人魅力来激发下属适应变化的变革型领导者特质，又具有数字化素养及清晰描述数字化过程和推动组织实施数字化战略的能力。他所具有的数字领导力是数字化平台转型的关键要素。

综上所述，中创时代大数据集团数字化平台建设的动因主要包括市场需求驱动、响应国家数字化发展战略、创始人的文化引领等方面，这些因素共同推动了中创时代大数据集团数字化平台的建设与发展。

3 中创时代数字化平台生态圈的构建

3.1 中创时代大数据集团数字化平台生态圈

集团业务包括平台、智库、产业、资本四大板块，四项业务相辅相成，充分整合了集团的资源，形成了平台生态圈，如图1所示。

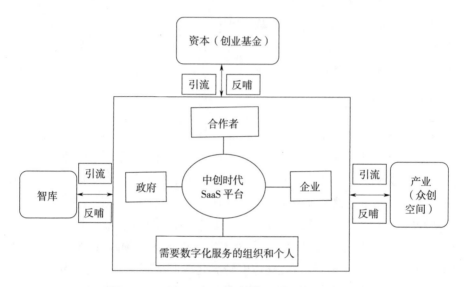

图1 中创时代大数据集团数字化平台生态圈构成

资料来源：作者根据企业资料整理。

3.1.1 数字化平台

集团用时 6 年，投资 8 亿元，建设了中创时代招商码 SaaS 平台、中创时代 AI、网上园区、中创时代网、数字智库、云项目、云商会、云论坛、元宇宙等 20 多个产品，覆盖 30 多个省（区、市），涵盖 40 多种大数据，入驻 5 万多家公司，突破 6000 多万名用户，致力于打造全国公司服务一张网、全国招商一网通、政府服务一站式，从而优化营商新环境、建设统一大市场、赋能新质生产力，获得人工智能大数据研发相关专利、软著、商标等知识产权 2000 多项。

其中，中创时代 AI 是全新一代知识增强大语言模型，AI 大模型引领未来智能时代，毫秒时间即可生成数千篇文稿及响应用户需求，开启智能时代的新篇章。中创时代网是全球性的新闻机构和公共信息平台，拥有全球采编网络和地方频道，能够提供准确、完整的信息，从这里连通大世界。数字中国产品以数字化手段构建了平台互动、数字赋能体系，在数字经济、数字政府、数字社会、数字治理方面提供公共服务。云项目产品让项目找人，搭建了企业家之间对话的桥梁；用大数据智能匹配，赋能政府智能招商，线上对接、线下洽谈。

云论坛产品提供了全球论坛的展示舞台，精准发布、智能招商，还可申办和查阅未来活动。

下面以集团的两个重要产品为例来具体说明数字化平台提供的服务。

3.1.1.1 中创时代招商码 SaaS 平台

各地政府招商的形式主要有直接招商、委托招商、网络招商、展会招商、驻点招商等，其中应用比较广泛的、效率比较高的方式是网络招商，包括建立招商网站、发布招商信息、开展在线投资洽谈等，但是政府网站或招商网站受人员编制少、专业能力弱、信息渠道窄等因素影响存在功能不足的问题，同时也有部分地方政府的招商团队在专业知识、市场敏感度、谈判技巧等方面存在不足，无法提供全面的在线咨询、项目对接、在线申报等服务，降低了投资者的使用体验。中创时代招商码 SaaS 平台把全国 34 个省(市、区)中的 300 多个地级市、3000 多个区(县)、40000 多个乡镇(街道)、60 多万个行政村统一建设 AI 招商码，实现各级政府及各级中小公司公共服务机构互联互通，并通过 AI 决策精准招商，实现项目找人、政策找人、服务找人、赚钱找人，以及实现了发布项目秒推全球、准入准营公平竞争、减少招商隐形障碍、信息找人减少奔波、投资项目一键入驻、工作业绩一图呈现、产业成链一网监管、降低成本提质增效、项目上云盘活存量、信息共享培育增量、增投机会提高质量、AI 决策科技创新、数转智改产业焕新、数字赋能城市更新。

3.1.1.2 中创时代数字订单平台

中创时代数字订单平台是解决就业难题和降低公司数字化转型成本的最实用新型共享经济平台。平台采用人工智能、AI 决策、5G、物联网、大数据、区块链等前沿技术，解决就业、创新创业数字化转型难题，涵盖项目发布、订单分享、人才匹配、档案管理、精准对接、风险监控、收入结算、智能报税、劳动保障等全产业链综合服务功能。具体地，转变"固定工"，提供"临时工"，保岗增收，解决用工需要、提供用工市场、增加用工收入、打造用工经济；运用智能管理、智能外包、智能众包、智能系统、智能财税等一体化系统，就业转创业，使集团实现降本增效、管控用工和财税风险、优化分配模式、化解内部矛盾等关键价值。平台通过人工智能技术，基于深度学习算法，分析发单方的关键需求和接单方的技能，实现较为精准的匹配和供需对接；通过大数据分析技术，对灵活就业和创新创业从业人员情况、收入情况、地区就业活力等进行深入分析和可视化展示。

中创时代数字订单平台的业务模式如图 2 所示。

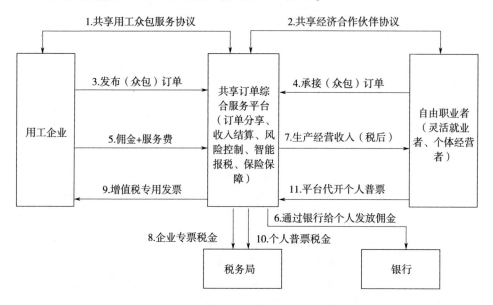

图2 中创时代数字订单平台的业务模式

资料来源：公司内部资料。

3.1.2 智库、产业和资本

（1）智库。集团的中创凯立达研究院是一家研究公共策略的组织，宗旨是开展高质量的独立研究并提出具有创新精神和实用性的政策建议，被誉为最有影响力、最值得借鉴和最受信任的思想智库；为地方政府提供"数据分析+指数发布+战略规划+资源链接+项目落地+品牌塑造+价值提升"七位一体的综合服务；组织权威专家、学者、政策制定者等召集专题研讨会，为政企提供政策咨询、教育培训、高端对话、论坛会议、平台搭建等多功能研究咨询；是国家多个部委和中央内参研点，起草国家相关政策约稿、社情民意、建言专报等已达数百个案例，参与国家多部委及地方政府多个重大课题；定期发布各项指数报告，为各级政府提供各类经济指标和数据参考，作为制定国家政策的参考依据。

（2）产业。与全国上百个地方政府合作建立众创空间、产业园和大数据应用中心。数实融合发展，带动创业就业，并为创业公司提供数字化服务。

（3）资本。建设中创凯立达科技金融服务平台，成立种子基金、天使基金、私募基金和风险投资资金，为中小微企业提供金融资本服务，助力中小企业数字化转型，实现创新创业共享。

智库具有四大价值：第一，践行集团的家国情怀、积极承担社会责任的价值观；第二，集团董事长吕鹏辉作为政协北京市房山区第九届委员会委员提出了很多建言专报，有利于打造企业家 IP 和集团品牌，扩大集团影响力；第三，通过宣传集团用 AI 生成的建言专稿，吸引更多的人使用中国版 chatGPT 大模型；第四，智库的广泛使用起到了为平台引流的作用。

产业和资本板块也可以为平台引流，平台的发展也可以进一步反哺产业和资本板块，激发网络效应，实现关系网的增值和价值共创。

3.2　中创时代大数据集团数字化转型后平台的商业模式

商业模式画布理论是一个用于描述、可视化、评估和改变商业模式的工具，由亚历山大·奥斯特瓦尔德和伊夫·皮尼厄在《商业模式新生代》一书中提出。该理论通过九个基本构造块，帮助企业全面理解和设计其商业模式。商业模式画布理论主要包括客户细分（Customer Segments）、价值主张（Value Propositions）、渠道通路（Channels）、客户关系（Customer Relationships）、收入来源（Revenue Streams）、关键资源（Key Resources）、关键活动（Key Activities）、关键合作伙伴（Key Partnerships）、成本结构（Cost Structure）。

3.2.1　客户细分和价值主张

中创时代大数据集团的主要目标客户有三类：中小企业、地方政府及需要大数据服务的组织。它可以为客户提供的价值主要体现在如下五个方面。

第一，数字经济赋能政府和企业。集团通过打造中国数字经济赋能平台——中创时代，以技术为核心，以产业为依托，整合全球优势资源，为全球企业构建高效、便捷的沟通渠道。平台涵盖40多种大数据，通过国内外建立的115个数字经济产业园和大数据应用中心，将政企双方不同的需求实时、智能推送到全球，助力企业融入全球经济一体化。

第二，提供一站式服务。集团整合中创时代网、云项目、云商会、云政策、云分析、云应用、云发布、云知识产权、社会调查、数字订单共享经济平台、新型创业服务平台等内容，提供全方位的服务支持，致力于帮助中小企业高效率、低成本地开创新的业务模式，解决找项目、找合作、找信息、找资源、找投资等企业发展中的重点、难点问题。

第三，数字化转型政企智能服务平台。集团通过数字化服务平台，打造线上产业园，实现政策、项目线上对接、发布、交易，以及行业预警、风险监控、数据分析、内控管理等功能。

第四，AI决策解决方案。中创时代大数据集团通过智能算法，提供AI决策解决方案，如中创时代AI大模型已提供20多个AI应用场景，覆盖30多个省（区、市），涵盖40多种大数据，5万多个园区上云AI招商，突破6000多万名用户。比如，中创时代AI能够与人对话互动，回答问题，协助创作，辅助写文章、演讲稿、提案建议等，为政府、企业、社会提供多种AI决策应用场景。

第五，战略规划与资源链接。集团为地方政府和企业提供"战略规划+资源链接+项目落地+品牌塑造+价值提升"五位一体的政企综合服务；依托中创凯立达研究院聘请的国内外顶尖专家团队，发布系列指数报告和评价指标体系，为政府和企业提供决策参考。

3.2.2　关键资源、关键活动和关键合作伙伴

关键资源是指长期的研发投入并获得丰富的知识产权。中创时代大数据集团自成立以来，通过吸引技术人才，长期投资于大数据技术的研发与应用。集团董事长吕鹏辉带领团队，用时6年，投资8亿元，建设了中国首个数字经济赋能SaaS平台。集团通过持续的研发投入，形成了丰富的知识产权。集团在人工智能大数据研发方面拥有相关专利、软著、商标等知识产权2000多项，确保了其在大数据领域的技术领先地位。

除了对技术的投入，保障集团竞争地位的还有其广泛、卓越的合作伙伴。其合作伙伴主要包括以下三类：①科技企业。中创时代大数据集团与商汤科技等科技企业展开了深度合作。例如，它们与商汤科技在AI大模型、人工智能、算力、应用场景等方面进行了深入探讨，并共同合作在地方建立算力中心、布局人工智能应用场景。②云服务提供商。中创时代与多家云服务提供商建立了合作关系，包括阿里云、百度云、华为云等。这些合作有助于中创时代在云计算和大数据处理方面获得更强大的技术支持。③政府机构与协会。中创时代大数据集团还得到了政府机构和行业协会的支持。例如，它们与中国民营文化产业商会、天津市数字经济商会、中关村虚拟现实产业协会等机构有紧密的合作

关系。此外，中创时代还与地方政府合作，共同争取国家发展改革委、财政部相关政策资金。除了上述三类合作伙伴外，中创时代还与人民网·人民数据、中国科学院云计算中心等机构和企业建立了合作关系。这些合作有助于中创时代在数据安全、云计算技术研发等方面取得更多突破。这些合作伙伴共同构成了中创时代大数据集团强大的合作网络，为其在大数据领域的发展提供了有力支持。

3.2.3　渠道通路和客户关系

中创时代大数据集团的产品和服务的客户沟通渠道和维护方式主要如下：

第一，直接销售。中创时代大数据集团通过自身的销售团队，直接与客户进行接触和洽谈，提供定制化的大数据解决方案。这种方式能够确保与客户的紧密沟通，更好地理解客户需求，提供专业的服务，并通过客户的口碑营销获取新客户。

第二，通过合作伙伴关系寻找更多的客户。通过与各类企业建立合作伙伴关系，从而通过合作伙伴的渠道接触到更多的潜在客户。

第三，通过线上平台与电子商务进行营销。通过公司官网、电子商务平台、应用商店等渠道，客户可以方便地了解中创时代的产品和服务，并进行在线购买或咨询。

第四，通过行业展会与论坛扩大集团影响力。参加行业相关的展会和论坛是中创时代展示其技术实力和服务能力的重要途径。在这些活动中，中创时代可以与潜在客户进行面对面的交流，建立联系，并促成销售。

第五，通过承接政府与企业数字化转型项目的成功案例扩大影响力。中创时代大数据集团还通过承接政府和企业的数字化转型项目来销售其产品和服务。随着数字化转型的推进，越来越多的政府和企业开始寻求大数据解决方案，这为集团提供了广阔的市场空间。

3.2.4　盈利模式

中创时代大数据集团的盈利模式多样且灵活，涵盖了从数据销售、解决方案提供到基础设施和工具销售等多个方面。

第一，订阅服务费用。中创时代大数据集团可以通过提供按月或按年的订阅服务来获取收入。这些订阅服务包括数据集、数据分析工具、行业报告、特定领域的专业知识和见解等。集团根据客户需求提供定制的订阅服务，并收取相应的费用。由于集团拥有庞大的数据资源和强大的数据分析能力，因此这些服务在市场中具有较高的价值。

第二，数据销售。集团从各种来源收集数据，并经过处理和分析后，将其打包出售给需要数据的公司和个人。这种数据销售模式需要集团拥有大量数据及高效的数据处理和分析能力。由于数据在现代商业决策中的重要性日益凸显，因此数据销售成为集团盈利的重要途径之一。

第三，提供解决方案。中创时代大数据集团可以提供一系列大数据解决方案，包括为企业构建和部署大数据系统、每年的维护/升级服务费用等。这些解决方案主要面向政府、企事业单位及传统行业，这些行业往往缺乏大数据技术和人才，期望通过大数据来实现业务升级和改造。

第四，基础设施和工具销售。集团还可以销售与大数据相关的基础设施和工具，如数据库、数据源、数据清洗工具、数据处理工具、数据 API 等。这种基础设施和工具的销售模式包括一次性付款、按需购买、按月/按年/按量付费等，为客户提供灵活的选择。

第五，数据工具/产品化服务销售。集团提供的数据工具/产品化服务包括移动统计分析工具、第三方数据服务、数据分析服务等。这些服务通常按需购买，部分功能服务免费，部分功能服务收费，以满足客户的不同需求。

第六，增值服务和培训。除了上述基本服务外，集团还提供增值服务和培训，如技术支持、培训等，以提高客户满意度和忠诚度。这些增值服务不仅增加了集团的收入来源，还有助于建立长期的客户关系。

第七，广告收入。在集团拥有了庞大的用户基础和流量后，可以吸引客户在平台投放广告获取收入。

以上这些盈利模式保证了生态平台的盈利渠道的多元化，保证了集团的可持续发展，共同构成了集团的核心竞争力，使其在大数据行业中保持领先地位。

4 中创时代数字化平台建设中面临的障碍和应对之策

第一，中创时代大数据集团在大数据处理与管理方面遭遇了技术和人才短缺的困境。由于大数据的采集、处理及智能化对先进技术和专业人才的需求极高，然而这类专业人才的供应量远远低于市场需求，因此导致了人才的严重稀缺，进而推高了人才的市场价格。为了应对这一挑战，集团初期便大力招聘相关技术专家，一度达到 5000 余人的规模。同时，集团还投入了大量的资金和资源，通过校园招聘、社会招聘及与多家机构和高校合作，成功引进了一批相关领域的高素质人才。这些举措共同助力集团打造了一支强大的技术团队，并顺利完成了相关的基础设施建设。

第二，中创时代在投资资金方面面临压力。平台商业模式的成功往往与平台各方的参与度密切相关，平台参与各方的规模越大，其发展势头就越强劲，进而能够吸引更多新客户加入，这就是平台的多边协同效应。然而，网站的建设与运营、客户的拓展与维护都需要在技术研发、市场推广、客户服务等多个方面投入大量的资源，不仅初始投入高，而且随着平台规模的扩大成本还会持续增加，对初创企业来说，这无疑是一项沉重的经济负担。中创时代大数据集团耗时 6 年，动用了 8 亿元自有资金来打造这个平台，资金风险相当高。公司创始人坚决选择使用自有资金进行投资，秉持"只有花自己的钱，才能更好地打拼事业"的融资理念，深知每一分钱的珍贵，因此更加审慎地分配资金，确保每一笔投资都能产生最大的价值，而不是随意挥霍投资人的钱财。这种策略展现了他们决心背水一战、不留退路的坚定态度。

第三，平台的客户群体信誉参差不齐，实施有效监控颇具挑战性。任何问题的出现，都可能对平台的声誉和用户体验造成深远影响。同时，平台型商业模式通常会受到严格的法规政策和监管框架的约束，任何违反规定的行为都可能引发巨额的经济处罚，甚至导致平台运营中断或企业倒闭。鉴于此，集团对希望进驻平台的客户进行了细致的筛选，优先考虑那些信誉卓著的知名企业品牌，秉持"宁缺毋滥"的原则，对所有意向加入平台的客户进行标准化的考察与评价，以确保平台的稳健运营和用户权益的保障。

第四，数据安全和隐私保护问题。作为连接用户和服务提供商的桥梁，平台涉及大量的数据传输和存储，随之而来的是对客户隐私的侵犯和数据泄露的风险。平台必须投入大量资源来保护用户数据的安全和隐私。然而，即使在严格的保护措施下，数据泄露和滥用的风险依然存在。集团除了在技术上加强对数据的保护，还加强了对员工的教育和培训，提高他们的安全保护意识，建立"人人都是安全员"的责任意识。

第五，在市场竞争方面也面临着一定的障碍。随着大数据产业的迅猛发展，众多竞争者纷纷涌现，这导致集团获取用户的成本不断攀升。为了应对这一形势，集团一直和合作伙伴保持紧密协作，扩大集团的品牌影响力和市场份额。董事长自创业伊始，便通过多元化的活动成功塑造了个人品牌形象，这不仅为集团带来了更广泛的知名度，还为品牌信誉提供了有力支持。董事长的个人影响力不仅降低了营销成本，更有效地突出了公司品牌，为平台吸引了大量流量。举例来说，首先，董事长一直积极支持高校大学生的创新创业教育和实践活动，为他们建立了创业孵化基地和实践基地，这不仅体现了集团对青年创业的扶持，也提升了集团在年轻人中的知名度。其次，他还热心投入社会公益事业，在修路建学、城市建设、教育资助、防洪防疫、复工复产、创新创业等多个领域累计捐赠超过 1000 万元，这一善举极大地提升了集团的社会责任感和公众形象。最后，董事长频繁参与国内外数字经济建设的学术会议，为京津冀地区的协调发展出谋划策，他先后承担和参与了国家多部委及地方政府上百个重大课题，为中小企业的数字化转型和数字经济的健康发展提出了诸多宝贵建议。此外，他创立的中创时代智库更是荣获"北京市工商联参政议政智库基地"的称号，这进一步彰显了集团在行业内的权威地位。

第六，集团巧妙地利用一个招商码，助力众多企业和各级政府顺利完成数字化转型。但集团面临着一项挑战，即如何将全国各级政府整合到同一个平台上进行招商工作。由于各级政府均有其特殊的实际困难和数据安全的考量，担心存在"数据价值共创悖论"，这使平台的建设之路充满坎坷。为了克服这些难题，集团积极与各级政府沟通，向它们展示"全国招商一网通、企业服务一张网、政府服务一站式"所带来的显著优势，如全国信息透明化、公平竞争环境的营造、资源的节约及成本的降低，以此获得了各级政府的认可和支持。目前，相关部门已开始积极出具"红头文件"，以官方推荐信的形式，倡导当地招商引资活动从线下转向线上，共同加入中创时代招商平台，进一步扩大了政府和商业合作伙伴的规模。

中创时代作为数字化转型和数字经济领域的领军企业，凭借卓越的技术实力和广泛的资源网络，已成功助力大量传统企业迈入数字化新时代，奠定行业领先地位。

5 中创时代数字化建设成效与未来规划

中创时代大数据集团将发挥自身大数据资源优势，深化公司主要业务板块建设，服务对象从区域到全国、从全国到海外。

5.1 中创时代大数据集团的数字化平台建设成果

中创时代大数据集团有中创时代 AI、专家智库、云商会、云论坛、精准获客等 20 多个产品，为政府提供数字化招商服务、为企业打造数字化转型模版、为市场解决数字化就业难题、为社会助力数字化赋能。集团目前拥有

2000 多项知识产权，用户覆盖全国，突破 1 亿人。

集团因为精准对应客户需求及技术创新积累，成为"一带一路"数字经济示范项目、工业和信息化部"全国第一批中小企业数字化转型试点城市"示范项目、全国工商联推荐使用数字化招商示范平台。

中创时代智库被确定为 2023～2026 年度北京市工商联参政议政智库基地成员单位。中创时代大数据集团下属的中创凯立达规划设计研究院编写了 2020 年《中国区域数字化发展指数报告》，该报告旨在全面、客观地评价中国各区域的数字化发展水平，为政府和企业提供决策参考。报告的发布也得到了社会各界的广泛关注和认可，使研究院在数字化领域的研究和实践方面获得了较高的声誉和影响力。

集团在国内外建立了 115 个数字经济产业园和大数据应用中心，为全国 2000 多个地方政府提供大数据分析平台、建立数字化发展指数体系、指数发布、大数据智能招商、数智园区等服务。

综上所述，中创时代大数据集团在技术创新、数字经济赋能、社会与经济发展贡献及行业地位与影响力等方面均取得了显著的成果。

5.2 中创时代大数据集团数字化平台的未来规划

集团未来将从以下几个方面进一步助推数字经济高质量发展：

第一，继续扩展和完善数字经济赋能 SaaS 平台，增加更多创新产品和服务，以满足不同行业和客户的需求；同时，力争覆盖更多省（区、市），服务更多中小企业，扩大平台客户规模，实现全国政府服务一张网，助力建设统一大市场。此外，充分利用平台资源逐步开展全球范围的代理招商，推动实施一大批数字经济项目，推进数字产业化和产业数字化。

第二，集团将继续加大在 AI 决策和智能算法方面的研发投入，继续优化和改进中创时代 AI 大模型的性能和效果，不断提升模型的准确性、实用性，拓展应用场景和智能化水平。

第三，构建大数据资源共享体系，为地方政府和企业提供数字化赋能平台，为数字经济发展赋能。

第四，在平台资源的支持下，研发数字经济发展指标体系，为地方政府、企事业单位建立数字经济发展指标体系，推动各地区数字经济加快发展。

第五，布局元宇宙生态产业。集团计划在北京等具有优势条件的地区打造元宇宙生态产业示范区，通过持续的政策、平台、技术等要素投入，获得长期的数字经济价值回报。围绕元宇宙生态产业链，强化元宇宙主题策划与精准招商，引入一批元宇宙头部企业和创新企业，增强元宇宙产业链在北京的配套能力。

第六，加强与国际组织、跨国公司和其他行业领先企业的交流与合作，积极参与国际数字经济和人工智能领域的会议和展览，展示集团的最新成果和技术实力，扩大国际影响力；通过中创时代大数据分析技术，为共建"一带一路"倡议提供相关国家和地区的经济、贸易、人口等数据支持，帮助决策者做出更准确的决策，促进参与国家和地区的经济交流与发展，实现各国互利共赢的目标。

第七，集团将积极履行社会责任，关注社会发展和民生改善，通过技术创新和数字经济赋能推动社会进步；倡导可持续发展理念，推动绿色、低碳、环保的数字经济发展模式，为构建美好未来贡献力量。

6 中创时代数字化转型启示

（1）加快平台建设，构建丰富有效的生态系统，实现平台生态圈的延展性发展。中创时代大数据集团从生态圈的视角，多线并行，快速搭建数字经济赋能平台，优化商业模式，通过商业认知渗透实现公司价值理念，坚持开放式合作与其他公司共享资源与成果，进而利用平台的资源协同效应，帮助生态圈稳定发展。随着公司拥有的数据资源增多，能够基于模型和算法，进行数据整合和挖掘，更有效地服务顾客，探索新的服务领域，进一步强化生态圈建设。

（2）建立灵活、高效、跨组织协作的人才队伍。数字化时代需要员工具备更高的技术素养和数据分析能力，以适应数字化时代的发展需要，多元化人才和高端人才成为数字化转型公司的竞争焦点。中创时代大数据集团转变传统的管理模式，采用适应数字化时代的扁平化组织结构，以分布式工作与网络化协作的形式，搭建起灵活、高效的人才队伍，在实际运行中，强化客户导向、数据驱动、沟通便捷、快捷高效，激发员工的自主性、创造力和创新精神，成为集团快速发展的保障。

（3）勇于担当，强化合作，实现共赢。首先，公司在社会责任方面，展现了企业担当精神，积极参与公益活动，提升了中创时代的品牌形象，增强员工和合作伙伴的凝聚力和向心力。其次，公司利用前期积累的经验，准确把握政府、产业园区和企业面临的痛点和真实的需求，以共赢思维在平台生态圈中，和各利益相关方合作，加强资源整合与价值共享，扩大生态圈的影响力，积极探索优化商业模式。公司打造的"中国数字经济赋能平台"和"中创时代"政企智能服务平台，实现了全球资源的优化配置和共享，为企业提供了全方位的数字化服务。

数智化时代已经势不可挡的到来，中创时代大数据集团抓住机遇，勇于变革，利用多年积累的技资源搭建了数字化服务平台，克服了资金、人才、技术、营销等方面的困难，为数字经济的繁荣发展贡献出中创时代的智慧和力量。尽管未来的发展仍将面临风险和挑战，但凭借公司的创新精神，必将在数字化浪潮中，秉持锐意进取精神，以科技为驱动，以人才为核心，勇往直前，不断取得突破。

参考文献

[1]中创时代-数字经济赋能平台［EB/OL］. https：//cctc. tv/index.

[2]刘宁，李晨，赵波. 数字领导力研究综述与展望[J]. 南京邮电大学学报(社会科学版)，2024，26(2)：72-81.

[3]张志鑫，郑晓明. 数字领导力：结构维度和量表开发[J]. 经济管理，2023，45（11）：152-168.

[4]陈威如，余卓轩. 平台战略[M]. 北京：中信出版社，2015.

[5][瑞士]亚历山大·奥斯特瓦德，[比利时]伊夫·皮尼厄. 商业模式新生代[M]. 王帅、毛心宇、严威译. 北京：机械工业出版社，2011.

[6]王张华，李赛赛. 公共数据合作开发的动力机制与风险规避——基于政府与大数据平台企业合作的视角[J]. 学术交流，2024(1)：31-43.

[7]吴江，陈浩东，陈婷. 中小企业数字化转型的路径探析[J]. 新疆师范大学学报(哲学社会科学版)，2024，45(1)：96-107+2.

[8]周冬梅，朱璇玮，陈雪琳，等. 数字平台生态系统：概念基础、研究现状与未来展望[J]. 科学学研究，2024，42(2)：335-344.

[9]任文杰，蒋晶晶. 基于品牌传播的企业家个人IP打造策略探究[J]. 公关世界，2020(12)：44-46.

[10]数字技术赋能经济社会高质量发展［EB/OL］. https：//www. cssn. cn/skgz/bwyc/202306/t20230630_ 5664387. shtml.